리더십의 심리학

MBA 리더십 에센스

리더십의 심리학

딘 토즈볼드 · 메리 토즈볼드 지음 | 조민호 옮김

GASAN BOOKS

머 리 말

리더십에 대해 읽고 논의하는 일은 인류 유산의 일부분이다. 하지만 리더십에 관한 경험론적 논의는 겨우 수십 년 전에 시작되었다. 경영과 조직행동에 관한 심리학적 연구는 1960년대부터 비즈니스 스쿨의 주제로 광범위하게 전개되었다. 리더십을 이해하는 데 필요한 다양한 개인과 인간관계 그리고 복잡한 조직들에 대한 심리학적 연구를 이제 막 시작한 셈이다.

우리가 리더십 연구와 더불어 심리학 영역을 탐구할 수 있게 된 것은 행운이다. 많은 심리학자들이 인식론적 연구와 관련한 여러 이론들을 검토하고 확장해나가기 위해 100년 넘게 노력해왔다. 그들의 이름을 일일이 언급하기엔 너무 많지만, 이 책의 참고문헌에는 몇몇 심리학자들의 이름이 포함되어 있다. 우리는 그들 모두에게 깊은 감사를 표한다.

이 책을 쓰는 데 직접적으로 도움을 준 많은 분들께 감사한다. 사이먼프레이저대학교의 MBA 프로그램과 여러 기업의 관리자들은 우리의 생각을 정리하고 다듬는 데 많은 도움을 주었다. 와일리 출판사의 존 매해니는 우리가 자신감을 갖도록 해주었고, 엘리노어 맥도널드는 많은 조언을 해주었다.

나의 어머니 마가렛 토즈볼드는 심리학적 통찰과 사람들을 돌보는 일, 비전을 제시하고 열심히 노력하는 것이 어떻게 통합될 수 있는지 그 모범을 몸소 보여준 분이다. 애바 애크램 가족은 다양한 형태의 리더십 스타일이 어떻게 효과적으로 적용될 수 있는지 증명해 주었다. 제니 토즈볼드는 이 책의 집필에 많은 도움을 주었고, 제이슨과 웨슬리, 레나, 콜린은 활기 있고 사랑스러운 내 가족이다.

책을 쓰는 일은 읽는 것과 마찬가지로 다른 사람들과 더불어 할 수 있는 창조적인 일이다. 이 책 속의 아이디어들과 관점들이 독자들의 생각을 자극하고, 리더십에 관한 접근방식을 검토하는 데 좋은 자극이 되며, 서로 협동할 수 있는 보다 효과적인 방법을 찾는 데 도움이 된다면, 이 책은 그 목적을 달성한 것이다. 우리는 이 책이 당신 그리고 당신과 더불어 일하는 모든 사람들에게 새로운 자극이 될 수 있기를 희망한다.

딘 W. 토즈볼드, 메리 M. 토즈볼드

C/O/N/T/E/N/T/S

PART 2 _ 같은 목표를 향해 나아간다는 것

PART 3 _ 더불어 일한다는 것

PART 4 _ 문제해결과 갈등관리를 한다는 것

PART 5 _ 참된 리더가 된다는 것

리더는 심리학자가 되어야 한다

리더는 공동의 목표를 위해 직원들의 의욕을 고취하고 단결시키는 존재다. 끊임없이 경쟁하고 변화하는 세계는 리더에게 인격적인 완전함과 선구자적인 자각 그리고 타인에 대한 배려 등을 요구한다.

따라서 리더에게는 위험을 감수하고, 도전정신을 가지며, 새로운 업무방식을 창안해 모델화하고 그것을 활용해야 하는 의무가 있다. 리더는 직원들이 자신을 신뢰하고 충성심을 갖도록 해야 하며, 그들이 실패에 대한 두려움을 극복하고 보다 발전적인 계획을 세울 수 있도록 도와야 한다.

또한 리더는 조직 내에서 필연적으로 일어날 수밖에 없는 갈등을 열린 마음으로 해결함으로써, 조직 구성원 사이의 긴장을 완화시키고 크고 작은 문제들을 해결할 수 있어야 한다. 더욱이 깊은 인내심과 넓은 이해심으로 직원들의 자기계발과 생산성 향상에도 적극적인 도움을 주어야 한다.

때문에 리더는 자신의 의지와는 상관없이 심리학자가 되어야 한다. 자신의 업무와 역할에 따라 마케팅, 재무, 기술 분야 등의 지식을 이용하는 것을 넘어, 모든 리더들은 공통적으로 심리학적 소양을 갖고 있어야만 한다. 왜냐하면 그들은 결국 조직의 목표를 이루기 위해 직원들, 즉 사람들과 더불어 그리고 사람들을 통해 일을 진행해야 하기 때문이다. 그러므로 오늘날 리더십이 마주한 과제를 충실히 이행하기 위해서는 적절한 심리학적 지식과 그것을 활용할 수 있는 결단력이 반드시 필요하다.

이 책의 목적은 비전 공유, 협력, 힘, 감정, 갈등과 같은 심리적 요소들에 대한 통찰을 제시함으로써 당신의 조직이 더욱 생산적이고 활력 넘치는 팀으로 성장하도록 돕는 데 있다.

리더는 심리학적 지식을 제대로 활용해볼 수 있는 독특한 위치에 있다. 리더는 직원들의 고민과 감정을 살피고 그들이 흔들리지 않도록 든든한 버팀목이 되어야 한다. 그리고 그들이 수긍할 수 있는 성실함과 노력을 보여야 한다. 항상 공정해야 하며 객관적인 시각을 잃지 않도록 유념해야 한다. 더욱이 리더는 조직의 문화와 시스템을 강화하고 발전시켜야 한다.

리더는 조직의 거울이다. 직원들은 자신들의 행동방식 심지어 사고방식까지도 리더를 판단의 기준으로 삼는다. 어느 정도로 헌신적이고 얼마나 노력해야 하는지, 어느 선까지 예의를 갖춰야 하고 얼마만큼 정직해야 하는지 등을 모두 리더의 모습에 비춰 결정한다.

리더는 직원들의 인생과 그들의 성공에 큰 영향을 미칠 수밖에 없다. 하지만 리더가 너무 권위적이고 깐깐하다든지 또는 너무 나약하거나 우유부단하면 그들은 자신들의 거울을 더 이상 바라보지 않게 된다.

실제로 우리와 일한 여러 조직의 직원들이 자신들의 리더에 대해 불평불만을 쏟아냈으며 '야비하고 리더로서 부적합하다'고 말하는 사람도 있었다. 몇 년 전 어떤 라디오 프로그램에서 청취자와의 전화대담을 통해 '어떤 리더가 좋은 리더인지' 토론하는 것을 들었다. 정도가 지나치리만큼 자신의 상사에 대해 적나라한 묘사와 비난을 한 사람도 있었다.

심리학 지식의 활용

심리학은 사람에 관한 연구다. 때때로 심리학자들은 연구의 범위를 행동에 국한시키기도 하지만 의도와 감정, 생각과 전망 그리고 상황을 고려하지 않고서는 행동을 이해할 수 없다.

리더십은 일반적인 행동보다 훨씬 더 복잡하다. 리더가 직원들에게 영향을 미칠 수 있는 능력은 직원들의 성향, 다시 말해 그들의 인격과 현재의 상황, 조직문화와 관련이 있고, 리더와 직원 그리고 직원들 사이의 관계에 따라 다르다.

지식과 행동의 융합

교육자, 작가, 정치가, 나아가 다른 많은 사람들이 강단과 책, 미디어 등을 통해 심리학의 기본 지식을 전파해왔다. 그리고 우리는 사람들이 최선을 다하도록 고무하는 일과 칭찬의 중요성, 공감대 형성이 이끌어내는 위대한 결과에 대해 들어왔다. 즉, 우리는 서로가 서로를 신뢰하는 건강한 관계가 얼마나 바람직한 것인지 잘 알고 있다. 게다가 자신감과 자긍심이 생산성 향상에 긍정적인 영향을 미친다는 사실도 잘 이해하고 있다.

이 모든 것들이 심리와 연관되어 있다. 어떤 심리학적 지식은 워낙 광범위하게 수용되고 있어서 일종의 상식이 되었다. 우리는 어느새 체득한 심리학적 개념에 따라 스스로 '어떻게 행동해야 하는지' 알고 있다.

그러나 어떻게 행동해야 할지 아는 것과 실제 행동은 별개의 문제다. 지식은 행동과 융합되어야만 의미를 가지게 된다. 지식이 있다고 해서 그것이 자연스럽게 행동으로 연결되지는 않는다. 동정심을 느끼고 아는 것이 동정적인 게 아니라는 의미다.

우리는 이 책이 단순한 지식 전달을 넘어 리더들이 그들의 지식을 모으고 거르고 넓히는 것을 돕고, 궁극적으로는 행동으로 이어지게 하기 위해 썼다. 각 장의 내용은 여러 가지 심리학적 개념들이 리더십이라는 행동에 어떻게 적용될 수 있는지 보여줄 것이다.

잘못된 상식에 도전

'갈등' 이 조직 내에서 가장 잘못 이해된 주제라고 볼 수 있다. 전통적으로 사람들은 갈등이 파괴적이고 피해야 할 것으로 간주해왔다.

그러나 그간의 심리학 연구가 증명하듯 이는 잘못된 생각이다. 갈등은 파괴적이지도 않고, 피하는 것 자체가 불가능하기 때문에 피해야 할 대상도 아니다. 더욱이 오늘날처럼 업무가 고도로 전문화되고, 비용절감과 품질향상에 대한 요구가 강렬하며, 혁신을 위한 압력이 가중되는 상황에서 조직은 갈등으로 가득 차 있다. 게다가 사람들이 변화를 받아들이는 방식은 제 각각이며, 그것에 어떻게 대처할 것인지에 대해서도 서로 다른 생각을 가지고 있다.

하지만 다행히도 갈등은 매우 건설적이며, 변화를 배우고 받아들이는 데 값진 친구가 된다. 예컨대 우리는 잘 논의된 갈등을 통해 고객의 불만에 효과적으로 대처하고, 높은 품질의 제품과 서비스를 고객들에게 제공하며, 안전에 위협이 되는 요소를 처리할 수 있다. 갈등은 골치 아픈 문제가 아니다. 해법의 한 부분이다. 리더에게 갈등은 구조화하고 관리할 대상이지, 피하고 억눌러야 할 무엇이 아니다.

갈등은 협력과 단결에 공헌한다. 사람들이 공동의 목표를 위해 함께 일할 때 성취 방법과 업무 분담, 직원 상호 간의 관계에 대해 의견이 다른 것은 당연한 일이다. 단결은 규칙이 아니라, 정직한 논의를 통해 계발되어야 한다. 중국 속담에 "확실한 것으로 시작하면 불확실로 끝나고, 불확실에서 시작하면 확실함으로 끝난다."라는 말이 있다.

열린 갈등은 팀의 업무에 시너지 효과를 내게 하고 직원들의 협력과 단결을 이끌어낸다. 물론 갈등이 제대로 이해되고 관리되었을 때의 결과이다. 갈등이 긍정적인 영향력을 발휘하는 조직을 만드는 일은 상당히 숙련된 리더십을 요구한다. 이 책의 11장에서 갈등관리에 대해 상세히 다루게 될 것이다.

'경쟁' 역시 상당히 오랜 세월 동안 오해를 받아왔다. 하지만 어떤 학자들은 경쟁을 통해 생산성과 효율성이 증대된다고 주장한다. 경쟁은 몰락한 공산주의 사회과 우리를 구별시켜주는 요소이다. 그러나 일부 사람들은 경쟁이 조직을 위해서는 필요해도 개인에게는 파괴적인 요소라고 믿고 있다.

이 책에서는 경쟁과 협력 사이의 관계를 밝히려는 이론과 연구에 대해서도 살펴본다. 경쟁이 조직의 혁신과 단결 그리고 협력에 좋은 기반이 된다는 사실은 이미 여러 연구를 통해 밝혀졌다. 직원들의 협동을 통해 조직은 시장에서 건강하게 경쟁할 수 있다. 얼핏 승부를 부추기는 업무 시스템이 상호 불신을 조장하고 조직 구성원들 사이의 협력을 저해한다고 생각할 수도 있지만, 놀랍게도 그것은 솜씨 있는 리더십으로 상쇄하고도 남는다. 4장과 6장에서 리더가 직원들의 경쟁과 협력을 조화롭게 관리할 수 있는 내용을 소개한다.

둘 중 하나를 선택해야 한다는 통념을 파괴

갈등 대 협력과 경쟁 대 협력과 같이 둘 중 하나를 선택해야 한다는 통념이 조직의 사고방식을 지배하고 있다. 조직은 비용절감과 품질향상, 팀과 개인의 육성, 효율과 혁신 사이에서 어느 것을 선택할지 고민한다. 리더는 자신과 직원, 통제와 자율, 당근과 채찍을 놓고 고민한다.

그러나 둘 중 하나를 선택해야만 한다는 사고방식은 오히려 혼란을 조장하고 비효율적인 관행의 변명으로만 쓰일 뿐이다.

1960년대 이후 일본의 자동차 회사들은 이런 선택의 문제, 즉 비용과 품질, 효율과 혁신 사이에 피할 수 없는 상쇄가 존재한다는 통념을 산산이 깨부수었지만, 다른 회사들은 그 사실을 수십 년 동안이나 인정하지 않고 버텼다. 하지만 건강한 업무환경을 위해서는 생산적인 조직이 필요하다는 사실이 점차 명백해졌다. 비생산적인 조직에서 일하는 것은 모든 스트레스 중 가장 큰 스트레스이다. 그런 조직에서 일하는 직원들은 이내 따분해하고 무능해지며 자기 직업의 안정성을 걱정하게 된다.

오늘날 생산에 대한 강한 압박은 리더들이 사람 중심의 조직 건설에 공헌하도록 자극하는 역할을 한다. 그러나 그렇게 하기 위해서는 '둘 중 하나', '이것 아니면 저것'이라는 통념의 껍데기를 깨야 한다. 심리학은 모든 사람들이 각자가 원하는 것을 얻을 수 있다고 약속하지는 않지만, 4장과 5장에서 요약하고 있듯이 직원과 리더, 고객과 주주 그리고 공동체의 이해가 어떻게 통합되어 생존과 번영에 필요한 조직 건설에 이바지할 수 있는지 시사하고 있다.

개인의 자기신뢰와 동기를 구축하고 신뢰관계를 개발하며, 공감을 이끌어내고 스트레스를 극복하기 위한 기본적인 심리학적 개념들을 활용하는데, 이 책을 이용하기 바란다. 그리고 갈등과 경쟁이 대립된다는 통념에서 벗어나 당신의 조직을 위한 새로운 방식이 창출될 수 있기를 원한다.

리더를 위한 심리학

이 책에서 우리가 제시하는 심리학적 개념들은 광범위한 연구와 저술을 통해 개발되어왔다. 우리는 수백 명의 관리자들과 직원들을 대상으로 그들의 경험을 심층적으로 인터뷰했고, 조직 내의 상호 의존에 관해 75건 이상의 연구논문과 35건의 리뷰를 발표했으며, 15권의 저서와 회의록을 출간했다. 그리고 우리는 리더십과 조직에 관한 개념을 개발할 때, 여러 분야의 통찰력 있는 이론과 연구 결과를 참조했다.

이 책은 우리의 연구와 저술 그리고 경험을 기반으로 리더십에 필수적인 심리학적 요소들에 관한 내용을 담고 있다. 책 속의 개념들은 당신이 보다 효율적인 리더가 되는데 도움이 될 것이다. 당신이 이끄는 조직의 규모가 작든 크든 상관없다.

하지만 미리 밝혀두건대, 이 책은 심리학자들이 파고드는 모든 개념과 주제를 일람하는 심리학 교재가 아니라는 점이다. 그렇다고 리더십에 관한 다양한 이론을 섭렵하고 역사적 혹은 현존하는 위대한 리더들의 인성을 탐구한 책도 아니다. 이 책의 목적은 당신이 발휘해야 할 리더십의 심리학적 적합성과 자신감을 개발하도록 돕는데 있다. 즉 이 책은 '리더를 위한 심리학'이다.

리더를 위한 심리학은 행동 지향적이다. 당신은 이 책을 통해 조직을 관리하는 데 도움을 얻게 될 것이다. 또한 이 책은 검증된 연구 결과, 다시 말해 리더십과 팀워크, 조직적 효율성에 관한 사회심리학 및 조직행동 연구에 기초하고 있다.

도전의 수용

리더는 명령과 통제를 적절히 활용하고, 말보다는 행동을 중시하는 조직을 만들며, 직원들 사이의 의심과 분열을 방지하도록 요구받는다. 또한 그들은 보다 새롭고 통합된 비즈니스 방식을 창출해, 급변하는 시장 환경에서 조직이 지속적으로 적응할 수 있도록 고무해야 하는 책임도 부여된다. 더욱이 리더는 과도한 비용부담이나, 복잡한 감독체계 없이 팀을 구성하고 관리할 수 있어야 한다. 조직은 변화되어야 한다. 그렇지 않으면 뒤쳐진다.

리더는 새로운 직원들이 조직에 공헌할 수 있도록 돕고, 신속히 업무를 처리할 수 있는 방식을 체득하도록 해야 한다. 다양한 직원들이 하나의 팀에서 협력할 수 있도록 만들어야 하며, 긴박한 데드라인에 맞추어 결과물이 나올 수 있도록 독려해야 한다. 그리고 리더는 제각기 다른 개성과 특성을 가진 직원들을 하나로 통합해 조직 내 커뮤니케이션과 팀워크를 최상으로 유지해야 하는 의무도 가지고 있다.

당연하게도 리더는 유능해야만 한다. 현명한 사리판단과 과감한 결정, 충만한 자신감과 활달한 성격, 공과 사를 철저히 구분하는 냉철함, 업무 지향적이면서도 한편으로는 인간적인 세심함을 갖추어야 한다. 또한 리더에게는 뛰어난 학습과 교육능력도 필요하다.

리더에게 요구하는 요소들이 이렇게 많은데도 불구하고, 현실적으로 그들에 대한 지원은 미미하다. 그들은 자신의 직원들보다 훨씬 더 많은 스트레스를 받고 있으며, 승진해서 축하받고 난 이후 언제나 모든 것을 스스로 처리하고 있다.

잘못된 이해와 섣부른 가정은 훌륭한 리더가 되는데 방해가 된다. 이 책은 리더가 장애를 극복하고 풍요로운 만족감을 얻는데 결정적인 도움이 될 핵심적 개념과 기술을 설명한다. 이 책이 조직이 바라는 이상과 현실의 어려움 사이의 간격을 좁혀줄 것이라 기대한다.

PART 1

성공적인 리더를 위한 심리학

현재의 기업과 미래의 기업 사이에서 발생할 가장 두드러진 차이는 그들이 만들어내는 제품이나 이용하는 장비가 아니라, 누가 일하고, 어떻게 일하며, 왜 일하고, 그들에게 일의 의미가 무엇인가 하는 점이다.

로버트 D. 하스, '리바이스' CEO

리더는 옛 관행을 타파하고, 오늘날의 거친 시장 환경에 대응하기 위해 지속적으로 품질을 개선하며, 생산비용을 줄일 수 있는 시스템을 만들어야 한다.

1장에서는 리더에게 필요한 심리학적 통찰과 동기 부여, 직원들의 내적 헌신을 불러일으킬 측정 가능한 기준에 관해 서술한다. 조직의 비전과 영감을 창조적인 비즈니스 방식으로 전환할 수 있는 계기를 만들어준다. 학습은 리더와 직원을 하나로 묶는 공동의 여정이다. 신뢰할 만하고 설득력을 갖기 위해서 리더는 지속적인 학습과 자기계발의 모범을 보여야 한다.

2장에서는 리더십에 심리학적 개념을 적용하게 되면 조직 구성원들의 생산성과 협력 증진에 어떤 긍정적인 영향을 미치게 되는지 살핀다. 리더십과 심리학은 양자를 함께 학습할 때, 결과적으로 더 큰 시너지 효과를 볼 수 있다.

1. 리더십의 실제 목표

리더십은 무엇을 해야 하는지 결정하고 난 뒤, 다른 사람들이 하고 싶도록 만드는 것이다.

드와이트 D. 아이젠하워, 제34대 미국 대통령

1987년, 레이건 행정부와 의회가 1970년대 이후 점차 상실되어가고 있던 미국 기업들의 자신감을 회복시키고, 소위 '미국병'에 빠진 기업들에게 강력한 위기의식을 고취시키고 차별화된 경쟁력 제고를 위한 방향을 제시하기 위해 '말콤 볼드리지 국가품질상(Malcolm Baldrige National Quality Award)을 제정하였다.

1988년 11월, 제1회 말콤 볼드리지 국가품질상의 수상업체로 제조부문에서 모토롤라와 웨스팅하우스의 핵연료사업부가 선정되었으며, 중소기업 부문에서 글로브금속(Globe Metallurgical Inc.)이 선정되었다. 글로브금속은 당시 미국에서 사양화되고 있던 '굴뚝산업'으로써 파산의 위기를 품질혁신으로 극복하여 상을 수상하였으며, 많은 기업들의 주목을 받았다.

1984년, 글로브금속의 아덴 심스(Arden Sims) 사장은 골치 아픈 문제에 봉착하게 되었다.

"녹슬고 관료적인 조직 시스템인데다 비싸고 품질이 낮은 제품을 생산하는 기업들이, 어떻게 하면 품질 좋은 일본 제품 그리고 상대적으로 저렴한 브라질 및 아르헨티나 제품과의 경쟁에서 살아남을 수 있을까?"

철과 알루미늄의 주문 취소가 속출하자 그는 협력업체들을 줄이는 프로그램에 착수했다. 그러자 공장의 시간제 노동자들이 미국의 철강노조에 가입하였으며, 결국 파업을 일으켰다. 당시 부사장이었던 리치는 그때의 분위기를 이렇게 표현했다.

"품질향상, 비용절감, 생산성 향상에 관한 의견을 제시하려는 직원은 노조 동료들 사이에서 배신자로 낙인찍혔다."

그러나 심스 사장의 일관된 리더십에 힘입어 글로브금속은 어려움을 딛고 저비용 고품질의 날렵한 회사로 거듭났다. 그래서 1988년에 글로브금속은 말콤 볼드리지 국가품질상을 수상했고, 1989년에는 신고 경영상(Shingo Prize for Manufacturing Excellence)을 수상했다. 하지만 수상의 영예를 안았다고 해서 글로브금속이 지속적으로 추구해온 탁월성의 자세가 흔들리지는 않았다.

전통적인 방식, 즉 냉혹한 비용감축은 1980년대 중반의 상황에는 적합하지 않았다. 심스는 포드와 GM 등 주요한 고객과 더불어 품질과 효율 그리고 비용 프로그램들을 실험하기 시작했다. 공장의 모든 노동자들은 품질 관리도를 비롯한 기초적인 통계 처리 훈련을 6시간 동안 받았다. 그것은 의무였다. 품질을 높이거나 회사를 떠나거나 둘 중 하나였다. 하지만 그는 품질 관리도가 부적절한 현장감독들을 엄중히 문책했지만, 아무도 해고하지는 않았다. 직원들은 글로브금속의 합금이 이용되는 공장들을 방문해 그 용도를 관찰하기도 했다.

엄격한 근로 규칙은 난국의 타개를 방해했다. 심스가 원하는 것은 다른 종류의 계약이었지만, 철강노조의 대답은 그것이 아니었다. 글로브금속의 모회사는 글로브를 매각한다고 발표했다. 노조는 심스가 파업의 위험을 감수하려고 하지 않을 것이라 생각했다. 그러나 그는 글로브금속의 위기 극복은 노동자들과의 파트너십에 달려 있음을 확신했다.

1988년 10월, 노조가 파업을 결행했을 때 심스와 35명의 노동자들 그리고 10명의 관리자들이 공장 안으로 들어가 5개의 용광로 중 2개를 가동시켰다. 그리고 각자에게 업무가 할당되었다. 심스에게는 관리 업무가 주어졌는데, 공장에서 가장 더럽고 힘든 일이었다. 어찌됐든 그들은 그렇게 소수의 인원으로 노조의 파업 기간 동안 맡은 바 일을 해나갔다.

재미있는 사실은 거의 1년에 걸쳐 파업이 진행되는 동안 관리자와 노동자 사이의 커뮤니케이션 방식이 달라졌다는 것이다. 어느새 그들은 모두 하나의 팀이 되어 있었다. 파업이 진행되는 기간 동안 심스는 하루도 빠짐없이 업무환경 개선에 관한 직원들의 제안을 메모하였다. 저녁식사 시간이 되면 사장과 직원이 한 자리에 모여 자신들의 업무를 보다 효율적이고 생산적으로 할 수 있는 방법을 함께 연구했다.

파업이 발생한 지 10개월이 지났을 때, 남아 있는 사람들만으로 움직이던 글로브금속이 드디어 수익을 내게 되었다. 또한 공동의 목표를 위해 서로 협력할 수 있는 효과적인 방법과 품질개선에 이바지하는 팀워크의 힘을 발견했다. 그들은 그 동안의 경험을 통해 최고의 결과를 이끌어내려면 서로의 협력이 무엇보다도 중요하다는 사실을 깨달았다.

용광로 기사, 크레인 기사, 용접 기사, 지게차 운전자, 연소장치 기사, 용광로 시스템 제어 기사와 그 보조 기사로서 그들은 8명이 한 팀이 되는 교차기능팀을 구성하였으며 감독관은 없었다. 그리고 그들은 공장을 가동하는데, 예전과 같은 350명이 아니라 고작 120명이면 충분하다는 것을 발견하고 놀라지 않을 수 없었다.

그 경험은 늘 냉소적이고 불만에 가득 차 있던 현장 감독관 폴 스미스를 무척 헌신적인 용광로 기사로 변모하게 만들었다. 그는 노동자들의 태만함과 관리자들의 비효율적인 경영방식을 비난하기도 했다. 파업이 계속되는 동안 그는 심스와 다른 관리자들을 존경하게 되었는데, 그들이 품질향상과 비용절감 문제를 진정으로 고민하고 있다는 것을 이해했기 때문이다. 또한 그는 사장이자 리더인 심스가 자신들과 다를 바 없는 똑같은 사람이며, 언제나 정직하고 다른 이들로부터도 거짓말을 듣고 싶어 하지 않는 성격임을 알게 되었다.

파업이 종료되었을 때, 한 가지 기대하지 못했던 결과가 나타났다. 노조가 사라질 위기에 처한 것이다. 그 경험으로 인해 예전의 구태의 연한 방식으로 되돌아가는 것이 불가능해졌기 때문이다.

노조는 여전히 융통성 없고 불공정한 관행들로 가득 차 있었다. 결국 그들은 모든 것을 잃게 되었다. 나중에 노조가 아무런 조건 없이 직장으로 복귀하는 데 동의했을 때, 심스는 이미 35명의 비노조 노동자들을 고용한 상태였고, 1988년 초에는 이전에 노조에 소속되어 있던 30명의 노동자들을 추가로 채용했다.

글로브는 계속해서 새로운 원칙과 관행을 만들어나갔다. 심스는 그러한 전환을 보다 깊이 진행하고자 부사장 리치와 다른 2명의 관리자들과 함께 차입금을 통해 회사를 인수했다. 이제 모회사로부터의 제약에서 벗어난 그는 비용절감과 품질향상을 위한 노력을 배가하고 조직을 새로이 건설하려는 열의를 다졌다. 그리고 직원들 모두가 그들의 노력에 따른 보상을 받을 수 있게 제도화했다. 예산과 투자, 기타 경비에 관한 모든 정보가 공유되었다. 심스는 분기별로 10명에서 20명 사이의 직원들과 마주 앉아 조직이 당면한 문제를 논의하고 그들의 의견을 경청했다.

또한 경영진은 직원들에 대해 완전고용을 약속했다. 직원들은 수익을 내기 위해서 그들이 무엇을 해야 하는지를 깨닫고 그에 적합한 예산을 짜기 시작했다. 그러한 팀워크 덕분에 글로브금속은 비용절감이 연간 400만 달러에 달했다.

그렇게 조직의 능력에 더 큰 확신을 가지게 된 글로브는 세계무대로 진출했다. 특수합금에 집중해 용광로 가동률을 완전가동 수준으로 유지했다. 영국 회사인 메터리얼앤메소드와 전략적 제휴를 체결하고 서유럽 시장의 20퍼센트를 차지했다. 일본 시장에서도 더디긴 했지만 7퍼센트의 시장점유율을 이룩해냈다. 심스는 일본 시장에서 최고의 점유율을 차지하게 될 날이 반드시 오리라 믿었다. 일본 기업들로 공급자를 바꾼 이후부터는 아시아 시장에서의 성장률 역시 높아졌다.

비용을 절감하고 품질을 개선함으로써 파산 직전의 회사를 살린 심스의 노력은 리더십의 개념과 글로브의 조직관리 시스템을 변화시켰다. 처음부터 기업문화를 재구축하거나 조직을 다시 정립하려고 의도한 건 아니지만, 그가 회사를 구하기 위해 노력하는 동안 이러한 목표가 성취되었다.

그는 기본적인 심리학적 개념을 적용한 리더십을 구사한 것이다. 통계 처리 훈련을 통해 직원들은 그들의 목표를 보다 정확히 인식하고, 앞을 가로막는 문제점들을 식별해낼 수 있었다. 심스와 직원들은 커뮤니케이션 창구를 서로 열어두고 상호 존중하면서 정직한 관계를 만들어갔다.

더욱이 그들은 서로 힘을 합쳐 불필요한 관리 시스템을 없애고 유연한 조직을 만들어 변화에 대해 긍정적인 사고방식을 갖추게 되었다. 직원들은 팀을 구성해 일을 하면서 보다 효과적인 업무방식을 강구했다. 그리고 조직에 대한 충성심과 팀워크를 강화하기 위해 공유 정책을 채택했다. 이러한 정책을 통해 그들은 문제를 발견하고 갈등을 관리하며 품질향상과 비용절감을 이루어낼 수 있는 팀이 필요하다는 사실을 경험적으로 터득하게 된 것이다.

심스는 다음과 같이 회상한다.

"나는 스스로를 상당히 보수적인 리더라고 생각했다. 그러나 지난 8년 동안의 경험으로 자연스럽게 변화한 것 같다. 되돌아보면 우리는 살아남기 위해 상당히 큰 위험을 여러 번 감수해야만 했다. 치열한 전투도 몇 차례나 치렀다. 나는 조직의 성공적인 전환에서 가장 중요한 요소가 직원들로부터 존경을 얻는 것임을 깨달았다. 그들이 당신을 좋아해야 한다는 의미가 아니다. 물론 그것도 도움이 되긴 하지만, 조직이 필연적으로 크나큰 변화에 직면해 근본적인 전환을 시도해야 할 때, 리더가 굳건하게 버티고 서서 위기를 지탱하고 있음을 직원들로 하여금 이해하도록 만들어야 한다는 뜻이다. 끈질긴 인내와 손에 기름때를 묻히는 것을 두려워하지 않는 모습을 보이면 그들은 당신을 존경할 것이다."

리더십의 필수조건

글로브를 포함한 많은 회사들은 신뢰할 만하고 숙련된 리더십이 필요하며 이를 통해 번창할 수 있다. 심스는 경쟁적인 상황을 이용해 회사가 낡은 관행과 습관 그리고 사고방식을 깨고 나와 생존할 수 있도록 하였다. 그는 회사가 살아남기 위해서는 사람들이 새로운 방식으로 협력해야 하며, 이를 위해 스스로 강력한 리더가 되고 직원들이 용기를 가져야 함을 깨달았다. 2번 용광로 기사 폴 스미스는 다음과 같이 말했다.

"심스는 모두가 자기 일이 아니라고 생각하던 것들을 자신의 일로 바꾸었으며, 그가 만든 변화가 아니었다면 오늘의 우리는 없었을 것이다."

변화에 순응하라

많은 회사들이 오늘날의 거친 도전에 대응할 준비가 되어 있지 않다. 심스는 이렇게 말했다.

"나는 많은 고위 관리자들이 해이해졌고 힘든 일을 마주할 능력을 잃었다고 생각한다. 물론 변화는 쉽지 않다. 그 어떤 특별한 방정식이나 해결책도 없다. 팔소매를 걷어붙이고 당면한 과제를 헤쳐나갈 뿐이다."

조직에 관한 불만과 리더들에 대한 절망이 큰 소리로 명백하게 들려온다. 관리자들은 직원들의 태만을 못마땅해 하고 직원들은 관리자들의 이기심을 비난한다. 20세기 후반 많은 변화를 거치면서 여러 차례에 걸친 조사에 따르면, 직원들은 경영진에 대한 보다 개방적인 파트너십을 원하고 있지만, 그들은 점점 부정직해지고 있다는 느낌을 보여준다.

다양한 업종에서 60~75퍼센트에 이르는 직원들이 그들의 직속상관을 스트레스의 가장 큰 원인이라고 말하고 있다. 지난 10년 동안

약 50퍼센트의 경영자들이 실패를 맛보았다. 우리는 변화가 우리에게 도움이 되고 우리의 직장생활이 예측 가능하다고 생각한다.

감정과 관계는 직장 외부에 있는 우리의 삶에만 해당되는 얘기였다. 문학작품들은 가족과 사생활의 비극과 투쟁을 그리고 있지만, 드라마에서도 직장에서의 풍요로운 생활을 묘사하는 경우는 거의 없다. 몰아붙이는 경영자와 주저하는 직원들의 모습이 조직생활에 관한 이미지와 생각을 지배하고 있는 것이다.

비즈니스는 합리적이고 비인간적인 것으로 간주된다. 초점은 목표와 업무처리를 위해 필요한 일에만 맞추어져 있다. 최고경영진이 목표를 세우고 관리자들은 결정을 내리며 문제를 해결하고 직원들은 그들의 할당된 업무를 수행한다.

사람들은 비즈니스 외부의 삶을 위해 필요한 돈을 벌고자 직장에 다닌다. 하지만 이러한 생각들은 현실과 너무 동떨어진 것이다. 오늘날 직장에서의 감정과 두려움은 너무 커서 결코 제거될 수 없다. 사람들은 끊임없는 위기와 직무에 대한 요구로 굳어져 있다. 일부 사람들은 감히 말도 꺼내지 못하고 자신들의 직장을 잃을지도 모른다는 공포감 때문에 아이를 갖는 것조차 두려워하고 있다. 점점 더 많은 사람들이 회사를 위해 희생하기를 꺼려하며, 그들의 사장이 요구한다는 이유만으로는 따르려고 하지 않는다. 압박감과 걱정으로 인해 그들은 직장에서 다른 의미와 목표를 찾고 있다.

상황이 이렇기 때문에 오늘날 고도로 숙련된 기술이 필요하고 나아가 헌신적인 직원들을 통해 문제를 해결해야 하는 조직들은 큰 위험에 처해 있다. 비용절감을 위해 조직은 직원들을 감독하고 조율하던 관리자들을 대폭 줄이고 있다.

직원들은 복잡한 기술보다는 고객과의 개인적 연대감을 형성하며 특수한 정보를 다루고 때때로 동료나 상사와 떨어져 독립적으로 일할 수 있어야 한다. 자기가 속한 조직이 중요하고 가치 있다는 확신을 가진 직원이 없다면, 오늘날의 조직은 번영하기 어렵다.

새로운 방식을 찾아라

글로브금속의 심스와 같은 리더들은 반드시 계획이라고는 이름 붙일 수 없지만, 조직과 직원들이 어떻게 협력해야 하는지에 관한 비전을 갖고 있다. 사람들의 마음을 사로잡는 것이 바로 그러한 비전이다.

리더는 직원들에게 정보를 제공하고 고무함으로써 그들로 하여금 보다 생산적이고 협력적인 업무방식을 찾을 수 있다고 확신시켜준다. 리더와 직원들은 그들의 강한 영감과 느낌을 소통함으로써, 혁신적이고 고객에게 보다 효과적인 서비스를 제공하는 조직을 구축하게 된다. 당면한 요구조건을 해결하고 단기적으로 과제를 풀어나가는 리더십만으로는 불충분한 것이다.

우리가 필요로 하는 리더는 현재의 업무방식이 가진 단점을 인식하고, 직원들이 변화의 주체가 되어야 한다는 점을 알며, 그들을 저항할 수 없는 힘의 희생자로 여기지 않고, 고무적인 팀워크를 창출할 수 있도록 도울 수 있는 사람이다.

그러나 리더십이 필요하다는 그 자체가 리더십을 가져다주는 것은 아니다. 리더에 대한 그런 요구가 유능한 리더가 나오는 것을 한층 어렵게 만들며, 특히 본받을 만한 모델이 거의 없다는 점에서 그렇다. 혼자의 힘으로 회사를 파산의 위기에서 건져낸 카리스마적 리더에 대한 칭찬의 소리를 종종 들을 수 있지만, 그러한 이야기들은 현실과 거리가 멀며 적대적인 그룹들을 지도하거나 이미 성숙한 시장에서 활동중인 회사들을 이끄는 것과는 괴리가 있다.

명령과 통제를 위주로 하는 경영방식은 조직을 분열시키고 서로 불신하게 만든다. 많은 회사들에서 각 부서들이 서로를 라이벌로 느끼며 고객을 위해 가치를 창출하는 동반자로 느끼지 않는다. 직원들의 불만이 줄어들긴 했지만 적대감은 쌓이고 있다. 거의 모든 곳에서 직원들은 그들의 상사에 대해 불만을 터뜨린다. 자신들의 상사가 거만하며 직원들의 목소리에 귀를 기울이려 하지 않는다는 이유에서다.

서로를 불신하고 있는데 어떻게 직원들이 서로 협력할 수 있도록 이끌 수 있겠는가? 물론 관리자들은 신속한 해결책을 찾는다. 회의를 보다 자주 열면 조직이 더 큰 시너지를 얻을 수 있고, 품질의 중요성에 대해 자주 언급하면 직원들을 품질 개선의 한길로 단결시킬 수 있을 것이라 기대했다. 또한 직원들을 고객과 더불어 대화하게 함으로써 고객 서비스를 개선하도록 자극했다.

하지만 이러한 짧은 참견이 끝나면 사람들은 다시 근무지로 돌아가 새로운 위기들을 다루어야 한다. 이런저런 압력을 받으면서 그들은 전통적인 방식으로 되돌아가, '보다 열심히 그리고 오래 일하는 것'으로 충분하리라 기대하게 된다. 어떤 최고경영진들은 대담하고 급진적으로 조직을 재구축했다. 그들은 경영진 계층을 대폭 줄이고 직원들의 수도 줄였으며 특정한 고객들에게 초점을 둔 부서를 만들어 자율적인 업무팀을 조직했다. 그러나 이러한 변화는 많은 시간과 막대한 비용에도 불구하고, 함께 협력할 수 있는 창조적인 방식과 그에 필요한 리더십에는 별로 주의를 기울이지 않았다.

새로운 구조가 그 자체로 새로운 조직문화를 만들어내지는 않는다. 구조조정 이후에 살아남은 소수의 관리자들에게 직원들을 지도하도록 하는 것이 아닌 의욕을 고무하기를 요청하는 것은 효과적이지 않다. 팀워크에 대해서 강조하고 직원들을 이런저런 팀으로 묶는 것이 곧바로 직원들이 비관료적이고 비계층적인 방식으로 일하도록 보장해주지는 않는다.

예전의 관리방식과 조직방식을 비난하고 새로운 조직 차트를 고안하는 것은 시너지를 가진 팀과 조직을 구축할 수 있는 리더십을 양성하는 것보다 훨씬 쉬운 일이다.

중요한 것은 사람들과 그들의 관계에 관한 예전의 믿음과 부적절한 개념들이 바로 이러한 실패의 원인이라는 점이다. 참여적이고 헌신적인 조직을 만드는 데 유효한 심리학적 지식이 어느 때보다도 요구된다.

보텀 라인을 창출하기 위한 심리학

재무제표의 맨 밑에 표기된 순익, 순자산, 자본잉여금 등 수익성을 표시하는 다양한 항목인 보텀 라인(bottom line)은 종종 재무성과를 나타내는 척도로 간주되어 왔지만, 사실상 각각이 많은 요소들로 구성되는 하나의 조직이다.

단기적인 수익성은 장기적인 효율과 균형을 맞추어야만 한다. 제품의 품질, 고객 만족, 명성 그리고 감사위원들과의 관계에 대한 척도들은 전부 이 보텀 라인과 관련이 있다. 오늘날 많은 기업들이 윤

보텀 라인(bottom line)

보텀 라인은 원래 회계 문서의 맨 밑바닥 선을 말하는 것으로, 회사나 법인의 순이익과 지출 등을 다 따지고 난 후의 최종결산 합계를 가리킨다.

회계기간 동안 벌어들인 순이익과 그 동안의 지출 등은 과정에 불과하고 결국 중요한 것은 최종적으로 계산된 결산 합계액이 될 것이다. 최종 결산액은 그 문서에서 결국 가장 중요한 부분이므로 대부분의 회계 문서에서 굵은 인쇄체로 표시되는 경향이 있다.

미국인들은 오랜 자본주의 속에서 여러 종류의 회계 문서를 익숙하게 접해왔고 이런 가운데 자연스럽게 보텀 라인의 중요성을 이해하게 되었다.

미국 영어에서 보텀 라인의 뜻은 그 의미가 확대되어 일상의 여러 다양한 상황 속에서 '가장 중요한 것'을 뜻하는 표현이 되었다.

'The bottom line is (that) …' 구문을 사용해 '가장 중요한 것은 …이다'라는 취지로 표현하는 것을 볼 수 있다.

리의식을 가지고 지역 사회에 공헌하는 것이 주요한 목표 중의 하나임을 인식하고 있다. 따라서 깊은 토의를 통해 효과적인 보텀 라인이 창출되어야 한다. 생기 넘치는 목표란 저절로 존재하는 것이 아니라 리더와 직원들이 더불어 진보를 측정할 수 있는 도구로써 개발되어야만 하는 것이다.

의미 있는 보텀 라인을 성취하기 위해 심리학을 활용해야 한다. 조직 전반에 걸친 토론을 통해 보텀 라인의 서로 다른 목표들이 어떻게 서로 보완적이 될 수 있는지 살펴볼 필요가 있다. 또한 여러 가지 대안들 중 우선순위를 어디에 부여하고 보텀 라인의 목표가 사람들과 팀을 하나의 노력으로 어떻게 단결시키는지 유념해야 한다.

심리학을 향한 양면성

리더십의 도전을 마주한 관리자들은 '사람이 기업의 가장 중요한 자원'임을 깨닫게 되었다. 계획을 세우고 수행하며, 문제점을 식별하고 해결해 생산성과 성공이 이루어지는 일은 모두 사람들을 통해서이다. 조직은 상호 신뢰와 책임성에 의해 특징지어져야 한다.

조직의 전환에서 핵심은 사람들이 참여하고 헌신적으로 참여하는 것에 있다. 글로브금속의 심스 사장은 그의 전임자가 보여준 전제적인 방식을 변환하는 것으로 시작했다.

"나는 그 누구도 혼자서 모든 결정을 내려서는 결코 회사를 효과적으로 운영할 수 없음을 알고 있다."

사람들이 조직에 헌신적이도록 만들기 위해서 리더들은 기술적이고 금전적인 기교로부터 인간관계로 초점을 옮겨야만 한다. 그럼에도 불구하고 많은 관리자들이 심리학에 대해서 여전히 회의적이다. 리더십에 관한 이론들이 종종 거창하고 추상적이며, 심리학은 실제 업무현장의 요구와는 동떨어져 있다는 관념이 강하다. 심리학자들은 인간의 존재에 대해 직무 스트레스 감소와 복지에 대해서는 매우 추상적인 견해를 갖고 있다고 말한다. 비교우위를 창출하거나 위기에 대처하는 데는 소홀하다는 의견도 보였다. 심리학이 보텀 라인과 우리 시대가 겪고 있는 문제점들 사이에서 아무런 역할도 수행하지 못한다고 생각한다는 것이다.

심리학자들은 사람들의 이러한 태도에 대해 다음과 같이 반응했다. 그들은 효과적인 직원채용 절차를 통해 전통적인 비구조적 인터뷰 방식과 비교해서 수천 달러의 비용을 절감할 수 있음을 증명했다. 직원들이나 그룹들 사이의 부조화가 회사 전체에 막대한 비용을 초래하며, 그러한 비용이 계속 증가할 수 있음을 입증했다.

심리학을 적용하는 것이 보텀 라인의 목표와 전적으로 부합할 뿐만 아니라 보텀 라인에 초점을 맞추는 것이 가치 있는 일임을 확인해주고 있다. 다음 장에서 살펴보겠지만, 사람들은 업무 완수로 인한 성취감과 만족감을 원하며 그들 자신보다 위대한 것을 추구하고 싶어 한다.

사람들은 목표를 원하고 그러한 목표에 도달하기 위한 피드백을 바라며, 자신의 유능함과 노력을 확인시켜주는 정보를 요구한다. 사실 직무 불만족은 실업 상태의 절망과 비교할 때 사소한 것이다. 실직은 노동이 제공하는 기본적인 욕구를 충족시킬 수 없기 때문에 비참한 경험이 될 수 있다. 일부 사람들이 보다 강력한 욕구를 가지긴 하지만, 사람은 누구나 업무를 만족스럽게 수행하는 데서 얻는 내적 기쁨과 다른 사람들로부터 높이 평가받는 데서 생기는 자부심을 원한다.

문제는 많은 조직에서 보텀 라인이 명확하지도 측정되지도 않는다는 점에 있다. 소위 열심히 일하는 보텀 라인 관리자들은 그들의 보텀 라인이 무엇인지 제대로 알지도 못한다. 그들은 바쁘고 여러 압력을 받고 있지만, 그것이 왜 그런지 자신들이 어디로 가는지를 알지 못한다. 그들은 바쁘게 움직임으로써 여러 가지 생각을 피할 피난처를 찾고 있으며, 많은 일을 하면서도 목표와 목적에 관련된 다양한 이슈들은 무시한다. 그러나 리더는 단순히 열심히 일하는 것만으로 오늘날의 도전에 대응할 수 없다.

보텀 라인을 넘어선 단합

종종 분명한 목표를 가진 관리자들조차도 직원들이 그 목표를 제대로 설정하는 데 도움을 주지 못하고 있다. 그저 직원들도 자신들과 똑같이 생각하고 느낄 것이라고 생각한다. 이런 믿음으로 모든 직원들이 자신과 동일한 목표를 향해 아무런 혼란 없이 나아가야 한다고 강조한다. 그들은 직원들을 바삐 움직이게 할 과제를 할당하고 마감 시간을 정하지만, 고무적이고 단합을 이끌어낼 수 있는 어떤 토의도 하지 않는다. 그러고는 직원들이 목표에 관심을 두지 않는다고 불평한다. 그러나 강조하건대 리더는 직원들이 목표에 관심을 갖도록 돕는 사람이다.

조직의 모든 직원들이 하나의 동일한 목표와 보텀 라인을 지향해야 한다는 것은 현실적이지도 않고 바람직하지도 않다고 주장하는 관리자들이 있다. 모든 사람들이 회사의 목표에 전력을 다하는 게 필요하긴 하지만, 마케팅 부서의 목표와 생산 부서의 목표가 같지 않다는 말이다. 또한 생산 부서 직원들이 상당히 고무되고 동기부여를 받았다고 해서 다른 부서 직원들도 똑같으리라 생각할 수 없다는 얘기다.

그러나 우리는 개인, 팀, 부서 그리고 조직 내의 여러 단위들이 그들 자신의 특별한 관점과 이해, 능력을 가진다는 사실을 알아야만 한다. 다양성이 효과적인 보텀 라인의 구축을 방해하지는 않는다. 사실 리더들은 이러한 다양성을 이용해 조직의 능력을 확대하는 방법을 배운다. 조직과 개인의 보텀 라인이 협동적으로 할당되는 것이 중요하지 같을 필요는 없다. 서로 협력하여 보텀 라인을 성취하기 위해서는 많은 토론과 반성이 필요하며, 이를 통해 회사와 팀 그리고 개인의 목표가 이해되고 서로 강화할 수 있게 된다.

그룹은 보텀 라인의 다양한 측면을 이해해야 하고, 직원들이 가진 특정한 목표가 무엇인지 결정해야 하며, 어떻게 하면 가장 효과적으로 공헌할지 알아야 한다. 텍사스 인스트루먼트는 그들의 목표와 비전에 관한 관리자들과 직원들 사이의 지속적인 상호 작용을 '캐치볼(catchball)'이라고 부른다. 그룹은 그들의 보텀 라인을 얼핏 관계없어 보이는 조직의 목표 또는 위험과 관련해 개발할 필요가 있다. 그러나

> ### 캐치볼(catchball)
>
> 캐치볼은 처음 어떤 사람이 아이디어를 낸 후 다른 협력자에게 아이디어를 던진다. 그 협력자는 아이디어를 받아(catch) 개선시킨 뒤 다른 사람에게 다시 던진다. 이렇게 아이디어를 연쇄적으로 개선하는 방식이다. 캐치볼 방식을 도입하면 사람들의 아이디어가 서로 교환되면서 모두가 참여해 개선하는 효과를 볼 수 있으며, 아이디어에 대한 헌신감과 소유감이 생긴다. 캐치볼은 소크라테스의 문답법에서 그 기원을 찾을 수 있다.

한 그룹의 보텀 라인은 스스로의 능력과 영감에 대한 응답이어야만 한다.

그룹이 조직의 보텀 라인에 동기를 부여하고 공헌할 수 있는 방법은 무엇인가? 한 그룹의 목표가 한 개인의 목표와 같다고 가정되어서는 안 된다. 어떤 그룹은 불량률 제로를 보텀 라인으로 결정했을 수 있다. 그러나 그룹에 속한 개인은 품질 통계 방법을 배우고 적용하는 것을 보텀 라인으로 세웠을 수 있다. 그 직원은 아마도 이 과정에 헌신적으로 참여할 것이다. 그것이 수입과 승진 기회 그리고 그룹의 지원을 받거나 또는 이 모든 것을 보장하기 때문이다.

직원들은 개인적인 목표와 조직의 목표가 어떻게 부합하는지 봐야 하고 동시에 그들의 욕구와 가치 그리고 영감을 고무할 방법을 알아야 한다. 심리학적 연구 결과는 조직과 팀 그리고 개인의 목표는 측정 가능하고 규칙적인 피드백이 가능하도록 특정해야 한다고 말한

보텀 라인 리더십을 위한 심리학

■ **변화에 대응**
- 스트레스를 관리하라.
- 극도의 감정을 다루어라.
- 극도의 피로감을 극복하라.
- 불신과 마주하라.
- 친구를 변화시켜라.
- 직속적인 변화의 이익을 배워라.
- 모든 사람에게 혁신을 자극하라.

■ **나아 갈 방향을 결정**
- 사람들이 직장 내 일에서 가치를 찾을 수 있도록 도와라.
- 직원들이 내적으로 헌신할 수 있도록 하라.
- 공유할 수 있는 비전을 고양하라.
- 고객에게 봉사할 보다 효과적인 방법을 찾아라.
- 개인과 그룹의 목표를 나열하라.
- 다양성으로부터 단결을 고취하라.

■ **목표에 도달**
- 주의를 효과적인 행동으로 전환하라.
- 소외로부터 신뢰로 전환하라.
- 협동적이고 시너지 효과를 내는 팀 조직을 구축하라.
- 상호신뢰와 권한을 개발하라.
- 효과적으로 소통하라.
- 비즈니스 의사결정을 토의하라.
- 갈등을 관리하라.
- 자율적이 되어라.
- 지속적으로 개선하라.

다. 보텀 라인에 도달하는 데에 대한 인식과 보상은 공식적이고 자주 이루어져야 하며, 우리가 5장과 6장에서 살펴볼 조직 내 그룹과 개인의 목표를 서로 강화할 수 있는 것이어야만 한다. 리더들이 예민한 심리학자와 열심히 일하는 보텀 라인 비즈니스맨 중 하나를 선택할 필요는 없다. 그보다는 상당한 민감성과 심리학적 정교함을 통해 동기를 부여하는 보텀 라인을 창출할 수 있다.

목표 성취, 좋은 의도 이상의 것이 필요하다

왜 그렇게 많은 조직들이 '좋은 직장'과 '고객에 대한 양질의 서비스 제공'이라는 우리의 기대를 충족시키지 못하는가? 즉 왜 그들은 보텀 라인에 도달하지 못하는가?

가장 일반적인 대답은 동기와 좋은 의도의 부족을 들 수 있다. 경영자들은 "만약 직원들이 그들의 일에 좀더 주의를 기울였다면, 우리의 조직이 보다 더 경쟁력을 가졌을 것이다."라고 말하며, 직원들은 "만약 사장이 그렇게 탐욕스럽지 않았다면, 그들은 우리에게 보다 많은 동기를 부여할 수 있었을 것이다."라고 주장한다. 상대편이 생산적이고 공정하려는 좋은 의도를 가지지 않았다는 것이 대부분의 대답이다.

좋은 의도와 동기 그 자체가 문제가 되는 경우는 거의 없다. 대부분의 상사들은 그들의 조직이 나날이 확장하고 일에 대한 보상을 제공하는 곳이기를 원한다. 대개의 직원들도 뛰어난 품질의 제품을 생산하는 좋은 직장을 원하지, 결함이 있는 제품을 이웃과 고객들에게 제공하는 회사를 위해 일하는 당혹스러움을 바라지는 않는다.

그러나 좋은 의도가 자연스럽게 효과적인 직장으로 전환되는 것은 아니다. 상사들은 정보를 기밀로 유지하고, 그것 때문에 의도하지는 않았지만 의심을 산다. 직원들은 품질 개선에 관한 그들의 제안이 고려되지 않은데 화를 내고, 목표를 낮추거나 결함이 있는 제품을 시장에 내놓음으로써 그들의 분노를 표현할 수도 있다. 아무도 자신들의 조직이 단절되고 비생산적이기를 원하진 않지만, 결국 그런 식으로 끝이 난다.

우리들의 조직이 마주하는 실패와 성공은 대부분 복합적인 원인을 지닌다. 한 개인에게 혹은 한 팀에 그 책임을 돌릴 수는 없다. 직원들이 좋은 의도와 뛰어난 기술을 가졌다 하더라도 서로를 배척하며 적대적인 관계로 끝날 수 있다. 좋은 의도뿐 아니라 그들의 능력과 에너지가 조화를 이룰 수 있어야 한다. 또한 시너지 효과를 얻기 위한 작업방식을 구축하고 리더십을 발휘하기 위해 관리자들은 심리학적으로 뛰어나야만 한다. 팀워크를 요구하는 것만으로는 충분하지 않다는 말이다.

리더는 조화를 가능케 하는 개념과 절차 그리고 기술을 가져야만 한다. 많은 관리자들이 정직하고 생산적으로 일할 수 있는 능력이 있지만 리더십은 그 이상을 요구한다. 리더들은 현실적인 비전을 창출하고 신뢰성을 심어줌으로써 그룹과 조직 전체가 하나의 팀으로 느끼고 협동하는 데 헌신적이 되도록 한다.

조직을 건설하는 일은 리더들이 지식을 갖출 것을 요구한다. 그들은 생산적인 팀워크의 본질을 이해하고 그것을 창출하기 위한 열정을 가져야 한다. 더욱이 그러한 비전을 실현하기 위한 실질적인 절차를 알아야 하고, 이를 지속할 심리적 확신과 강건함을 갖추어야 한다. 그리고 리더들은 또한 직원들을 참여시킬 대인관계 기술을 익혀야 하며, 이를 통해 직원들은 보다 고무적으로 협력할 수 있게 된다. 심리학은 오늘날의 보텀 라인을 성취하는 데 필요한 새로운 업무방식을 창출하는 데 결정적으로 작용한다.

심리학을 통해 리더들은 조직이 어디로 나아가고 있고 또한 어떻게 나아갈 수 있는지에 대한 근본적인 이슈를 이해할 수 있다. 2부에서는 의미 있는 비전과 경력을 개발하기 위해 우리의 희망과 영감을 이해하는 방법을 탐구한다. 리더는 우리가 어디로 나아가는지 뿐 아니라 직원들이 회사의 방침을 이해하고 그들이 그러한 방침에 어떻게 부합해야 할지를 결정할 수 있도록 도와야 한다. 3부와 4부에서는 사람들이 그들 공동의 그리고 개인적인 열망을 더불어 실현하기 위해 어떻게 해서 최선의 협동을 이끌어낼 수 있는지 알아본다.

이제 살펴보게 될 2장에서는 우리의 보텀 라인을 이해하고 상호적인 계획을 개발하기 위한 배경이 되는 심리학적 개념과 기술에 관해 알아보기로 한다.

2. 리더십과 심리학의 새로운 만남

아는 것은 알고, 모르는 것은 모름을 깨닫는 것이 지혜다.

공자

랄프 스트레이어(Ralph Strayer)의 리더십에 대한 도전은 아덴 심스가 글로브금속에서 겪었던 종류와 다른 것이었다. 스트레이어는 소시지 제조사업인 존슨빌푸드(Johnsonvill Foods)를 설립했는데, 고객들로부터 품질과 서비스를 인정받아 연평균 성장률 20퍼센트에 이르는 우량 기업으로 키웠다.

하지만 그에게는 한 가지 고민거리가 있었다. 회사가 너무 치열한 경쟁에 노출되어 있다는 점이었다. 거대 기업들이 마음만 먹으면 진입할 수 있었고, 작은 회사들은 보다 우수한 서비스를 무기로 호시탐탐 기회를 엿보고 있는 상황이었다. 그런데 그보다 더 큰 고민은 자신의 직원들 가운데 그 누구도 이 점에 신경 쓰지 않는다는 것이었다.

스트레이어의 비전은 분명했다. 그는 마치 기러기 떼처럼 직원들 각각이 회사를 발전시킬 책임감과 추진력을 가졌으면 하고 바랐다. 그러나 직원들은 버펄로 무리와 같아서, 우두머리가 없어지면 사냥꾼들이 한 마리씩 솎아낼 판이었다. 이런 저런 시도 끝에 그는 결국 학습이야말로 회사가 처한 상황을 이해하고 지향할 목적지를 결정하는 데 핵심임을 깨닫게 되었다.

1990년에 이르러 품질과 영업이익, 생산성이 증가했으며, 판매량은 예상치를 훨씬 웃돌았다. 핵심적인 전환점은 주요 경쟁자를 인수할 수 있는 기회였다. 처음에 스트레이어는 주저했다. 아마도 그 혼자라면 인수를 거절했을 것이다. 그러나 직원들과 상의하면서 인수할 회사의 주요 거래처를 잃을 위험을 저울질했다. 오랜 논의 끝에 직원들과 스트레이어는 그러한 위험요소들은 충분히 제어할 수 있다는 결론에 이르렀다. 결국 팀워크가 기대를 뛰어넘는 조직의 확장을 가능하게 했다.

하지만 이러한 고무적인 팀워크는 의지와 추진력만으로 얻어진 게 아니었다. 사람들에게 보다 많은 책임감을 요구하는 것만으로는 충분하지 않았다. 스트레이어에게는 변화와 학습이 자신에게서 비롯되어야 한다는 본질적인 리더십 통찰력이 있었다. 자신이 가본 적도 없는 곳으로 직원들을 인도할 수는 없는 노릇이 아닌가?

"나는 사람들이 책임감을 갖지 않게 만드는 경영 스타일을 가졌다. 내가 그 회사를 만들었으니 스스로 그 점을 고칠 수 있었다. 문제는 남들이 아니라 나 자신에게 있었다.”

스트레이어는 그 자신의 접근법을 분석하고 수정·보완할 방법을 찾았다.

그는 그동안 자신이 영업이익, 시장점유율, 총자산수익률과 같은 회사의 재무적인 측면에만 집중하고 있음을 깨달았다. 직원들은 기업의 성장을 위한 순종적이고 충실한 도구로 간주되고 있었다.

“나에게 성공을 가져다준 핵심적인 측면들, 그러니까 중앙집권적 통제, 공격적 태도, 권위주의적 비즈니스 관행이 결국 불행한 환경을 낳고 있었다.”

그는 기업 경영의 심리적 측면에 대한 검토를 시작했다. 그러나 처음에는 잘못된 생각을 벗어나지 못했다. 그는 의사결정 권한을 관리자들에게 위임했지만, 그들은 ‘사장이라면 어떻게 결정할까?’를 추측하고 그에 따라 행동할 뿐이었다. 사장이 자신들에게서 그의 복제 인간을 기대한다고 짐작했다. 세계적 기업으로 키우기 위해 스트레이어가 고심해서 창안한 세부적인 전략과 전술적 계획들은 성장 과정에 있는 한 중소기업의 당면적인 요구와는 대체로 무관했다.

수년간의 시행착오 끝에 스트레이어는 자신이 코치 역할을 해야 한다고 결론 내렸다. 직원들의 행동을 관찰하고, 불만을 통제하며, 문제점들을 다룰 수 있는 심리전문가가 되었다. 그래서 직원들이 핵심적인 문제요소들을 해결할 수 있도록 기회를 제공해 주었다.

일례로 직원들은 주말에 초과 근무하는 데 대해 불만을 가졌다. 스트레이어는 그들이 스스로 문제를 해결하도록 요구했다. 그러자 그들은 몇몇 장비가 가동불능 상태로 있는 시간이 많음을 발견했고, 자신들이 그 기계를 수리할 수 있음을 알게 되었다. 곧 해당 장비는 정상적으로 작동했으며 그들은 주말을 가족과 더불어 즐길 수 있게 되었다.

스트레이어는 직원들 스스로 자신들의 업무환경을 고침으로써 그들 자신을 관리할 수 있다는 통찰력을 얻었다. 개선해야 할 최초의 시스템은 품질관리였다. 즉시 관리자들이 제품의 맛을 보는 게 중지되고, 현장의 직원들이 자신들이 만든 제품의 맛을 보고 품질에 대한 책임을 할당받았다. 그리고 그들은 곧바로 그 책임을 받아들였다. 한 팀은 진공포장 패키지의 누출 문제를 발견해 해결책을 제시했으며, 문제 해결을 위해 공급자와 협력하였다. 부패해서 폐기되는 소시지의 양이 5퍼센트에서 0.5퍼센트대로 떨어졌다.

스트레이어는 직원들 스스로 관리하고 책임지는 일련의 과정을 관찰했다. 새로 만들어지는 팀은 제조 라인을 오르내리며 제품의 맛을 보았다. 그들은 반품에 대한 정보를 요청했다. 그리고 고객의 불만에 대해 즉각적으로 응답했다. 동료에 대한 불평 대신 성과 표준을 개발하고, 빈약한 성과를 내는 동료가 실적을 개선하도록 도왔다. 필요하다면 해당 직원을 퇴출시키는 역할까지 감당했다. 곧 직원들은 새로운 직원들의 선발과 훈련에 관한 책임을 요청하고 또한 부여받았다.

게다가 각각의 팀은 구조적인 변화를 추진했다. 품질관리 부서는 품질의 측정뿐 아니라 생산 부서와 더불어 품질개선 방안을 강구했다. 인적자원 부서는 직원들의 자기계발을 위해 학습과 인적개발 부서로 변모했다. 전체 직원의 65퍼센트 이상이 정규교육 과정에 등록했다.

인사 기준도 변했다. 이 회사에 입사하기 위해서는 누구나 관리자가 되어 다른 사람들의 문제 해결을 도울 수 있어야 했다. 문제해결을 위한 팀을 구성할 수 있는 코디네이터가 필요했다. 그래서 스트레이어는 기술자뿐만 아니라 코디네이터 양성을 위한 직무 과정도 개발했다.

존슨빌푸드는 직원들이 설계하고 운영하며 수정하는 시스템 안에서 성과에 기초한 수익 배분 방식을 따르고 있다. 기술 향상과 임금 인상 여부를 직원들끼리 결정하는 방식이다. 보너스는 탁월한 성과를 냈거나 생산성 향상을 위한 새로운 방식을 개발한 직원들에게 주어졌다. 존슨빌의 코디네이터인 리 폴러는 이렇게 말했다.

"우리는 실행자와 조언자 양쪽의 입장에서 이야기한다. 업무를 보다 효율적으로 수행하기 위해 할 수 있는 모든 시도를 다하고 있다."

다음은 스트레이어의 말이다.

"문제해결 능력과 책임감을 가진 직원들을 양성함으로써 지난 5년에 걸쳐 내 직무를 없앴다. 그 덕분에 존슨빌은 스스로 움직이는 회사가 되었다."

현재 이 회사의 직원들은 과거와 마찬가지 혹은 그 이상으로 자신들의 조직에 헌신적이다. 하루는 스트레이어가 새로 부임한 운영간부에게 자신을 외부용역 컨설턴트로 활용해달라고 요청했다. 그러자 그 간부는 "8시 15분까지 회의에 참석하세요."라는 메모를 남겼다.

그러자 스트레이어는 자기가 회사를 만들었는데 이제는 남의 지시나 듣는 처지가 된 데 화가 났다. 하지만 이내 웃음을 터뜨렸다.

"권력을 내놓는다는 게 쉬운 일은 아니지. 8시 15분까지라고? 그래, 당연히 참석해야지."

심리학을 배워야 할 당위성

존슨빌푸드에서 스트레이어와 직원들은 학습이야말로 성공의 핵심 열쇠였음을 깨닫게 되었다. 그럴듯한 슬로건이나 교묘한 테크닉으로는 불가능했을 것이다. 사실 그들은 학습을 계속하지 않을 수 없었고, 그러지 않았다면 성공은 경쟁사의 몫이 되었을 것이다. 스트레이어는 다음과 같이 결론지었다.

"변화야말로 모든 비즈니스 리더들의 참된 임무다. 변화는 과거가 아니라 현재와 미래에 관한 것이기 때문이다."

과거에 기대고 있는 조직은 발전할 수 없다. 각 팀은 내년도 예산을 작성하고 새로운 생산방식을 착안해야 한다. 또한 어제의 품질과 비용, 오늘의 생산 일정과 그리고 내일의 산출량을 두고 계속된 고민을 해야 한다. 항상 내일을 위해 현재의 시스템을 재설계해야 하는 것이다.

심리학 학습은 기업의 경영에 있어 스트레이어와 직원들에게 결정적인 요소였다. 스트레이어는 직원들과 더불어 새로운 업무환경을 개발하는 데 익숙해졌다. 하지만 그는 심리학적으로 굳건하고 강건해야 할 필요가 있었는데, 모든 시도가 다 성공적이지는 않았기 때문이다. 그는 직원들에게 보다 현명해지기를 요구할 수는 없었다. 다만 직원들 스스로 자신감을 가지고, 자발적으로 협력할 수 있는 환경을 조성할 수 있을 따름이었다. 그는 이렇게 말한다.

"가장 값진 배움은 우리 자신의 행동과 사고방식에 대해 의문을 품는 일이다. 그렇게 하면 우리가 수행하고 일하며 사는 방법을 보다 잘 이해할 수 있게 된다. 직원들이 자신들의 잠재력을 계발하도록 돕는 것은 도덕적인 책임일 뿐 아니라 비즈니스에도 매우 도움이 된다. 삶이란 영감이다. 학습하고 분투하는 직원들은 행복하며 훌륭한 사람들이다. 그들은 스스로의 노력으로 자신들의 회사를 절대 망하지 않는 조직으로 만들 수 있음을 발견했다."

심리학에 주목하라

스트레이어와 같은 리더들은 정교한 문제들과 씨름할 수 있을 만큼 지적이어야 한다. 리더는 현재의 상황에 도전할 용기와 혁신을 지속할 능력을 가져야만 하며, 사람들이 믿고 따를 수 있을 만큼 신실해야 한다. 또한 사람들에게 변화를 요구하기에 앞서 그들 스스로 변화할 수 있는 능력을 먼저 보여줄 수 있어야 한다. 신뢰를 받기 위해서는 그 자신들이 솔선해서 시범을 보여야 한다는 의미다.

그러나 스트레이어와 달리 많은 경영자들은 그러한 도전에 맞서기 위해서 심리학을 정교하게 활용해야 함을 깨닫지 못하고 있다. 그들은 자신들의 기술적 배경에 사로잡혀 있어서 익숙하고 편리한 것에서 벗어나지 못한다. 그들의 리더십은 이미 익숙한 솜씨로 갈고 닦은 기술에만 의존하고 있다.

한 엔지니어는 효과적인 리더가 되기 위해 심리학을 배우고자 어떻게 노력했는지 이렇게 회상했다.

"기술개발 부서의 관리자로 처음 임용 받았을 때, 나는 그저 다른 엔지니어들과 다름없는 관점으로 경영진을 바라보았다. 업무와 관련한 모든 자료들을 읽고 성과보고서도 작성했다. 나는 팀원들이 잘못하고 있는 모든 사항들을 찾아 일일이 지적했다. 그리고 그동안 아무도 그렇게 한 사람이 없었음을 알게 되었다. 그러나 결과적으로 그들의 의욕을 꺾고 조직의 윤리 기준을 망가뜨리는 셈이 되었다. 결국 나는 밖에서 조언을 구했다. 마침내 나는 좋은 엔지니어가 되기 위해 물리학적 법칙을 공부해야 하듯이, 좋은 리더가 되기 위해서는 심리학적 법칙을 이해해야 한다는 것을 깨닫게 되었다. 그것은 엄청난 경험이었다. 단순히 한 분야의 기술을 다른 분야의 그것으로 변환시키는 것이 아니었다. 새로운 직업에 들어서면, 점프를 시도하기 전에 해당 분야에 대해 최대한 많이 배워야 한다. 두 직업 사이의 차이를 최대한 많이 이해함으로써 새로운 분야에 효과적으로 쓰일 수 없는 예전의 경험들이 무엇인지 알 수 있게 된다."

리더는 변화를 이끌 기회를 가지고 있는 위치에 있다. 반면 정교한 심리학적 이해를 가져야만 그것이 가능하다는 것을 알아야 한다. 때문에 그들 자신을 고유한 존재로 만드는 방식으로 일을 진행해야 한다. 자신의 직원들과 고객들이 가진 고유한 가치와 영감, 요구에 응답해야만 한다. 리더십은 조직에 주어진 임무를 성취하고, 고객들에게 봉사하며, 성공을 느낄 수 있도록 돕는 데 있는 것이다.

전통적으로는 기술적 능력이 강조되었지만, 사람을 다루는 능력이 리더십의 핵심이다. 폐쇄적이고 자기 지향적이며 비사교적인 리더는 오늘날의 도전에 맞서기 위해 필요한 직원들의 내적 헌신을 끌어낼 수 없다. 사람들에게 민감하게 대응하고 그들의 생산성을 돕기 위해서는 상당한 심리학적 적합성을 갖추어야만 한다. 심리학은 자신과 자신이 이끌 사람들에게 적합한 리더십 스타일의 틀을 만들 수 있게 한다.

심리학 없이는 리더십도 없다

여전히 많은 리더들이 심리학에 대한 언급 없이 그들 자신이 팀을 개발하려고 노력하고 있다. 그들은 가족과 살면서 혹은 직장에 근무하면서 배운 생각과 가치관에 의존한다. 물론 그들은 심스와 스트레이어 같은 성공적이고 열정적인 리더들을 표본으로 삼는다. 그래서 그들의 생각을 명료하게 이해하기 위해 통찰력 있는 사람들을 찾아보지만, 이러한 시행착오를 동반하는 방식은 거의 변화가 없던 과거에나 통하는 방식이다. 오늘날처럼 급변하는 요구와 상황에서 더 이상 과거의 리더십 학습방식은 용인되지 않는다.

심리학을 참조해 적용하지 않으면 비효율적인 사고나 편견을 고착시키게 된다. 심스와 스트레이어도 잘못된 시작 그리고 성공 가능성이 거의 없었던 일에 쏟아부은 시간과 노력을 후회했다. 따라서 성공적인 리더들을 관찰한다는 것이 그들과 동일한 통찰력을 갖게 되는 것을 의미하지는 않는다. 그들의 스토리를 분석해 자신의 조직에 적용할 요소를 찾게 되리라는 보장도 할 수 없다.

오늘날의 믿기 어려울 정도로 빠른 변화는 리더들로 하여금 과거의 지식이 적용되지 않는 새롭고 복잡한 환경에 직면하게 만든다. 미래에 대해 우리가 알 수 있는 것은 두 가지밖에 없다. 미래는 현재와 다르다는 것 그리고 그 차이의 정도가 시간이 지날수록 더할 것이라는 점이다. 그러므로 리더는 여러 가지 개념들을 시험함으로써 그들의 생각을 확장하고 기술을 정리할 수 있다. 또한 새로운 주제를 다룸으로써 편견을 수정하고 한계를 확장시킬 수 있다.

경쟁이 심화되기 전에 제품이 시장에 자리 잡고, 차세대 제품이 출하된 뒤에도 살아남아야 하는 시대이다. 더 이상 연구개발팀이 제품을 개발하고, 마케팅 부서가 예상판매량을 추정하며, 생산팀의 기술자들이 생산 방법을 연구하는 일련의 과정으로 연결되지 않는다. 때문에 리더들은 여러 분야의 전문가들이 시너지 효과를 발휘하고 효과적으로 공조할 수 있도록 조율해야 한다.

업무환경의 극적인 변화로 인해 보다 적응력이 뛰어나고 유연한 리더십이 요구되고 있다. 노동력 시장에 유입되는 인력의 증가로 많은 나라의 기업들은 성과 인종, 문화, 국적이 다양한 직원들로 구성된다. 이로써 리더들은 성희롱이나 권한남용, 직장 내 폭력과 같은 새롭게 증가한 문제들도 다룰 수 있어야 한다.

자신의 직원들이 각기 먼 거리에 산재해 일하기 때문에 전화나 이 메일, 팩스, 메신저 등으로 그들과 커뮤니케이션해야 한다. 더욱이 그들은 소속감을 느낄 비형식적 교류 기회를 거의 갖지 못하고, 최신의 기술개발을 접할 기회도 적으며, 회사에 대해 즉각적인 공헌도 하기 어렵다. 상황이 이렇기 때문에 리더십과 조직의 전통적 형태가 점점 구식이 되고 부적절한 것이 되고 있다.

이제 이론과 실제 사이, 연구자와 관리자 사이의 새로운 파트너십 없이는 오늘날이 요구하는 리더십에 대응할 수 없다.

경험으로부터의 학습

리더가 되는 법을 어떻게 배울 수 있는가? 경험이 결정적이다. 리더십을 태어나기 전부터 알고 있는 사람은 없다. 그렇다고 경험만으로는 부족하다. 관리자들은 생생한 아이디어들을 행동에 옮기고, 그 용도를 생각하며, 경험을 통해 배운다(〈그림 2-1〉 참조).

흔히 아이디어와 이론은 사람들이 새롭고 흥미로운 방식으로 생각하고 말하는 것을 배우는 책과 교실 속의 존재로 여겨진다. 행동과 전략은 사람들이 실제로 일을 하는 조직 세계에 존재한다. 이론은 비실용적이며, 감각과 본능이 요구되는 행동의 세계에는 적절하지 않는 경우도 많다. 그래서 이론과 현실의 벽은 해체되어야만 한다.

〈그림 2-1〉 학습 사이클

행동할 것인가, 연구할 것인가

대개의 사람들은 연구자와 리더가 현저하게 구별되는 관심과 취향을 가진 것으로 규정한다. 그러나 행동과 연구의 세계는 상호 보완적이다. 수세기 동안 경제적 활력과 과학적 진보는 보조를 맞추어왔다. 고대 이집트인, 르네상스 시기의 독일, 오늘날의 미국은 과학과 비즈니스를 함께 발전시켰다.

리더와 연구자들 모두 열린 마음으로 실천을 할 수 있어야 한다. 리더는 이용하기에 충분하도록 개념을 이해해야 한다. 연구자들은 리더의 생각을 실제 현장에 적용시켜야 한다. 리더는 결과에 관심이 있으며, 특히 '측정 가능한 것'에 그렇다. 따라서 연구자들은 그들의 실험 결과를 주의 깊게 문서화해야 한다. 리더와 연구자들은 그 결과를 이용해 그들의 생각을 가다듬어야 한다.

로버트 프레이(Robert Frey)는 자신이 10년 전에 인수한 튜브와 캔

제조업체의 성공을 위해 스스로 실험가가 되어야 했다. 직원들이 일하는 방식에 실망한 그는 여러 가지 가설을 세운 뒤 시험했다. 잘못된 부분을 아는 것은 쉬웠다. 생산 라인은 구식이었고, 수익은 가까스로 공장을 돌릴 수준이었다. 생산비용은 통제가 불가능했고, 노조와의 관계는 악화되어 있었다. 중요한 것은 이 모든 것의 원인이었다. 그래서 그는 이러한 결과가 빚어진 원인이 무엇이며, 어떻게 이를 개선할 수 있을지 고민하기 시작했다.

훈련을 받은 엔지니어로서 그는 직원들의 시간 활용과 행동을 관찰한 다음, 그들에게 사용법을 알려주지 않은 채 새 기계를 도입했다. 또한 그는 직원들의 임금을 삭감했고 급기야 노조는 파업을 단행했다.

조직이 원하는 것은 팀워크와 직원 참여의 분위기였지만, 상황은 적대적이고 조소적임을 깨닫게 되었다. 그는 관련 책을 읽고, 노사 이익 공유 계획을 검토했으며, 직원들과 적대적인 관계의 기업을 소유할 생각이 없음을 발표했다. 그럼에도 그와 직원들은 서로가 이혼 가능성도 없는 나쁜 배우자라는 느낌을 떨칠 수 없었다.

하지만 그는 파업 기간 동안 생산현장을 직접 경험함으로써 직원들의 업무가 얼마나 힘든지 알게 되었다. 직원들이 그가 귀를 닫고 있음을 지적했으므로, 그는 듣는 법을 열심히 배웠다. 그렇게 그는 직원들과 더불어 품질개선 과정에 참여했으며, 노사 이익 공유 프로그램을 개발했다. 직원들과 프레이는 점차 서로 신뢰하게 되었다. 함께 일하고 서로와 공장에 대해 주의를 기울이기 시작했다.

수익은 느리지만 꾸준히 상승했다. 1989년에는 보너스가 평균 급여의 36퍼센트에 이르렀다. 직원들과 프레이는 마침내 새로운 궤도에 접어들었음을 느꼈지만 여전히 여러 문제점을 논의하고 새로운 방식을 시험했다. 그와 직원들은 "비즈니스란 현재의 검토와 미래를 위한 실험을 지속적으로 요구한다."는 것을 배웠다.

리더와 연구자들은 서로 다른 초점을 가진다. 연구자들은 그들의 개입 효과를 측정한, 보다 정교한 방식을 원한다. 그들은 종종 실험 현장에서 철수함으로써, 여러 상황에 적용될 수 있는 왜곡되지 않은 결과를 얻으려 한다. 반면 프레이와 같은 리더들은 보통 행동 지향적이며, 특정한 상황에서 그들의 역할이 효과를 볼 수 있도록 노력한다. 그러나 연구자와 리더 모두 복잡한 상황을 단순하게 정리하고 효과적인 행동 방향을 알려줄 강력한 아이디어를 바란다.

아이디어로 경험을 보완하라

관리자들이 어떻게 학습하는지에 관한 한 연구에서, 고위 간부들은 현장 경험이 그들의 성공에 핵심으로 작용했다고 밝혔다. 이러한 실제 불길을 뚫고서 그들은 내적 자원을 축적하고 통찰력을 얻으며 새로운 방식들을 실험했다.

20년 뒤 그들은 값진 교훈을 얻는 것, 그들의 능력을 다지는 것 그리고 자신감을 굳건히 갖는 것을 생생하게 회상했다. 그럼에도 사람들은 경험과 각종 도전적 시험을 통해서도 배우는 것이 별로 없다. 다른 사람들은 자신의 리더적 자질을 입증할 극적인 기회를 갖지 않고서도 많은 것을 배운다. 많은 직업들이 리더십을 위한 기회를 제공하지만 흔히 간과되고 있다.

아이디어는 경험을 보완한다. 리더는 시장에서의 경쟁이 직장에서의 경쟁을 요구한다는 낡은 확신에 과감히 도전해야 한다. 그들에게는 어떻게 성공적인 조직을 이끌고 건설할지 생생한 모델이 필요하다. 그들은 신뢰할 만하고 효과적으로 일하는 데 그들의 가치와 아이디어를 집중해야 한다.

리더는 상황을 분석하기 위해 아이디어를 필요로 하고, 어떤 일이 우선되어야 할지 결정해야 한다. 계획을 세우고 지속적인 행동을 고무하기 위한 자질도 요구된다. 그러한 틀과 더불어 리더는 결정과 행동의 유용성에 관한 피드백을 얻기 위해 경험을 이용할 수 있다. 피드백은 그들의 행동을 안내한 아이디어의 타당성 여부를 검토하는 데 유용하다. 경험 그 자체는 아무것도 가르쳐주지 않는다. 기회를 활용하고 경험을 반추하기 위해 아이디어를 이용할 때 우리는 뭔가를 배울 수 있다.

예를 들면 우리는 나중에 생산적 팀워크의 본질을 이해하기 위한 한 가지 방법으로 협력 이론을 배울 것이다. 그 아이디어는 실험을 통해 팀원들의 현재 협력 상태와 개선을 통해 가능한 상태 사이의 갭을 줄이도록 의욕을 고취시킬 수 있다. 그러나 아이디어를 민감하고 적절하게 적용하기 위해서는 상당한 준비가 필요하다. 이러한 절차는 해당 문제뿐 아니라 사람들과도 부합해야 한다.

학습은 지속적이어야 효과를 볼 수 있다. 독서와 토론을 통해 그리고 협동 작업에 대한 완전한 이해를 위해 해당 개념을 적용하려는 노력이 수반되어야 한다. 그러고 나면 리더는 지식을 갖추게 되고 보다 솜씨 있게 이를 활용할 준비를 마치게 된다. 리딩과 협력 개념을 적용하는 것은 동전의 양면이라고 할 수 있다.

학습을 위한 팀

개념을 이해하고 적용하는 것을 통한 리더십의 학습과, 기술을 개발하기 위해 지난 경험을 반추하는 것은 그 자체로 매우 도전적이다. 리더가 되는 것은 복잡하고 많은 노력이 요구되므로 팀워크가 필요하다. 연구 결과에 따르면 사람들은 다른 사람들과의 풍부한 상호 교류와 토론, 논쟁을 통해 그들 자신의 경험을 보다 철저히 이해하고 학습하게 된다.

멘토와 동료들은 중요한 가치와 효과적인 절차가 무엇인지를 보여주고 새로운 개념들을 통합하는 데 필요한 감정적 지지를 제공한다. 많은 사람들이 어떤 주어진 상황에서 적합하고 효과적인 계획을 창출하기 위해 그들의 다양한 관점을 이용한다. 이처럼 리더십을 적용하는 데 필요한 다양한 재능이 존재한다.

사람들은 자기 자신의 단점에 대해서 잘 모르는 경우가 많다. 편견 때문에 우리 자신의 성공과 실패를 과장할 수가 있다. 우리의 미래를 위해 다른 사람들로부터 도움을 받을 수 있다면, 그것이 부정적인 피드백이라고 할지라도 받아들이는 것이 좋다.

훌륭한 팀워크는 리더십 자체의 목적이자 리더십을 배우기 위한 수단이기도 하다. 리더가 되기 위해서 경영진들은 아이디어를 토론하고 믿을 만한 동료와 함께 새로운 이슈를 개발할 필요가 있다. 그들은 용기 있게 위험에 맞서고 다른 사람들의 지지를 끌어들인다. 또한 그들은 직원들로부터 피드백과 제안을 받아들인다. 리더십을 학습하기 위한 방식은 해당 리더의 영감 있는 팀워크에 대한 메시지를 강화하게 해준다.

더불어 학습하라

데이비드 존슨(David Johnson)과 로저 존슨(Roger Johnson) 그리고 다른 연구자들은 학습에서 협력적인 목표와 상호작용의 가치에 대해 연구하였다. 5백 개가 넘는 연구에 대한 통계학적 검토를 통해 협력적인 학습이 경쟁적이고 상호 독립적으로 근무하는 사람들에게 있어서 매우 유익함이 발견되었다. 이러한 발견은 어린이뿐만 아니라 어른에게도 적용된다.

협력적인 목표를 통해 열린 토론 문화와 더불어 사람들은 협동과 같은 강력한 개념을 이해할 수 있다. 애매한 부분을 명료하게 하기 위해서는 다양한 이슈들을 논의해야 한다. 비판하고 도전하여 이러저러한 아이디어로 통합하며 현재와 과거의 학습을 서로 연결한다. 협동적인 학습을 통해 사람들은 보다 높은 수준의 사고를 행하고 많은 질문을 던지며 서로 다른 위치에서 논쟁을 전개해 그들의 관점을 정교하게 만들면서 문제해결에 참여하는데, 이 모든 것은 사람들이 개념들의 강도와 한계를 이해하고 평가하는데 도움이 된다.

사람들은 다른 사람들로부터 개념에 대한 설명을 들음으로써 혹은 자신들이 개념을 설명하는 과정에서 학습한다. 더불어 학습함으로써 그들은 경쟁적으로 혹은 그들만이 학습하는 방식에 비해 훨씬 풍부한 지식을 습득할 수 있다.

개인이 변해야 조직도 변한다

더불어 학습하는 것은 우리가 리더십을 발휘하거나 일하는 방식의 변화에 요구되는 개인적 그리고 감정적 요구에 특히 유용하다. 우리는 다른 사람과 더불어 얼마나 성공적으로 협동할 수 있는지에 관한 우리의 믿음 그리고 관계에 대한 우리의 생각을 엄격하게 고수하려는 경향이 있다.

많은 리더들은 매우 과장되고 자기만족적인 관점으로 자신들의 능력에 대해 생각하는 경향이 있다. 하지만 새로운 아이디어와 피드백을 통해 우리의 습관을 다시 검토하게 되고, 우리의 관계와 자신에 대해 새로운 방식으로 생각할 기회를 얻게 되며, 보다 효과적인 행동의 가능성에 대해 열려 있는 마음을 갖게 된다.

협력적인 학습으로 개인적 변화에 필요한 지지와 피드백, 문제해결이 고무될 수 있다. 개인적 변화는 아이디어와 피드백을 적용할 것을 요구한다. 동료들을 통해 심리학적인 개념을 개인적인 변화로 변환하는데 요구되는 감정적인 문제해결의 지원을 제공받을 수 있다.

경쟁자 그리고 직원들과의 대화를 통해 리더는 그들의 상황에 적합한 새로운 리더십을 구체적으로 확인할 수 있는 기회를 얻게 된다. 혼자서 공부하고 연구하는 자세는 효과적인 리더십 스타일을 개발하려고 할 때 별로 생산적인 방식이 아니다.

학습팀을 조직하라

우리는 다음 장에서 논의될 개념들을 동료와 친구들과 더불어 토론함으로써 이해를 깊게 하고 그러한 개념을 어떻게 사용할 것인지 결정할 수 있다. 보다 철저한 접근방식 중 하나는 서로가 좋은 리더가 될 수 있도록 돕는 것을 강제적으로 약속한 학습팀을 구성하는 것이다.

학습팀 내 2명에서 6명의 관리자들이 정기적으로 만나 심리학적 개념을 적용하는 방식과 리더십 발휘에서 자신감을 획득할 수 있는 여러 노력에 관해 논의할 수 있다. 그들은 도움을 제공하고 문제를 공유하기 위한 지원 그룹이 되고, 좀더 경험이 풍부한 리더들이 멘토로서의 역할을 할 수 있도록 허용하며, 우정과 성공의 공유를 독려하게 된다.

학습팀은 직원들이 마음 편안하게 모여 서로 도와주고 함께 웃으며 모두가 효과적인 리더가 될 수 있도록 그 결심을 더욱 단단하게 굳혀준다. 관리자들은 학습팀을 이용해 정보를 공유하고 성공을 축하하며 문제를 해결한다. 아울러 그들은 계획하고 설계하며 팀워크를 개발하는 그들의 노력을 평가한다.

그들은 서로 사무실을 방문하며 피드백을 제공한다. 이 팀은 전문가적인 논의를 지속함으로써 그 속에서 리더들의 도전과 두려움 그리고 리더십의 기회에 관해 직접적이고 정직하게 고민하게 된다. 그들은 더욱 구체적이고 정확한 용어를 이용해 리더십의 본질에 관해 의견을 모으고 그것이 어떻게 성취될 수 있는지 토의한다. 토의와 설명 그리고 지도를 통해 리더십과 팀워크에 대한 이해와 기술을 한층 심화시킬 수 있다.

관리자들은 협력하여 프로그램과 활동을 계획하고 자신들의 리더십과 팀을 강화할 수 있다. 커뮤니케이션을 개선하고 갈등을 관리하기 위해 공유된 비전과 프로그램을 어떻게 만들어낼지 결정한다. 그들은 책임과 열정을 공유하며 다른 사람들의 경험을 통해 배운다. 심리학적 개념을 이용함에 따라 그들은 팀워크에 대한 자신들의 이해를 보다 명료하게 하고, 직원들과 상황에 적합한 계획들을 실험하는 데 필요한 용기를 가질 수 있다. 그리고 이러한 시도들의 유효성에 관해 논의함으로써 향후 계획을 어떻게 수정할 것인지에 대한 힌트를 얻을 수 있다. 관리자들은 서로에게 피드백을 제공하며 서로를 관찰한다.

대개의 관리자들은 자신들이 직원들에게 미치는 영향에 대해 확실히 알고 있지 못하며 직원들이 별로 정직하지 않다고 생각한다. 관리자들은 서로의 팀을 방문해 외부에서 보는 해당 팀의 활동성과 리더십에 관한 조언을 전달할 수 있다. 서로가 제공하는 관찰과 피드백을 통해 모두가 상대방의 학습을 도와주게 된다.

학습하는 리더

　전통적으로 리더들은 그들 스스로 능력이 있고 책임감이 있는 사람으로 비쳐지길 기대한다. 자신이 강하고 결단력이 있으며, 어려운 결정을 내리고 스트레스를 감내할 수 있음을 강조하기도 한다.

　리더는 목표한 결과를 이끌어내기 위해 상황을 조성하는 존재다. 그러나 오늘날은 조직이 끊임없이 새로운 환경에 적응하고 혁신해야 하기 때문에 이러한 이미지는 점차 적합하지 않게 되었다. 단지 임무 완수만이 심스와 스트레이어가 원한 것은 아니었다. 그들은 조직 내의 모든 사람들이 품질을 개선하고 효과적으로 비용을 절감하기를 원했다.

　더욱이 새로운 제품을 개발하고 마케팅 방식을 개선하며 비용을 절감하기 위해 신기술을 도입해서 얻는 이득이 점점 줄어들고 있다. 경쟁자들 역시 새 제품을 개발하고 새로운 기술을 즉각적으로 수용했기 때문이다. 따라서 절실히 필요한 것은 직원들 스스로 끊임없이 품질을 개선하고 고객의 요구에 부응할 수 있는 새로운 형태의 조직이다.

　영속적으로 성공한 조직이 되기 위해서는 지속적인 개선이 필요하다. 조직이 학습을 계속하고 신축성을 유지하기 위해서는 직장 전체에 걸쳐 완전하고 헌신적인 노력이 요구된다. 리더는 직원들을 고무할 수 있는 올바른 판단과 성실한 노력을 보여줄 수 있어야 한다. 하지만 리더는 또한 열려 있는 학습 태도에서 모범이 되어야만 한다.

자신들의 월등한 권력과 능력을 증명하는 것이 아니라, 새로운 아이디어들을 개발하고 새로운 방식의 업무를 실험하며 그들 스스로 조직 전체에 걸친 지속적인 개선을 도모함으로써 직원들에게 본보기가 되어야 한다.

심리학을 이용하는 방법을 배우면 리더십이 두 배로 강화된다. 학습은 리더와 직원을 하나로 묶는다. '리드'는 '배우고 성장하는 것'을 의미한다. 리더십에서 중요한 것은 리더가 어떻게 지속적으로 학습하고 다른 사람들에게 성장을 요구할 수 있는지를 보여주는데 있다. 직원들 또한 학습을 해야 한다.

존슨빌푸드의 관리자들과 직원들이 스트레이어의 계획처럼 하룻밤 사이에 자발적이고 자율적인 사람들로 거듭난 것은 아니다. 스트레이어는 관리자들이 직원들의 학습을 도와주고 성장을 보조하는 서포터가 되도록 훈련했다. 학습이란 끝이 없는 여정이다. 하나의 상황에 맞는 통찰력과 기술을 익히고 나면 또 다른 통찰력과 학습이 요구되는 상황이 생기게 된다. 하나의 목표를 성취하고 나면 그보다 더 중요하고 어려운 또 다른 목표가 기다린다.

리더십은 리더와 직원 모두의 노력을 요구한다. 심리학을 이용하는 것 역시 마찬가지다. 직원들과 동료의 도움을 받아 심리학적 기술을 개발하고 리더십 역량을 강화할 수 있다면, 우리는 훨씬 더 효과적으로 이 일을 완수할 수 있다. 학습은 리더와 직원들이 공통의 여정에 들어설 수 있게 하는 힘을 지니고 있다.

PART 2

> > >

같은 목표를 향해 나아간다는 것

오늘날 조직이 직면하고 있는 도전에 원활하게 대처하기 위해서는 리더뿐 아니라 직원들도 자발적 의지를 가져야 한다. 다행스럽게도 그러한 충성심을 가진 조직을 개발하는 것은 가능하지만, 매우 헌신적인 조직이 되기 위해서는 창조적인 리더십이 필요하다.

3장에서는 효과적인 리더십의 핵심이 개인적으로 능력을 고양하고 조직적으로 생산적인 관계를 개발하는데 있음을 보여준다. 리더들은 그러한 관계를 구축하고 성공적인 리더가 되기 위해 노력하는데 보상이 따른다는 것을 알고 있다.

4장에서는 직원들이 성취해야 하는 일들을 어떻게 완수하며 다른 직원들과 더불어 조직 전체의 목표를 성취하기 위해 어떻게 협력하는지 보여준다. 건설적인 관계를 통해 그들은 자신감을 고취하고 사회적 지원을 구축하며 혼자서는 할 수 없는 과업을 완수할 수 있게 된다.

5장에서는 공유된 비전을 통해 다양한 스타일을 가진 개인들이 어떻게 협력하여 조직의 잠재적 가치를 실현하고 고객에게 봉사하며 그들의 직장을 더욱 더 안전하게 만드는지 설명한다.

3. 리더의 헌신

등을 나무에 붙이고서는 체리를 딸 수 없다.

J. P. 모건, 금융가

나와 함께 이 책을 쓴 메리 토즈볼드는 30년 동안 리더십과 관련한 일을 해왔다. 그 과정에서 그녀는 엄청나게 변모했지만, 항상 원래의 위치로 돌아가 반복된 과제와 기본적인 지혜에 몰두했다.

시카고 근교에서 학생들을 가르치다 이후 미네폴리스에서 교사로 일한 그녀는, 학생들이 배울 수 있도록 동기를 부여하고 조직을 구축하는 것이 리더의 요건임을 배웠다. 그녀는 학생들의 참여를 끌어내야 했다. 집안 형편이 부유하거나 가난한 것과는 관계없이, 고등학생들은 자신들이 누구이며 남들에게 어떻게 받아들여질 수 있을지의 여부에만 관심이 있었다. 그녀는 카운슬러이자 친구가 되어야 했다.

직장에서의 여성에 대한 차별과 아메리카 원주민 학생들에 대한 차별이라는 현실에 직면해 그녀는 교육적인 변화를 위한 활동가가 되었다. 새로운 수학 커리큘럼을 개발했고 성과 인종 그리고 다른 편견에 지속적으로 대항하면서 대안교육을 모색했다. 여기서 또한 그녀는 다른 활동가들뿐만 아니라 실제 권력을 가지고 변화시킬 수 있는 백인 남성 관료들과 이사회 이사들을 끌어들여야 했다.

이러한 경험을 통해 그녀는 권력을 가지고 있는 사람들에게 모욕을 주거나 도전하면 변화를 유도할 수 없음을 알게 되었다. 나약하거나 무능하게 보여서 위신이 깎이는 것을 두려워하는 사람들은 그러한 공격을 받게 되면 발끈하게 된다.

그녀는 자신이 일반 학교에 적합하지 않다는 사실을 깨닫고는 교육행정 박사 과정으로 돌아갔다. 그리고는 할머니의 땅에서 나이가 많고 장애가 있는 사람들이 스스로 살아갈 수 있는 터전을 만들려고 했던 어머니의 비전을 받아들였다. 다른 사람들을 보살피는 것이 우리 할머니들 삶의 일부였다. 경제공항 때에도 그녀는 어떤 헐벗은 사람도 쫓아내지 않았으며 심지어 이웃들의 반대도 막아냈다. 70대의 나이에도 여전히 80대의 사람들을 보살폈다. 하지만 어머니의 비전은 막대한 심리학적 결정과 유연성을 요구했다. 정부 관료와 은행가, 부동산업자 등과 끊임없이 만나야 했고, 그들 중 몇 명만이 그 프로젝트에 도움을 주었다.

그녀와 어머니는 극빈자 증명서, 정부의 승인 그리고 자금 지원을 얻기 위해 협상하고 여러 가지 요구조건들을 수정해나가야 했다. 미래에 대한 확실한 보장도 없이 수년간 노력을 쏟아부었다. 그들의 기업가적인 헌신은 그들 자신과 다른 사람들에 대한 신념, 위험에 대한 감수 그리고 장기적인 전망을 요구했다. 노인들을 위한 요양원이 건설되고 난 뒤, 발달 장애가 있는 어린이들과 어른들을 위한 아파트 그리고 치매를 앓고 있는 환자들을 위한 아파트가 건설되었다.

메리는 조직이 성장함에 따라 리더가 되는 법을 배워야만 하는 도전에 맞닥뜨렸다. 기업가적 개발자로서 그녀는 스스로 프로젝트 진행을 위해 여러 가지 일들을 하는 데 익숙해져야 했다. 비즈니스의 모든 측면에 깊숙이 관여하고 고객의 요구에 맞는 서비스를 제공하는 것은 자연스러운 일이었다. 메리는 많은 시간을 고객들과 함께 보냈는데, 그러한 일 자체가 향후 큰 보상을 가져다준다고 믿었고 그녀 스스로 직원들에게 모범을 보이길 원했기 때문이다. 하지만 그녀는 또한 그토록 많은 요구들에 봉착해 두려움을 느끼기도 했다. 최선의 노력에도 불구하고 그녀가 동시에 여러 장소에서 여러 가지 업무를 처리하는 것은 불가능했다.

비즈니스가 성장하고 지리적으로 영역을 확대해감에 따라 모든 중요한 문제들을 그녀 혼자서 처리한다는 게 점점 어려워졌다. 그러기에는 아이디어나 프로젝트가 너무 많았다. 결국 그녀는 참여하고 있는 모든 사람이 품질과 고객 지향적인 마음을 가져야 한다는 것을 깨달았다. 그녀의 일은 비전을 제시하고 목표를 설정하며 사람들이 전략적인 계획에 참여하도록 고무하는 것이었다. 그래서 그녀는 조직의 비전, 임무, 가치, 목표, 윤리에 관한 문서를 작성했다. 또한 복잡하고 계층적인 구조를 팀에 기반을 둔 구조로 바꾸기 위해 많은 노력을 투자했다.

한 사람의 리더가 된다는 것은 크고 작은 어려움을 극복하고 앞으로 나아가다 때로는 우회하고 때로는 후퇴하는 것을 필요로 한다. 메리에게 있어서 반복적인 주제는 끊임없이 학습해야 된다는 점이었다. 조직을 소유하고 운영한다는 것은 핵심활동에 대한 깊은 이해, 해당 비즈니스에 대한 지식, 사람들에 대한 심리학적 민감성, 시스템을 개발하기 위한 능력 등을 필요로 한다. 그리고 그러한 것들은 한꺼번에 배울 수 있는 게 아니라 지속적으로 학습해나가야 하는 것들이다.

그녀는 자신의 성공과 실패로부터 많은 것을 배웠다. 또한 기업가 혹은 경영진으로 참여하고 있는 친구들과 논의했고, 하버드 비즈니스 스쿨에서 3년 동안 소규모 기업 경영자를 위한 강좌를 수강하며 공부를 게을리하지 않았다. 리더는 직원들과 함께 그들의 능력을 발전시킬 수 있도록 노력해야 하며, 배우고 가르치는 것은 모두 하나로 이루어져야 한다.

메리가 직면한 또 하나의 교훈은 단순하다. 리더는 직원들과 함께 해야만 성공할 수 있다는 것이다. 혼자서 유능한 교사이자 활동가 또는 기업가가 될 수는 없다. 리더는 다른 사람과 더불어 그리고 다른 사람을 통해서 일한다. 그녀는 버지니아 울프의 다음과 같은 말에서 교훈을 얻었다.

"청년기가 지나가고 있다는 신호는 우리가 다른 사람들 속에 위치하고 있으며 다른 사람들에 대한 동료 의식이 생겨나는 것이다."

남들과 상호 의존적인 관계를 가지고 있음을 기억하고, 다른 사람과 더불어 업무를 완수할 수 있는 능력을 강화하는 일은 간단하지 않다. 그것은 리더가 되는 다양하고 복잡한 과정의 한 부분일 뿐이다.

차가운 머리, 뜨거운 가슴

리더가 되기 위해서는 머리뿐 아니라 가슴도 필요하다. 리더는 열정과 인내를 가져야 한다. 관습적인 행동이나 열심히 일하는 것만으로는 충분치 않다. 추종자들은 그들이 신뢰할 수 있는 리더를 원한다. 그러한 리더는 정직하고 결단력이 있어야 한다. 변화를 이룰 수 있으려면 리더는 일관성 있게 일을 처리해야 한다. 남을 리드하는 것은 단순한 업무 추진 이상의 것이다.

누구나 리더가 될 수 있는 것은 아니다. 리더가 되려고 결심한 사람은 리더로서의 삶이 어떤지에 대한 현실적인 판단과 성공적인 리더가 되기 위해서는 어떻게 해야 하는지 알아야 한다. 많은 가능성 있는 리더 후보들이 잘못된 판단으로 인해 자신들과 직원들을 곤경에 처하게 만든다. 리더가 되려는 모험을 받아들이는 것은 합리적인 확신에 기반을 두어야 하며, 헛된 희망이나 높은 지위와 돈에 대한 욕망이 바탕이 되어서는 안 된다.

리더들은 도전을 원한다. 그들은 그러한 도전을 만족하는 수준까지 그리고 가치를 높이는 수준까지 수행하기 위해 동기 부여의 힘을 요구하게 된다. 또한 리더가 되려는 결심을 하기 이전에 먼저 관리자로서 갖추어야 할 요건이 무엇인지 알아야 하며, 리더십이 어떤 보상을 가져다주는지 이해해야 한다. 이를 통해 자신이 리더십에 적합한 사람인지 아닌지의 여부를 판단할 수 있다.

그러나 그것은 단순히 리더의 인격과 역할 사이의 적합성 여부를 파악하는 일만은 아니다. 경험을 통해 사람들은 자아만족의 새로운 기준과 책임을 발견할 수 있는 기회를 얻게 된다. 리더는 직원들에게 영향을 미치고 도움을 줄 수 있어야 한다. 그리고 고객은 물론 팀에서도 중요한 역할을 맡아서 추진해야 한다. 그래야 자신의 가치를 높일 수 있다.

연구자들은 경영활동에 필요한 요소들을 자세히 분류해 리더의 역할을 정의하고 그들이 성취할 수 있는 목표를 식별해왔다. 우리는 이러한 지식을 이용해 리더십을 성장시킬 수 있는 방법을 찾을 수 있다.

리더의 일상

경영진과 간부들에 대한 전통적인 인상은, 그들이 직원들을 감독하는 관리자이며 장기적인 관점에서 복잡한 문제들을 해결하고 의사결정을 내리는 사람이라는 것이다. 그들은 냉철한 분석과 철저한 토론 그리고 미래에 대한 전망을 내놓는다. 리더들은 권한과 권력을 이용해 그들이 내린 결정을 집행하고 조직이 번창할 수 있도록 이끈다.

필요하다면 명령과 지시를 내리지만, 직원들이 자발적으로 그들의 요구를 수용하고 수시로 제안할 것을 원한다. 정상에 있는 것은 외롭지만 리더들은 책임과 통제에 대한 풍족한 보상을 받으며 보다 많은 보수를 받는다.

이러한 전통적인 관점들도 사실과 부합하는 점이 있긴 하지만, 사실 대개의 리더들이 겪는 일상적인 삶과는 동떨어져 있다. 관리자와 감독자에 대한 40여 년에 걸친 연구 결과, 그들은 대인 관계와 조직 내의 언어 세계에 상당한 시간을 할애하고 있음이 밝혀졌다.

관리자들은 직원들이 주어진 과업을 완수하고 서로 협동할 수 있도록 독려한다. 그들은 업무를 할당하고 마감시간을 설정하며 부서 간 장벽을 제거하고자 노력한다. 그리고 지속적으로 직원들, 공급업체들 그리고 고객들과 상호 작용하며 업무를 수행한다. 경영은 심리학적 측면에서 풍요롭고 도전적인 과업이다.

관리자들은 보통 하루 평균 25명에서 50명의 사람들과 만난다. 미팅 횟수가 슈퍼바이저(supervisor, 실행 감독자)보다 적긴 하지만 조직 외부의 사람들과 만나는 일은 그들보다 더 많다. 관리자들은 일반적으로 얼굴과 얼굴을 맞대고 말로써 커뮤니케이션하며 근무시간의 75 퍼센트 정도를 대인관계에 할애한다. 하루 중 1/3 정도는 혼자 있는 시간을 가지지만 일반적으로 한 번에 30분을 넘지 않는다. 그들은 지속적으로 대화를 나누며 청취하고 정보를 교환하지만 명령이나 의사결정을 내리는 경우는 별로 없다.

조직 내 중역들의 삶은 원목으로 인테리어를 한 화려한 사무실의 고상함과는 거리가 멀다. 그들은 끊임없이 일과 부딪치며 한꺼번에 여러 가지 일을 처리한다. 그들의 비즈니스는 미팅과 미팅 그리고 더 많은 미팅이다. 한 연구에 따르면 중역들은 일반적으로 매일 네 차례의 예정된 미팅을 가지며, 예정되지 않은 또 다른 네 차례의 미팅을 수행한다.

하지만 관리자들은 자신들의 대인관계 생활을 즐기는 것으로 보인다. 남들과 상호 작용하는 것은 좋아하지만 혼자 있는 것은 지겨워한다. 그들은 홀로 사색의 시간을 가지는 것보다 대인관계를 훨씬 더 흥미롭게 여긴다. 몇 년 전 한 대학에서 MBA 과정을 밝고 있는 한 학생이 각 기업 최고경영자들에게 자신의 설문에 응답해줄 것을 요청했다. 그런데 그들은 간편하게 끝날 수 있는 설문지 형식의 질의응답보다는 얼굴과 얼굴을 맞대고 질문과 답변을 주고받는 것을 훨씬 더 선호했다.

관리자들의 일상에 관한 이전의 연구들은 오늘날 대부분의 관리자들이 겪는 직장생활에 대해 아마도 매우 보수적인 수준일 것이다. 시간이 흐를수록 그들의 일상은 더욱 대인관계에 치중될 것이며, 더 많은 업무를 수행하게 될 것이다. 조직이 경쟁 시장에 즉각적으로 응답하고 고객의 높아진 욕구에 부합하기 위해 관리자들은 점점 더 많은 시간을 업무에 할애하고 있다. 그들은 직원들과 더불어 비용을 절감하고 품질을 개선할 수 있는 새로운 방식을 찾는다. 직원들에게 회사와 고객에게 좀더 헌신적일 것을 요구하면서, 그들 자신도 직원들의 요구에 보다 헌신적이어야 한다고 느끼고 있다.

다른 유용한 연구와 마찬가지로 경영진의 삶에 관한 연구결과 우리는 현실을 좀더 잘 파악할 수 있게 된다. 조직은 최고경영진 몇몇에 의해 구축되거나 운영이 유지되는 구조가 아니다. 반대로 조직은 많은 인간관계와 진급 경쟁과 이슈들에 대한 몰두와 위기극복 그리고 가능한 해법에 대한 실험들로 채워져 있다.

경영자들은 독립적으로 일하는 건축가나 조직의 일상적 활동을 초월한 존재가 아니라 조직 속에서 건설하고 생산하는 노동자이다. 그들은 꼭대기에서 아래를 내려 보는 사람이 아니라 그들이 속한 그룹의 중심지에 위치해 있다. 그들은 다른 사람과 더불어 그리고 다른 사람을 통해서 업무를 수행하는 중요한 허브이다. 경영자들은 우리가 조직이라 부르는 지속적인 주고받음(give and take)의 한가운데에 있다.

이러한 연구 결과들은 리더들이 깊은 분석과 사려 깊은 계획을 좋아하지 않는 것으로 간주되어 왔다. 확실히 많은 허약한 조직들에서는 장기적인 관점에서의 계획이 거의 없었다. 그러나 경영자들이 오랜 시간 동안 홀로 있을 수 있는 시간이 없다는 것이 그들이 계획을 준비할 시간이 없음을 의미하는 것은 아니다. 리더들은 미래를 위한 계획을 세워야 하며, 다른 사람과 더불어 그렇게 해야 한다.

일일 업무 일정

당신의 직장생활에 대해 일지를 적어보자. 작업시간, 주요 업무, 함께 일하는 사람들을 적어보자. 자신이 어떤 일을 했고 누구와 일을 했는지 일목요연하게 볼 수 있어야 한다.

예정된 그리고 예정되지 않은 미팅의 수를 세어보자. 혼자 보낸 시간과 다른 사람과 함께 보낸 시간을 각각 합해보자. 업무를 독립적인 혹은 대인관계적인 것으로 특징지을 수 있는가? 조직과 그 시스템의 개발, 과업 수행 또는 위기관리 중 어디에 가장 많은 시간을 보냈는가?

시간	주요 업무	대인관계
7:00		
8:00		
9:00		
10:00		
11:00		
12:00		
13:00		
14:00		
15:00		
16:00		
17:00		
18:00		
19:00		
의견		

리더십, 새로운 미래의 창조

리더는 단지 하루하루 업무를 수행하는 것이 아닌 성공을 지향해야 한다. 그들은 조직 내의 일상적인 대화나 미팅 참여, 마감 시간 설정 그리고 과업 수행을 감독하는 것 이상의 역할을 해야 한다.

또한 리더는 단지 현상 유지에 몰두하는 것이 아닌 새로운 미래를 창조해야 한다. 자신의 운명과 전체 조직의 운명을 완전히 통제할 수는 없지만, 팀을 개발하고 변화를 받아들이며 직원들의 능력을 개선하도록 도와주어야 한다. 그리고 조직을 재창조하고 사람들이 성공을 위해 오늘 해야 할 일에 대한 새로운 방식을 제시해야 한다.

리더는 우리가 이전에 가본 적이 없는 곳을 향한 새로운 여행을 이끌어야 한다. 이 장에서는 리더십의 정의와 특성 그리고 관리자를 리더로 보이게끔 하는 직원들의 관점을 살펴본다. 리더들은 그들 자신이 효과적이고 조직에 지속적인 영향을 미치기 위해 어떠한 일을 수행하는가?

새로운 리더십 정의

전통적으로 리더십은 '어떤 그룹을 특정 목표의 성취를 위해 밀어붙이는 것'으로 간주되어 왔다. 리더십 연구의 선구자인 로저 스토그딜(Roger Stogdill)은 리더십을 '조직화된 그룹이 목표를 설정하고 그 목표를 성취하기 위해 앞으로 나아가도록 일정한 영향력을 미치는 것'으로 정의했다.

리더십은 조직의 구성원들이 그들의 직무를 수행하고 서로 협력하도록 만드는 활동과 관련이 있다. 리더는 건설적이며 미래 지향적이다. 그리고 조직 구성원들보다도 더 큰 영향력과 권력을 가진다. 리더는 권력과 설득을 통해 그룹의 성공을 도모한다. 버나드 베스(Bernard Bass)는 광범위한 연구와 분석을 통해 리더십이란 '둘 혹은 그 이상의 조직 구성원들 사이에서 상황을 구성 혹은 재구성하고, 그들의 인식과 기대를 변화시키는 것'으로 정의했다. 즉, 리더는 변화의 동인이다. 그들은 조직 구성원들의 동기와 적합성을 수정함으로써 해당 조직이 목표에 보다 더 잘 다가갈 수 있도록 조정한다.

리더의 본성

흔히 제기되는 질문은 이렇다. 무엇이 리더로 하여금 조직 구성원들에게 건설적인 능력을 부여하고 해당 그룹이 보다 효과적일 수 있도록 만드는가? 리더는 그러한 건설적인 영향력을 가지지 못한 관리자들과 어떻게 구별될 수 있는가? 리더를 직원들과 구별 짓는 특징에는 어떤 것들이 있는가?

하지만 이러한 일련의 질문들에 정확한 대답이 있는 건 아니다. 리더는 광범위한 종류의 바람직한 특성들을 가지고 있다. 그들은 지적이고 자기 자신에 대한 강한 자각과 더불어 자신감을 가지고 있으며, 강건하고 일관성 있고 통제력이 있으면서 사교적이고 대중적이다. 그들은 자의식이 강하며 책임감을 가지고 문제를 해결하는 데 모험하는 것을 주저하지 않는다. 사회적 상황에서 주도권과 책임감을 가지며 목표를 활력 있고 일관되게 추진한다. 그리고 어려운 상황에서도 이를 극복하고 해결하는 방식을 알고 있다.

그러나 이러한 특성 중에서 그 자체로 특별히 핵심적인 것은 없다. 많은 측정 방법들을 조합해 정밀하게 검토하는 평가 센터의 프로그램에서조차 리더의 이러한 특성은 그들의 20퍼센트 미만만 설명해줄 뿐이다. 개인적 특성들은 효과적인 리더가 되는데 영향을 미치긴 하지만 그것만으로는 충분하지 않다. 특정한 상황에서는 효과적일 수 있지만 어떤 상황에서는 전혀 그렇지 못할 수 있기 때문이다.

비교적 성공적이지 못한 관리자들에게서 이러한 특성이 나타나기도 한다. 효과적인 리더십을 '어떤 조직이 미래에 보다 성공적일 수 있도록 건설적인 영향력을 행사하는 것'이라고 정의할 때, 이는 핵심적인 리더십의 본성이 대인관계에 있음을 암시한다. 그렇게 지적이지도 않고 근면하지도 않은 리더들이 조직 구성원들로 하여금 일관성 있고 효과적으로 일할 수 있도록 영향력을 행사하는 경우도 많다.

사실 관리자들은 그들의 지적 능력을 이용해 조직 구성원들이 그들의 과업을 수행할 수 있도록 일관되게 밀어붙이기도 한다. 직원들의 욕구와 목표를 인식하고 그들의 행동을 그에 맞도록 조정할 수 있는 사람들은 여러 상황에서 리더가 되는 경향이 있다. 리더는 개인적인 목표와 의지를 공동의 가치와 의무감으로 전환함으로써 존경과 인정을 받게 된다. 리더십은 영향력과 관련이 있다. 성공은 대인관계 능력을 요구한다.

리더의 특성

리더는 행동하는 사람이다. 그는 건설적인 영향력을 행사하기 위해 자신의 능력을 활용한다. 리더가 되는 것은 그의 능력이나 특성만으로 가능한 일이 아니다. 그것들을 직원들에게 어떻게 보여주고 전달하는가에 달려 있다. 직원들은 피동적인 관찰자를 넘어 지속적으로 자신들의 리더들을 평가한다.

짐 쿠제스(Jim Kouzes)와 베리 포스너(Barry Posner)는 리더들의 특징을 구별하기 위한 구성 요소가 무엇인지 조사했다. 1천 5백 명의 직장인들을 대상으로 "리더에게 기대하는 가치와 특성, 성격은 무엇인가?"를 물었다. 응답자 가운데 절반 이상이 정직, 미래 지향성, 열정, 능력을 꼽았다.

'정직'은 리더십을 위한 기초적인 조건이며 직장인들의 80퍼센트 이상이 그것을 언급했다. 그들은 리더를 따르기 위해서 진실을 듣기를 원했다. 리더와 직원들은 모두 눈을 크게 뜨고 함께 모험에 임해야 한다. 정직은 신뢰와 믿음의 기반이다. 리더는 자신이 직원들에게 원하는 게 무엇인지 솔직히 말하고 그것을 실천해야 한다. 직원들은 자신들의 희망과 두려움을 이야기하고 리더와 더불어 일관성 있게 행동해야 한다. 도덕성은 리더십의 토대이다.

직원들은 또한 리더가 '미래 지향적'이어야 한다고 응답했다. 과거의 문제들과 현재의 도전에 직면했을 때, 리더는 조직이 성공한 미래를 경험하기 위해서 어떻게 변화해야 하는지 보여주어야 한다. 현실에만 안주하려는 노력은 조직을 와해시킨다. 리더는 현재 일이 어떻게 진행되는지 감시하는 사람이 아니라 미래를 제시하는 존재임을 명심해야 한다.

다음으로 직원들이 응답한 리더의 특성은 '열정'이다. 리더는 자신의 헌신과 열정을 통해 직원들이 지향하는 바가 가치 있음을 확인시켜주어야 한다. 조직의 구성원들은 언제나 의미와 목적을 찾고자 한다. 리더에게 확신과 열정이 없다면 조직은 이내 방황하게 된다.

마지막으로 리더들은 '능력'이 있어야 한다. 직원들은 리더가 가장 효율적인 방식으로 업무를 진행하길 바란다. 결실 없는 방향을 향해 자신들의 노력이 소모되는 것을 아무도 원하지 않는다. 그들은 달성 가능한 목표를 향해 일하고 리더가 그 목적을 달성하는 데 도움을 주는 그런 여행을 바라고 있다.

리더는 건설적인 영향력을 행사해 조직이 미래에 보다 훌륭한 성과를 낼 수 있도록 자신의 능력을 이용한다. 아름다움과 마찬가지로 리더십 역시 그것을 가지고 있는 사람의 눈 속에 있다.

관계로서의 리더십

리더의 특성에 관한 질문처럼 "직원들에게 권한을 부여하기 위해 리더들이 이용하는 요소가 무엇인가?"라는 질문에는 다소 일반적인 대답을 하게 된다.

흔히 리더는 효과적인 업무팀을 조직하고 직원들이 의사결정 과정에 참여하도록 유도하며 갈등을 중재하기 위해 문제해결 방식을 이용하지만, 이러한 전략들이 결정적인 것으로 드러나지는 않았다. 넓은 관점에서 보면 리더의 행동을 특징짓는 스타일이 항상 효과적인 결과와 연결되는 것은 아니다. 어떤 리더십 행위가 성공으로 귀결되는지는 언제나 어려운 문제이다.

본질은 리더와 직원들 사이의 '관계' 에 있다. 생산적이고 협동적인 관계를 통해 리더는 직원들을 설득하고 건설적인 영향력을 행사한다. 직원들이 리더를 신뢰하고 그의 이익을 자신들의 이익과 동일하게 간주할 때, 그들은 보다 쉽게 마음을 열게 된다. 생산적인 관계에서 직원들은 그들의 리더가 정직하고 능력이 있으며 미래 지향적이고 열정이 있다고 믿는다. 그들은 리더가 자신들을 이용해 이득을 취하려 한다고 의심하게 되면 도덕성을 잃게 된다. 그렇게 되면 리더의 능력과 비전을 비관적으로 보고 다른 기회를 엿보게 된다.

강조하지만 리더십은 리더와 직원들이 함께 만들어내는 것이다. 성공과 실패는 서로의 관계 속에서 어떻게 협동했는가에 달려 있다. 또한 리더십은 직원들 사이의 관계를 포함한다. 그들이 서로 어떻게 연결되어 있는지 역시 그들이 기꺼이 리더십을 수용하고 효과를 발휘하는데 영향을 미친다. 성공적인 리더십의 핵심은 직원들 간의 관계를 구조화하고 개발해 그들이 서로 독려할 수 있도록 하는데 있는 것이다.

오늘날의 리더십은 무척 복잡하고 다양한 요소와 관계하기 때문에 어느 한 사람에게만 맡겨질 수 없다. 여러 사람이 더불어 수행할 때만 성공할 수 있다. 리더는 한 조직 내의 관계를 양성하는 보육자다. 그들은 유연하고 활력 있는 조직에 필요한 생산적인 관계를 구축해 변화의 기회로 활용한다. 현상 유지를 위한 관리자가 아니라, 다른 사람들에게 방향을 보여주고 단결하게 하며 공통의 비전을 성취하도록 힘을 불어넣어주는 존재다.

리더와 직원들 사이의 생산적이고 긍정적인 관계는 보다 지속적인 경쟁력을 가져다준다. 그들은 정보가 흐르고 소통이 이루어지며 문제가 인식되고 해결되는 조직 내의 혈관이다. 고무된 팀워크는 새로운 제품의 개발과 비용절감, 품질개선에 강력한 힘이 된다. 조직은

기술자에서 리더로

과거 숙련된 기술자였던 한 리더는 그가 리더로 성장할 때 얻은 교훈을 다음과 같이 설명했다.

"리더로서 성공하기 위해 나는 기술적인 세세한 부분을 잊어야 했다. 나는 점점 직원들이 하는 일에 대해서 그들만큼 알지 못한다 하더라도 뛰어난 리더가 될 수 있음을 깨달았다. 오히려 내가 안다고 사사건건 간섭하는 게 잘못된 것임을 알았다. 나는 또한 직원들을 관리할 때, 그들의 감정을 헤아려야 함을 배웠다. 우리는 다른 사람을 언제나 행복하게 할 수도 승리할 수도 없음을 깨달아야 한다. 대부분의 직원들은 리더십을 필요로 하며, 자신들이 가고 있는 길을 잘 알고 있는 리더를 따른다. 나는 그때 중요한 교훈을 배웠다. 리더십이 기술만큼이나 조직의 성공에 공헌한다는 사실을."

개인과 팀 그리고 각 부서가 효과적으로 협력할 때 학습하고 적응한다. 그리고 리더는 관계를 강화함으로써 지속적인 영향력을 행사할 수 있다는 사실을 깨닫는다.

그러나 관계로써의 리더십은 간단히 구축될 수 있는 구조물은 아니다. 오늘날의 조직에서 생산적인 관계를 형성하는 일은 한두 단계를 거쳐 이루어질 수 있는 것이 아니다. 관계를 개발하는 것은 지속적인 여행이며 리더와 직원들이 모두 헌신해야 할 여정이다. 하지만 그 결과는 상호 존중과 신뢰, 자신감과 목표 달성을 안겨다준다.

리더와 직원들 간의 관계를 쌓아가는 일은 다른 관계와 마찬가지로 간단하면서도 복잡하다. 그것은 리더와 직원들이 같은 편이라는 믿음에 의존한다는 점과 서로 협력해야 한다는 점에서는 단순하다.

반면 협력을 필요로 하는 목표 달성이 지속적으로 공통의 비전, 보상, 과업, 태도, 가치에 의해 강화되어야 한다는 점에서는 복잡하다. 관계로써의 리더십은 여전히 개발되어야 할 과제인 것이다.

리더십의 보상

리더들은 조직 내의 협조와 타협의 한가운데에 위치하고 지극히 상호관계의 세계 속에서 살고 있다. 성공을 위해 그들은 신뢰를 구축할 능력을 가져야 하고, 생산적이며 협동적인 관계를 개발해야 한다. 그러면 직원들의 동기와 능력에 건설적인 영향을 미칠 수 있게 된다.

그러나 리더십 역할을 맡기 이전에는 당연히 그러한 역할이 자신에게 무엇을 가져다줄지 알고 싶어 한다. 리더십을 보상이 있고 의미 있는 것이라고 생각하게 되면, 그는 더욱 더 헌신적인 리더가 될 수 있다.

훌륭한 리더가 되기 위한 욕구와 제약은 권력에 대한 욕구를 건설적으로 소통하는 데서 찾을 수 있다. 성공한 리더들은 그들의 권력을 제멋대로가 아닌 통제된 방식으로 이용한다. 그들은 권력에 대한 욕구를 솜씨 있는 영향력을 통해 직원들이 업무를 처리할 수 있도록 함으로써 충족시킨다.

다른 직원들과 협동적으로 업무를 수행하지 않는 권력은 리더십을 얼어붙게 만든다. 높은 권력을 가진 경영자들은 그들의 우월함과 통제력을 과시하기 위해 공격적인 지배력과 분노를 사용하는 경향이 있다. 하지만 그러한 권력의 표현은 결국 조직을 망치게 한다.

공동의 성공

오늘날 다른 사람들을 지배하고 군림함으로로써 존경을 얻으려는 리더의 이미지는 점점 빛을 잃어가고 있지만 아직 많이 퍼져 있다. 20세기 후반에 기업의 직원들은 경제적인 이익과 안정성 이상으로 리더의 정직함을 원했지만 그렇지 못한 경우가 많았다. 여론조사 결과 미국인 중 극소수만이 기업의 경영자들이 정직하다고 생각하고 있다. 경영자가 문제에 직면하거나 이를 해결하는 것을 피하고 독재자처럼 행동한다는 강한 불만과 함께 그들은 리더들이 신뢰할 만하고 믿음직한 존재가 되기를 원하고 있었다.

조직을 이끄는 행위가 자기중심적이 되어서는 안 되지만, 그렇다고 이타주의적일 필요는 없다. 위기를 극복하고 리더십을 개발하고자 한다면 리드하는 것 속에서 가치를 찾아야 한다. 이미 살펴본 바와 같이 리드하는 것은 인간의 기본적인 권력에 대한 욕구를 충족시켜주지만, 그것은 성숙된 사회적 방식으로 표현되어야 한다.

중요한 것은 리더들이 상호 이득에 초점을 두어야 한다는 점이다. 이타적이지 않고 욕구와 목표를 직원들과 공유할 수 있는 방법을 찾아야 한다. 리더들은 협력해 이룰 수 있는 목표와 과업을 찾고 강조하며 그들 스스로 성공하기 위해 열심히 일함으로써 추종자들 역시 성공할 수 있도록 도와야 한다.

리더가 수영을 하면 직원들도 수영을 한다. 리더가 가라앉으면 직원들도 가라앉는다. 그들은 이 모두를 함께 한다. 리더는 어떻게 그와 직원들이 공동의 성공으로부터 이익을 얻을 수 있는지를 배워야 한다. 그러고 나서 리더는 조직이 성공할 수 있도록 영향력을 발휘하고 협력함으로써 스스로의 욕구를 충족시킨다.

리더는 직원들이 각각 홀로 할 수 없는 일을 성취하도록 도와줌으로써 성공적인 리더로 자리매김한다. 그리고 생산적인 팀을 개발했을 때 존경받을 수 있음을 알게 된다. 리더는 자신보다 크고 중요한 것의 한 부분으로서 스스로를 느낀다. 그렇지만 그 한 부분은 핵심이 된다. 리더는 개성을 숨기는 대신 욕구를 어떻게 충족시킬지 살피고 자신을 팀워크를 통해 표현한다.

루스벨트와 케네디 대통령의 강력한 연설

미국의 대통령이었던 루스벨트와 케네디는 여러 세대에 걸쳐 미국인들에게 큰 영향을 미쳐왔다. 그들은 연설과 행동을 통해 국민들로 하여금 변화를 추구할 수 있음을 믿게 했다. 그리고 그들의 연설문은 많은 사람들이 인용하고 있다.

프랭클린 D. 루스벨트
- 내가 굳게 믿기로는 우리가 두려워해야 할 유일한 것은 두려움 그 자체다.
- 미래를 실현하는 데 유일한 한계점은 우리가 가지고 있는 의심이다.
- 행복이란 성취 그리고 창조적 노력에 있다.
- 지난 불행한 시기는 계획을 요구해왔다. 위에서부터가 아니라 아래에서부터 만들어지는 계획, 경제적 피라미드의 바닥에 있는 사람들 속에서 다시 한 번 신념을 불러일으키는 계획이다.
- 항상 기억해야 할 것은 당신과 나를 포함해서 우리 모두가 이민자와 혁명가들의 후손이라는 점이다.
- 우리는 언제나 보다 나은 삶이 가능하고 보다 나은 세계가 가능하다는 희망과 믿음 그리고 확신을 가져왔다.

존 F. 케네디
- 많은 것을 받은 사람은 많은 것을 내어놓아야 한다.
- 두려움 때문에 협상해서는 안 되지만, 협상하는 것을 두려워해서도 안 된다.
- 사람들이 기꺼이 목숨을 버린 용기를 과소평가해서는 안 되지만, 사람들이 살아남기 위해 발휘한 용기 있는 행동들 역시 잊어서는 안 된다.
- 우리가 이 노력에 바친 신념과 열정 그리고 헌신은 이 나라의 빛이 될 것이며, 이 빛은 진정으로 세계를 밝힐 것이다.
- 국가가 당신에게 무엇을 해줄지 묻기 전에 당신이 국가에게 무엇을 할지 물어보라.

리더십은 흔히 통제력과 같은 것으로 간주된다. 리더는 그의 우월한 권위를 이용해 직원들에게 지시한다. 그러나 일방적인 통제는 통제력의 부족으로 귀결되는데, 그 이유는 직원들이 그러한 통제에 저항하기 때문이다.

성공한 조직의 리더들은 직원들의 아이디어와 제안에 열린 마음으로 대하며 직원들 역시 그러한 태도를 갖는다. 리더와 직원들은 더불어 주제를 탐구하고 그들의 헌신에 맞는 해법을 창조해낸다. 콜게이트 팔모리브의 CEO 루벤 마크(Reuben Mark)는 권력에 대해 다음과 같이 말했다.

"많이 가지고 있을수록 적게 사용해야 한다. 다른 사람에게 권한을 부여함으로써 자신의 권력을 통합하고 구축해야 한다."

리더가 된다는 것

중요한 의문이 남아 있다. 당신은 리더가 되고 싶은가?

이 장에서 살펴본 증거에 의하면, 만약 당신이 대인관계 리더십을 위한 커뮤니케이션 등에 익숙하다면 남을 이끌 자질을 갖추고 있다고 봐도 좋다. 리더들은 그들의 팀에 건설적인 영향력을 미치는 것을 통해 과업을 수행할 방법을 찾을 수 있다. 그들은 직원들이 성취하고 성공할 수 있도록 권한을 부여하는 관계를 개발함으로써 자신들의 목적을 달성한다.

그러나 단지 다른 사람 위에 군림하려고 시도하는 것, 그들 자신의 손을 통해서 과업을 성취하려고 하는 것, 갈등을 조정함으로써 존경심을 얻으려 하는 것은 성공적인 리더십과 어울리지 않는다. 남을 지도하는 것은 단지 자신의 일을 잘하고 남을 통제하거나 또는 단순히 남들과 사이좋게 지내는 것으로는 충분하지 않다. 그럼에도 이 주제는 "당신이 현재 어떤 종류의 사람인가?"에 대한 것이 아니다. 중요한 것은 "당신이 어떤 종류의 사람이 되고 싶은가?" 하는 것이다.

리더들은 직원들에게 지속적인 개선의 여행을 하도록 해야 하며, 리더들 스스로도 지속적으로 개인적이고 전문적인 자기계발의 여행을 계속해야 한다. 누구도 어떻게 남을 지도해야 할 것인지 알고 태어나지는 않는다. 리더가 되려고 노력함으로써 자신이 다른 사람들과 얼마나 상호 의존적인지를 알게 되고, 자신이 보다 큰 한 부분임을 깨닫게 된다.

다른 사람들이 성공하도록 도와줌으로써 자신의 과업을 수행할 수 있음을 알아야 한다. 갈등을 조정하고 생산적인 조직을 만드는 데 필요한 기술과 가치를 개발해야 한다. 리더가 되는 것은 자기계발과 성장에 상당히 많은 영향을 미친다. 하지만 그것은 쉽지 않다. 다음 장에서는 우리가 개발해야 될 주요한 접근법과 능력을 살펴보기로 한다. 우리는 단지 이 장을 읽기만 해서는 안 된다. 스스로에게 정직해야 하며 자기 본성의 일부를 변화시킬 필요가 있다. 자신의 팀에 적합한 접근법들과 스타일을 찾기 위한 위험과 실험을 받아들여야 할 것이다.

당신은 자신이 되려고 하는 리더의 모습으로 쉽게 변화할 수 있다고 기대해서는 안 된다. 완벽주의와 조급함은 비현실적인 압력을 낳는다. 우리는 항상 학습하는 존재가 되어야 하며, 그 학습은 몇 주가 아니라 몇 개월 혹은 몇 년간 지속되어야 한다.

4. 직원들의 헌신

오늘날 대규모 성공은 팀워크로 요약된다. 성공적인 팀워크 종사자는 혼자서 일하는 법이 없다. 자신의 고귀함이 혹시 훼손되지 않을까 전전긍긍 하는 것이 아니다. 각각의 그리고 모든 사람들의 비즈니스는 조직을 통해 효과적으로 성취되는 것이며, 최선의 결말을 위해 미진한 부문 없이 깔끔히 일을 처리하는 것이다. 그러한 팀 속에서 능동적이고 효과적이며 진취적으로 일한다면 자신과 더불어 모두 함께 번영하게 된다.

B. C. 포브스, 언론인

"혼자서는 할 수 없다는 것입니다."

돈 베네트(Don Bennett)가 말했다. 시애틀의 성공한 사업가인 돈은 "1만 4,410피트의 레이너 산맥을 한쪽 다리와 두 목발로 5일 만에 등반한 경험에서 얻은 교훈이 무엇인가?"라는 질문을 받고 이렇게 대답했다.

돈의 딸은 가장 힘들었던 5시간의 얼음 구간을 그와 함께 했다. 고비마다 그녀는 아빠에게 이렇게 말했다.

"아빠는 할 수 있어요. 아빠는 세상에서 제일 훌륭해요. 할 수 있어요, 아빠."

딸이 보여준 사랑과 귓전에 맴도는 용기를 북돋우는 말이 아니었다면, 아마도 그는 정상까지의 등반을 포기했을 것이다.

성공한 조직에는 서로를 이끌어주는 리더와 직원들이 있다. 서로가 서로를 격려해줄 때, 그들은 위기를 극복하고 목표를 달성할 수 있게 된다. 심스와 스트레이어는 글로브금속과 존슨빌푸드의 변화를 추진하는 동안 직원들이 보여준 도움과 헌신을 나열했다. 산악 등반가인 윌리엄 언솔드는 다음과 같이 조언했다.

"서로 보살펴라. 당신의 에너지를 그룹과 공유하라. 누구도 우쭐대거나 지름길로 가려고 해서는 안 된다. 그렇게 하는 순간 아무도 등반에 성공할 수 없게 된다."

리더들은 직원들이 반드시 동기를 부여 받고 확고한 의지를 가져야 됨을 깨달아야 한다. 리더와 마찬가지로 직원들 역시 단지 업무를 수행하는 것이 아니라 헌신적으로 참여해야 된다. 오늘날의 조직 구성원들은 회사에 헌신하기에 앞서 도전과 목적을 요구한다.

이 장에서는 조직 내의 헌신이 어떻게 해서 보상을 가져다주고 동기를 부여하는지 살펴볼 것이다. 직원들은 뛰어난 성과를 이룸으로써 성취감을 느끼고 그들 스스로를 보다 큰 노력의 한 부분으로 바라본다. 그리고 자신들이 지지를 받고 있음을 깨닫고 스스로에 대한 존경심을 강화하게 된다. 그러나 이러한 잠재성을 실현하기 위해서는 서로가 서로를 잘 알고 높이 평가하는 건설적인 관계가 형성되어야 한다.

'리더의 아이디어를 직원들의 손에 넘기는' 전통적인 방식으로는 더 이상 효과를 볼 수 없다. 한 조사 결과는 직원들이 권한을 위임 받고 싶어 한다는 것을 보여준다. 비록 그들이 여전히 경제적 이익과 직업 안정성, 인센티브 시스템과 퇴직연금 프로그램 등을 중요시하지만, 이제는 보다 많은 것을 원하고 있다. 일은 본질적으로 의미가 있어야 한다.

한 설문조사에서 88퍼센트의 미국 직장인들은 '직장에서 최선을 다할 수 있는 것'을 개인적으로 중요하게 생각했다. 또 다른 조사에서는 '보상에 관계없이 최선의 일자리에서 일하는 것'이라는 응답이 압도적이었다. 일이 경제적 이익을 위한 거래라고 생각하는 사람들은 20퍼센트에 불과했다. 직원들은 그들의 조직이 성공하기를 바라고 자신들이 거기에 공헌하기를 원한다.

직업 안정성과 규칙적인 승진을 기본으로 직원들에게 조직에 대한 충성을 강요하던 방식은 이제 실용적이지 않게 되었다. 훌륭한 리더들은 생산성과 조직 혁신뿐만 아니라 그들의 직원을 위한 새로운 시스템을 실험하고 있다. 조직은 직원들의 개별적 다양성과 건강한 팀워크를 필요로 한다. 직원들은 자신의 일을 통해 심리적 · 사회적 욕구를 충족하고 싶어 한다.

리더십의 동기

유능한 리더는 성취욕과 권력욕이 크다고 결론을 내리기 쉽다. 물론 그들은 조직이 목적을 달성하도록 영향력을 행사할 수 있는 관계를 발전시킨다. 그러나 연구 결과 많은 유능한 리더들은 권력욕은 높지만 성취욕은 낮은 것으로 나타났다.

성취욕구가 높은 사람이 반드시 유능한 리더는 아니다. 그들은 스스로 일을 잘하고 싶어 한다는 것을 기억하자. AT&T에서 진행한 연구에 따르면, 큰 성취욕을 가진 직원들은 다른 사람들에게 자신의 권리를 위임해서가 아닌 그들 스스로의 노력으로 승진했다. 하지만 그들은 빠르게 승진하더라도 AT&T의 3레벨 경영자 수준에서 더 이상 나아가지 못했다.

자신에 의해 그리고 자신을 위해 열심히 일하는 것은 리더의 참된 역할이 아니다. 유능한 병사는 될 수 있어도 지휘관은 못되는 것이다.

반면 강력한 권력욕은 관리자로서의 성공을 예측한다. 권력욕이 있는 직원은 AT&T 내에서 빠른 승진을 하지는 못했지만, 3레벨 경영자 수준을 넘어 승진을 계속했다. 이런 유형의 관리자는 다른 사람들에게 영향을 주는데 흥미를 갖고 있다. 그들은 혼자 일을 하거나 사무실에 숨으려 하지 않는다. 글로브금속의 아덴 심스처럼 그들은 인기에 연연하지 않는다. 그들은 위기에 직면해 어려운 결정을 할 수 있고, 모두에게 동일한 높은 기준을 요구한다. 동시에 그들은 권력욕구를 표명하는 방법과 목표를 달성하는 방식을 통제한다.

맥클랜드와 데이비드 윈터는 21세기 미국 리더들의 성취욕과 권력욕을 측정하기 위해 그들의 연설 속에 녹아 있는 이미지를 활용했다. 성취욕보다 권력욕이 낮았던 허버트 후버, 리처드 닉슨, 지미 카터는 하나같이 국정에 어려움을 겪었다. 열심히 일하고 좋은 해결 방법을 추구했지만, 사람들을 관리하고 그들의 좋은 아이디어를 끄집어내는 데는 유능하지 않았다.

유능한 리더는 성취욕보다 권력욕이 높다. 그렇지만 그것은 혼자서 가능한 게 아니다. 성공한 리더들은 직원들과 함께 그들의 욕구를 공유하고 충족시키는 건설적인 방법을 발견해야 한다.

개인의 욕구와 조직의 욕구

1980년대 존슨빌푸드를 포함한 대개의 조직에서 직원들은 퇴근 시간만을 기다렸다. 그러나 10년 뒤 존슨빌의 직원들은 자신들의 일이 성취감을 가져다주고, 노동의 대가로 공정한 수입을 얻고 있음을 발견했다. 그들은 보다 많이 일하고 보다 많이 받는 방법을 선택했다. 이러한 변화가 쉽게 온 것이 아니지만 조직의 지속적인 성장을 위해서 반드시 필요한 부분이었다.

개인적인 욕구가 업무 중 어떻게 충족될 수 있는지 이해한 직원들은 일에서 가치를 발견했다. 돈이 유일한 동기부여 요소는 아니다. 왜냐하면 사람들은 목표를 달성하고 유능함을 인정받으려는 강한 욕구를 갖고 있기 때문이다. 직원들이 스스로의 욕구를 인식하고, 리더와 더불어 그 욕구를 어떻게 충족할 수 있는지 이해해 성공을 확신한다는 점에서 리더와 직원들의 관계는 생산적이다.

리더는 직원들의 개인적인 관심과 욕구가 그들의 일을 통해 어떻게 충족될 수 있는지 이해하는 조직을 만들어야 한다. 그러면 그 조직은 자부심과 열정을 갖게 된다. 또한 생산성도 높아진다.

성취욕, 제휴욕, 권력욕

40년 동안 데이비드 맥클랜드(David McClelland)는 욕구가 어떻게 발달되고 표명되는지 끈기 있게 분석했다. 그는 인간 행동을 이해하기 위해 3가지 종류의 동기, 즉 '성취욕'과 '제휴욕', '권력욕'이 특히 유용하다는 것을 발견했다.

'성취욕'은 우수함에 대한 여러 기준과 비교해 훌륭하게 일을 처리하고 싶은 욕구를 말한다. 성취욕이 큰 사람들은 보답이나 칭찬 때문이 아닌 스스로의 내적 만족을 위해 일한다. 그들은 목표 달성 후에 느끼는 감정을 좋아한다. 성취욕이 그들로 하여금 경쟁에서 이기거나, 기계를 수리하거나, 무엇인가를 발명하거나, 다른 목표를 달성하기 위해 노력하라고 독려한다. 그들은 특히 스스로의 능력을 보여줄 수 있는 도전적이고 실행 가능한 과제에 의해 동기부여를 받게 된다.

하지만 쉬운 과제는 간단하기 때문에 성취욕을 충족시킬 수 없다. 반대로 지나치게 어려운 과제 역시 실패의 가능성이 높기 때문에 그들의 성취욕을 자극하지 못한다.

'제휴욕'은 다른 사람들과 함께 하고 싶은 욕구이다. 제휴욕이 강한 사람들은 다른 사람들과 긍정적이고 감정적인 관계를 확립하고 그것을 유지하는 것을 좋아한다. 그것이 단절될 때 그들은 상당한 고독과 우울을 느끼게 된다. 그들은 다른 사람들과 대화하고 많은 시간을 함께 보낸다. 그들은 체면을 중요하게 여기며 인적 네트워크를 형성하는 데 뛰어나다.

'권력욕'은 다른 사람들에게 영향력을 가지고 통제하려는 욕구를 뜻한다. 권력욕이 강한 사람들은 권력을 표출하는데 즐거움을 느끼고, 다른 사람들에게 미칠 영향력에 대해 고민한다. 권력은 여러 가지 방식으로 표출될 수 있다. 일부는 다른 사람들을 공격적으로 지배하고, 특권의식이 강하며, 다른 사람들에게 인정을 받기 위해 행동한다.

이 분석을 통해 사람들이 자신들의 성취와 제휴, 권력욕의 정도에서 제각기 다르다는 것이 명백해졌지만, 보다 근본적인 발견은 우리 모두가 이 욕구를 가진다는데 있다. 예를 들면 일부는 다른 사람들보다 더 강한 성취욕을 가지는데, 일정 부분 가정환경 즉 어릴 적부터 부모님이 시킨 과제를 완료하도록 하는 교육에 기인한다. 하지만 훌륭히 일을 처리하고 싶어 하는 것은 공통된 욕구다. 조직적인 업무를 통해 충족될 수 있는 성취와 제휴, 권력욕은 일부 리더에만 국한되지 않는다. 사람은 누구나 이러한 욕구를 가진다.

우리는 혼자서 할 수 없는 과제를 팀워크를 통해 완수할 때 자부심과 성취감을 느낀다. 스스로를 보다 큰 노력의 한 부분으로 느끼며 서로를 소중한 동료로 받아들인다. 그럼에도 불구하고 아직 많은 조직의 직원들은 그들의 인간적 욕구가 무시당하는데 대해 실망한다. 그렇게 되면 점차 조직에 적대적인 감정이 쌓이게 되어 분발하지 않게 된다. 오히려 직장 밖에서 그들의 생산적 욕구를 충족시키고 직장에서는 그 욕구를 부정함으로써 조직에 적응할 수도 있다.

자부심

자부심 또한 개인의 능력 개발에 크게 기여한다. 스스로를 높이 평가하는 사람들은 채용 담당자들에게 호감을 주고 보다 많은 제안을 받는다. 자부심이 낮으면 빈약한 성취감, 난처한 대인 관계, 거부감을 낳게 된다. 강하고 긍정적이며 완전한 자아관은 행복한 삶을 위해 필요하다. 자신의 능력에 자부심을 느끼는 것은 문제를 해결하고, 부정적인 측면을 고치며, 업무를 효과적으로 수행하는 데 이바지한다.

사람은 일을 통해 다른 사람들과의 긍정적인 자아관을 형성한다. 다른 사람들이 그들을 어떻게 보고 대하는지 생각함으로써 스스로에 대한 안목을 가지게 된다. 사람은 다른 사람의 눈을 통해 자신을 본다. 다른 사람들이 자신을 높이 평가할 때 자신도 그들을 높이 평가한다. 따라서 조직은 피드백과 확인을 통해 자신을 돌아보는 풍부한 기회를 제공한다.

사회적 지원

우리는 일을 통해 자신이 다른 사람들과 연결되어 있음을 느끼고, 의미 있는 관계를 형성하며, 서로 의존하는 법을 배움으로써 친구가 될 수 있다. 이는 우리가 목표를 달성하는 데 도움을 줄 뿐 아니라 건강에도 지대한 영향을 미친다. 질병과 상처로부터 빨리 회복되고 병에 걸릴 확률을 낮추어 보다 오래 살게 해준다.

이처럼 사회적 지원은 물리적·심리적으로 스트레스에 대처하기 위해 필요한 주의와 정보를 제공하며, 행복감과 자부심을 유지하도록 도와준다. 공식적 혹은 비공식적인 멘토링 프로그램을 통해 리더와 직원들이 관계를 형성하는 것은 새로운 직원들이 조직에 적응하는 것을 도울 수 있다. 관심과 인정을 받고 있다는 느낌은 좋은 직원이 되겠다는 내면의 다짐에 기여한다.

다른 사람들과 지지 관계에 대한 느낌은 자기 자신의 동정과 능력을 보여줄 기회를 제공한다. 톨스토이는 이렇게 말했다.

"우리가 남을 사랑하는 이유는, 그들이 우리에게 베푼 사랑 때문이 아니라 우리가 그들에게 베푼 사랑 때문이다."

다른 사람들을 돕는 것은 책임감과 연대감을 낳는 법이다. 고립은 인간의 본성에 거스른다. 고독은 사람에게 가장 고통스런 경험이다. 소외감은 행복과 삶의 질을 잠식한다. 그것은 심지어 수명을 단축시킨다. 불신은 원망과 앙심을 낳고 동정심을 파괴한다.

불행히도 오늘날 임상적 우울증을 경험하는 사람의 수는 빠르게 증가하고 있다. 지난 20년 동안 우울증 증가 수가 10배나 상승했다. 가족, 조직과의 관계 단절은 고독, 절망 상태와 자기거부라는 미증유의 고통을 일으킨다.

다른 사람들과의 소통은 심리적인 안정을 촉진한다. 일의 부족은 심리적으로 괴롭고 위험하다. 사람은 근본적인 욕구가 충족되지 않으면 좌절한다. 스스로를 가치 있는 사람으로서 확신하는 데 불가결한 지원과 긍정적인 피드백을 잃게 된다.

생산적인 인간관계

개인의 발전과 복지를 위한 조직 시스템은 어떻게 실현될 수 있을까? 경험과 일 그 자체로는 자기 확신과 능력 개발에 충분하지 않다. 리더와 직원 사이 그리고 직원과 직원 사이의 건설적인 관계가 핵심이다. 이 관계를 통해 사람들은 사회적 지원을 느끼고 자존심을 형성하는 자기 확신을 갖게 된다.

인간관계는 목적을 달성하고 시도해볼 만한 과제를 성취할 수 있도록 돕는다. 업무 과정을 재설계하고 문제를 해결하며 고객에게 봉사하는 것은 함께 일하는 사람들을 통해서다. 많은 관리자와 직원들은 인간관계가 불가결한 요소이며 오늘의 중요한 일자리를 얻는 것은 팀을 통해서 가능함을 깨달았다. 하지만 불행히도 그러한 인간관계의 방법에 관해서는 모호한 개념만이 알려져 있다.

서로의 의욕과 열정을 고취시키는 인간관계의 특성은 무엇인가? 우리는 사람들이 생산적인 관계뿐만 아니라 서로를 알고, 그들의 다양성을 높이 평가하며, 서로 존중할 것을 제안한다.

생산성을 높여라

사람들은 내적 만족을 위해 목표에 도전하고 성취하기를 원한다. 정보와 자원을 공유하고 서로가 효과적으로 일하기 위해서는 인간관계가 구성될 필요가 있다.

함께 일하는 사람들은 서로에게 영향을 주면서 그들의 권력 욕구를 만족시킨다. 생산적인 팀은 서로의 자존심을 형성하는 피드백과 지원을 제공해준다. 일에 대한 욕구와 업무 완수를 위한 노력은 효과적이고 지원적인 인간관계를 구축한다. 생산 압력을 받는 사람들은 그들이 성공하기 위해 서로를 필요로 한다는 사실을 분명히 인정한다.

직원들은 생산성이 직업 안정의 열쇠임을 알고 있다. 어떠한 노동조합도 동정심 많은 상사도 평생의 일자리를 약속해줄 수는 없다. 코닝의 생산 부서 직원인 로버트 허블은 이렇게 말했다.

"우리는 모두 오랫동안 일하기를 원한다. 우리는 다양한 기술을 익히고 제품을 보다 잘 만들 수 있는 방법을 배우고 싶다. 그리고 이를 통해 품질 향상과 고객 봉사를 보다 잘할 수 있기를 바라고 있다. 우리가 그것들을 모두 성취하면, 이 회사는 지속적으로 운영될 수 있을 것이다."

서로를 이해하라

"무엇을 알고 있느냐가 아니라, 누구를 알고 있느냐가 중요하다"라는 비즈니스 속담이 있다. 만일 다른 사람들이 당신을 모르고, 서로의 이익을 위해 당신의 능력을 이용할 것이라 기대하지 않는다면, 그들은 그만큼의 자원을 놓치는 셈이다.

직원이 숙련된 기술을 갖고 있음을 아는 것으로는 충분하지 않다. 리더는 그가 자발적으로 자신의 능력을 조직을 위해 사용하게끔 만들어야 한다. 유능한 리더는 직원들의 능력을 알고, 그들이 그것을 활용하도록 돕는다.

개인적인 인간관계는 조직과 문화 그리고 국경을 가로질러 일할 때 특히 중요하다. 예컨대 미국인과 유럽인이 일본인과 비즈니스를 하기 위해서는 개인적인 관계와 신뢰를 쌓는데 많은 시간과 에너지를 투자해야 한다. 무언의 가정과 기대, 소통과 협력의 실질적인 어려움은 이런저런 경계를 가로질러 일을 추진하는데 있어 하나의 도전이다. 개인적인 친분이 없다면 관계를 형성하기가 어렵다.

홍콩의 비즈니스맨들은 캐나다나 미국에 거주하면서도 홍콩에서 비즈니스를 하기 위해 비행기로 통근한다. 어떤 사람은 자신이 현지의 사람들과 친분이 없어서, 비즈니스에 필요한 신용과 인간관계를 확장하는데 주저했음을 털어놓았다. 물론 홍콩에서는 그곳의 비즈니스 네트워크를 활용해 자신의 능력을 잘 발휘했다. 현재 그는 업무상 이런저런 파트너들로 구성된 새로운 비즈니스 모델을 개발해야 하므로 처음부터 다시 시작하는 마음으로 일하고 있다.

스웨덴의 한 경영 컨설턴트는 자신의 회사가 아직 범유럽 기업이 되지 못했다면서, 유럽이 단일 시장으로 나아감에 따라 고객이 '경계 없는 유럽'의 이점을 활용하도록 도와야 한다고 말했다. 그런데 뮤추얼펀드 관리 회사 자체가 강한 심리적인 경계감을 가지고 있어서 많은 어려움을 느낀다고 했다. 하지만 이내 다국적 프로젝트가 위험이 크다는 것을 깨달았다. 유럽 내 다른 나라의 컨설턴트들도 프로젝트에 동의는 하지만 그 일에 뛰어들지는 않을 것이다. 전화상에서는 "예."라고 대답하더라도 전화를 끊고 난 뒤에는 해당 프로젝트의 우선순위를 낮게 잡게 된다. 그는 해당 컨설턴트를 개인적으로 알고 있을 때만 전화해야겠다고 결론내렸다. 그렇지 않으면 외국 동료들이 제안을 따라줄지 자신할 수 없었다.

개인적인 인간관계는 업무의욕을 고취시킨다. 많은 리더들이 은퇴 연설에서 "다양한 사람들을 알게 된 기회에 감사한다."라고 한다. 명확하고 개인적인 피드백은 자기인식을 늘리고 자부심을 고양한다.

협력		가치
생산성에 대한 이해		성취와 제휴
다양성에 대한 평가	→	사회적 지원
상호 존중		노력의 공유

〈그림 4-1〉 협력을 통한 가치 발견

사회적 지원은 모든 사람에게 주어지는 게 아니라, 어느 한 사람에 개인적으로 주어질 때 신뢰를 불러일으킨다.

함께 일하는, 특히 높은 위험을 감수하는 사람들은 서로를 개인적으로 알고 싶어 한다. 팀워크는 교체 가능한 부품과 같은 관계가 아니다. 서로를 개인적으로 잘 알고, 높이 평가하며, 그들에게 어울리는 협력방식을 개발시킨 다양한 사람들 사이에 존재한다. 인간관계는 제조될 수 없다. 직원들 스스로 인간적인 유대감을 느껴야만 한다(〈그림 4.1〉 참조).

다양성을 존중하라

서로를 고유한 존재로 간주하고 각자의 개성을 지지하는 사람들은 가치 있는 인간관계를 형성한다. 단일성이 아니라 다양성이 근본적인 조건이다. 사람들은 그들 자신의 관점으로 세계를 바라보고 반응한다. 아무도 똑같은 세계관과 사고방식을 가지지는 않는다.

인종, 민족, 종교 등의 배경에 더해 사람들은 다양한 스타일의 업무방식을 가지고 있다. 사람들은 각각 다른 판단방식을 적용한다. 어떤 사람들은 신속하게 평가하며, 또 어떤 사람들은 결론을 내리기 전에 다양한 정보들을 모은다. 문제에 직면할 때 일부는 합리적인 문제 해결에 빨리 착수하지만, 느낌을 경험하고 표명하길 원하는 사람들도 있다.

오늘날의 조직 구성원들은 보다 전문적이고 다양한 개성을 갖고 있다. 그들은 자기만의 전문적 견해와 기준, 태도를 가진다. 지리적·공간적 제약이 줄어들면서 다양한 나라와 인종의 사람들과 함께 일할 기회가 늘고 있다. 개발도상국의 숙련된 인재들이 유럽과 미국 등 임금수준이 높은 나라로 이동하고 있다.

다양성을 높이 평가하면 사람들 사이의 복잡한 차이를 인정하게 되고 이는 생산성 촉진으로 연결된다. 업무 처리를 위한 다양한 관점과 기술을 모을 수 있기 때문이다. 그러기 위해서는 직원들이 서로 이해하고 인정하며 갈등을 최소화해야 한다.

서로를 존경하라

상호 존경은 도덕심이 아니라 가장 실용적인 비즈니스 감각이다. 서로를 존경하는 사람들은 자신들의 업무에 헌신하고 서로가 노력하는 것을 도우면서 혁신을 이루어낸다. 또한 그들은 서로 지지해주는 인간관계를 형성하게 된다. 다시 말해 상호 존경은 성공적인 조직의 토대가 되는 인간관계의 기본요소이다.

사람은 다른 사람으로부터 당황스러운 대접이나 모욕적인 언사를 받으면 사회적 체면이 손상되었다고 느낀다. 그러면 그들은 구겨진 위신을 다시 세우기 위해 다른 사람들의 영향을 거절하고 타협을 거부하게 된다. 게다가 거칠고 완강한 모습을 통해 다시 한 번 자신이

둘러보는 관리, 상징과 관행

앞서가는 기업에서 리더들은 둘러보는 관리방식(MBWA, Managing by Walking Around)을 취한다. 그들은 사람들을 찾아다니며 제대로 일하는 직원들을 파악하려고 노력한다.

직원들과의 짧은 만남에서 리더는 그들을 관찰하고 즉각적이고 적절한 피드백을 제공한다. 또한 명확하고 시의적절한 의견을 제시한다. 그들은 리더의 칭찬과 인정이 부족하여 많은 직원들이 불평하고 있다는 것을 잘 알고 있다. 걸어서 둘러보는 관리방식은 직원들과 신뢰를 형성하고, 그들이 업무를 잘 수행하기 위한 사명감을 높여준다.

각각의 만남은 직원들로 하여금 다음 방문에서 자신들이 '더욱 높이 평가되고 인정받을 것'이라는 기대를 줄 수 있어야 한다.

규칙적이고 긍정적인 인정 속에는 엄청난 힘이 숨어 있다. 리더는 성공에 필요한 그들의 신뢰와 능력을 고양하기 위해 열심히 일하는 직원들을 찾아본다. 리더는 정직해야 하며, 직원들에게 강력하고 긍정적인 피드백을 제공해야 한다.

리더는 또한 단점을 찾아내고, 특히 직원들에 의해 제기되는 문제들과 기꺼이 마주해야 한다.

리더의 문은 스스로에게는 항상 열려 있는 것처럼 보일지 모르지만, 많은 직원들은 굳게 닫혀 있는 문을 보고 그의 일을 방해할까봐 두려워한다. MBWA는 직원들이 리더에게 손을 내밀고, 그들 서로에게도 손 내밀기 바라는 상징이 된다.

유능하고 강한 사람임을 증명하려 한다. 나아가 자신의 체면을 손상시킨 사람들을 평가절하하고 그들에게 경쟁적 태도를 가지게 된다.

리더와 직원들은 생산적이고 개인적인 인간관계를 지향한다. 그들은 서로의 다양성을 높이 평가하고 존중한다. 그렇지만 리더와 직원들은 이 가치 있는 인간관계의 보상이 무엇인지 그리고 어떻게 그것들을 성취할 수 있는지를 먼저 이해해야 한다. 이제부터는 공유되는 비전과 협력적인 목표를 발전시키는 방법과 소통의 기술을 설명하고, 인간관계를 진작시키기 위해 감정을 표출하는 방법에 대해 알아보기로 한다.

변화의 시대, 리더의 지원

급속한 기술 변화 속에서 격렬한 경쟁에 적응하기 위해 조직은 직원들에게 내적인 헌신을 바란다. 때로는 조직을 재편성하고 오래된 직원들을 해고하며 남아 있는 직원들에게서는 보다 많은 것들을 요구한다.

헌신적인 직원들은 장기적인 관점으로 실패를 이기고자 노력하고, 변화에 대한 회사의 적응을 돕기 위해 여러 장애를 극복한다. 다행히도 생산성 향상을 위한 조직의 노력은 직원들의 열정과 의지 그리고 스스로의 자부심을 높이려는 욕구와 겹쳐지면서 보강된다. 따라서 리더와 직원들이 서로를 이해하고 높이 평가할 때 조직은 시너지 효과를 받게 된다.

리더는 직원들이 서로의 인간관계를 촉진하는 데 지원을 아끼지 말아야 한다. 리더는 인간관계의 가치를 옹호하고 스스로 모범을 보여야 한다. 직원들과 자주 대화하고 그들의 관점을 이해하려고 노력해야 한다. 그들의 스타일과 개성을 존중함으로써 리더는 직원들의 헌신을 보장받는다.

5. 비전과 목표의 공유

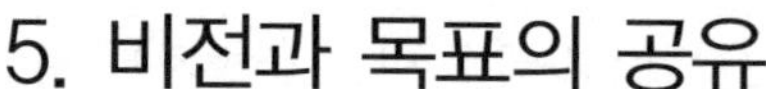

성공한 기업은 조직의 목표에 관해 상하 일치된 비전을 갖고 있다. 만일 그러한 비전이 없다면, 아무리 빛나는 경영전략이라 해도 결국 실패할 것이다.

존 영, 전 휴렛팩커드 회장

조직적인 관계를 통해 생존에 필요한 욕구와 근본적인 성취욕을 충족시키기 위한 리더와 직원들에게 필요한 인간관계는 어떻게 구축할 수 있을까? 헌신적인 태도를 잠식하고 소외를 야기하는 갈등을 그들은 어떻게 피할 수 있을까? 그들의 다양성은 상호 이익을 위해 어떻게 활용될 수 있을까?

비전의 공유는 조직이 높은 성과를 이루기 위한 첫 걸음이다. 이 비전은 성공을 향해 함께 일하고 동일한 목표를 가지며 성취감을 느끼도록 직원들을 분발시킨다. 비전의 공유는 단지 개별적인 직원들을 묶는 것을 넘어 그들을 고객과 묶기도 한다. 직원들은 그들의 노력이 고객에게 가치를 주고 있음을 깨닫는다. 고객 만족은 모든 팀과 조직이 앞으로도 고객의 사랑을 받고 존속하는 기업으로서의 안정을 직원들에게 제공한다.

직원들은 자신들의 직장에서 목적과 의미를 발견하기를 원한다. 또한 그들은 그들 스스로가 조직의 중요한 일부이며 새로운 가치를 창출하기를 원한다. 따라서 모든 직원들과 비전을 공유할 수 있는 조직은 그들의 충성과 열정을 얻게 될 것이다

행동하는 비전

우리가 일하는 직장은 다양한 활동과 위기들로 가득 차 있으며, 때로는 방향을 찾지 못한다. 고정관념은 조직의 비전을 설정하는데 방해가 된다. 제임스 페니(James Penny)는 비전이 감정적이어야 할 뿐 아니라 합리적이어야 하고, 다른 직원들뿐만 아니라 스스로에게 공헌해야 함을 이미 수십 년 전에 보여주었다.

경계를 허물어라

1913년에 설립된 페니아이디어(Penny Idea)는 여전히 페니를 추종하는 리더들에게 영감을 불어넣고 있다.

1. 최대한의 고객 만족을 추구할 것.

2. 우리가 제공하는 서비스에 의한 이익이 아니라, 공정한 보수를
   기대할 것.

3. 고객의 돈에 대해 최대한의 가치와 품질로 보답할 것.

4. 자신과 동료들을 훈련시킴으로써 서비스를 보다 현명하게 수행
   할 것.

5. 끊임없이 비즈니스의 인적 요인을 개선할 것.

6. 생산 활동에 참가해 직원들과 열정을 공유할 것.

7. 우리의 모든 정책과 방법, 활동을 현명한 방법으로 테스트 할
   것. 그것이 옳고 공정한가?

비록 용어가 다소 유행에 뒤떨어질지도 모르지만 메시지는 여전히 현대적이다. 페니아이디어는 조직이 번영을 지속하고 고객을 위한 가치 창출에 의해 각 팀이 경쟁 우위를 유지하는 데 초점을 둔다. 그들은 지속적인 기술 개발과 서비스 개선을 위한 협동의 필요성을 인식하고 있다. 이 비전들은 또한 직원들이 가진 가치와 욕구를 말해준다. 직원들은 성공적인 조직의 보상에 참여하고 자신들의 능력을 강화하며 공정하게 대우받아야 한다.

페니아이디어는 행동으로 옮겨져야 한다. 회사의 지침으로 인용되거나 구내식당 벽에 붙여져 있는 것만으로는 충분하지 않다. 참여적이고 지속적인 팀 활동은 조직의 완전한 부분이며 생산적인 협력의 비전과 일치한다. 팀은 활동 결과를 공유한다. 조직은 어느 개인도

혼자서 조직을 성공으로 이끌 수 없음을 인정한다. 경영진이 문제를 확인하고 난 뒤에는, 결정을 하기 전에 특별한 팀을 활용해 적절한 관점과 정보를 모은다.

또한 조직은 팀 활동을 지원하기 위한 보상 체계를 이용한다. 모든 관리자는 그들의 팀이 얼마나 열심히 일하는지를 근거로 상당 부분의 소득을 얻는다. 7만 명의 판매 직원들 대부분은 그들 팀의 성과에 기초해 보상을 받는다. 팀워크는 조직 간의 경계를 넘어선다. 페니아이디어의 프로젝트 관리자 테리 팔머는 이렇게 이야기한다.

"나는 선적을 포함한 모든 공급 사이클에서 서비스 직원들과 경영진으로부터 지원을 기대한다. 우리 모두는 페니아이디어를 성장시키고 성공적인 비즈니스를 위해 노력해야만 한다. 요컨대 각 부서 간의 경계를 넘어서야 한다."

머리는 차갑게, 가슴은 뜨겁게

비전은 직원들을 분발하게 할 수 있어야 한다. 리더는 자신의 에너지를 제공해 직원들을 능동적으로 움직이게 한다는 계획을 갖고 있어야 한다. 비전은 직원들의 상상력과 능력을 끌어올리는 것 이상의 힘을 지니고 있다. 비전은 직원들이 목적과 의미를 느낄 수 있도록 일상적인 단조로움으로부터 그들을 끌어낸다.

동기를 부여하기 위해서는 직원들 스스로가 비전이 가치 있음을 확신해야 한다. 비전은 개인적인 의미를 가진다. 그들은 비전이 자신들의 가치와 욕구를 고양할 것이라는 사실을 알고 있다. 만일 신제품이 시장에서 성공적인 결과를 보이면, 회사의 인정과 금전적 보상을 원한다. 직원들은 인종적 다양성과 개성을 존중하는 팀의 일부분이라는 사실에 긍지와 자부심을 느끼게 된다.

1992년 말콤 볼드리지상 수상 기업인 리츠칼튼 호텔의 모든 직원들은 비전이 적힌 카드를 받았다.

"우리는 신사 숙녀를 위해 봉사하는 신사 숙녀들이다."

그들은 또한 이 비전을 실행하기 위한 20가지 지침도 받았다. 예를 들면 고객의 불만을 접수한 모든 직원들은 그 불만을 해결하고자 노력해야 하며 그것이 제대로 해결되었는지 확인해야 한다.

동기를 부여하는 비전은 도전적이다. 직원들은 보다 유능해지기 위해 자신들의 능력을 업그레이드해야 한다. 직원들이 분발하도록 고무하기 위해서는 우선 비전이 합리적이고 현실적이어야 한다. 사람들은 보상이 없는 아이디어를 좋아하지 않는다. 그들은 자신의 비전을 실현하기 위해 조직이 역량과 능력, 자금을 갖추었는지 알고 싶어 한다. 추상적인 비전이 아니라 구체성과 현실성을 담보로 한 비전이어야 한다.

위협을 물리치고 기회를 잡는다는 측면에서 비전은 조직의 상황과 맞아야 한다. 그래야 직원들은 목표한 결과를 향해 움직이고 영속적 가치를 추구하게 된다. 조직의 틀은 조사와 경험을 통해 개발된 리더들의 심리학적 개념에 의거해야 한다. 예컨대 직원들은 팀의 리더가 견실한지 알고 싶어 한다. 다른 회사에서도 이 아이디어로 수행되었는가? 그렇다면 그것은 제대로 작동했는가? 어떤 문제점들이 있었는가?

조사 결과를 지지하는 기사, 팀의 가치를 문서화한 연구, 다른 조직의 사례와 전문가가 제시하는 증거 등은 직원들에게 신뢰감을 준다. 직원들이 여러 가지 아이디어를 고려하고 진지하게 조사하려면 리스크를 극복해야 한다. 물론 방대한 자료들 속에서 유용하고 적합한 소스를 발견하는 일은 쉽지 않다. 하지만 다행히 그들은 관련 기사를 읽는 것에만 의존할 필요 없이 잘 정리된 전문잡지와 책을 활용할 수 있다.

읽고 토의해서 정보를 이용할 수 있는 방법을 결정하는 회의는 기사를 함께 읽는 활동으로 보강되어야 한다. 이러한 기회가 없다면 직원들은 조직을 변화시키기 위해 해당 아이디어를 이용하는데 주저하게 된다. 그러므로 주기적으로 정보와 의견을 나누고 서로의 이해를 도와야 한다. 리더십과 팀 능력을 발전시키기 위해 아이디어를 어떻게 활용할 수 있는지 논의해야 한다. 그런 과정이 아이디어가 조직 시스템적으로 이용될 수 있는 여지를 생기게 한다.

직원들과 당신 스스로에게 봉사하라

직원들을 돕는 것과 스스로를 돕는 것은 양립 불가능하다는 고정관념에서 탈피해야 한다. 매력적인 비전은 사회적 유의성을 갖고 있다. 팀원은 다른 직원들이 그들의 노력에 감사할 것이라 생각한다. 가령 생산 부서 직원들이 보다 많은 수주량을 안정적으로 생산할 수 있도록 마케팅 부서는 열심히 판촉 활동을 한다. 식품 회사 직원들의 경우 후진국의 결식아동들에게 자사의 식품이 지원된다는 사실을 자랑스럽게 생각한다. 어떤 팀은 유명 연예인이 자신이 생산한 제품을 애용한다는 사실에 고무된다.

사람들에게 봉사하는 것은 의무이자 특권이다. 성공적인 교사가 되기 위해서는 열심히 배우고 건실하게 성장하려는 학생들이 필요하다. 고객이 보호되고 대접받을 때에만 각 분야의 전문가들은 자신의 능력을 발휘할 수 있다. 기술지원 부서는 다른 부서가 자신들의 기술을 현명하게 이용할 때 헌신적 목표를 달성할 수 있다.

리더가 비범한 업적을 성취하기 위해서는 영감을 받고 활력을 얻은 직원들이 있어야 한다. 기업이 살아남고 번영하기 위해서는 그들의 제품을 구매하고 칭찬해줄 고객이 필요하다. 결국 우리의 일이 다른 사람들을 위한 봉사가 될 때 우리는 성취감을 느끼게 되는 것이다.

이런 의미의 봉사를 훌륭히 수행하기 위해서는 우리 스스로가 가치를 창출하고 확대시키는 민감한 직원이 되어야 한다. 조직을 위해, 고객을 위해 봉사하는 것은 자신의 신뢰성과 능력을 보여줄 기회가 된다. 고객에게 가치를 전달하는 조직은 존경을 받고, 비즈니스를 계속할 객관적 지지를 얻게 된다.

고객에게 가치를 제공하지 못하는 회사는 얼마 가지 못해 시든다. 고객은 더 좋은 곳으로 발길을 돌린다. 게다가 직원들은 공통의 방향과 신뢰를 잃어버린다. 높은 수준의 서비스와 제품을 제공하는 회사가 9~10퍼센트까지 제품 가격을 올려 받고, 시장 평균 12퍼센트의 매출을 얻었다는 조사 결과가 있다. 그 회사의 시장점유율은 다른 곳들이 2퍼센트 하락한 데 반해 6퍼센트 상승했다.

다른 사람들을 위해 봉사하는 것은 자신의 이익을 위한 토대다. 혼자서 성공할 수 있는 사람은 없다. 서로 협력하고 봉사하지 않으면 이내 자신감을 상실하고 목표를 잃게 된다. 서로를 위해 봉사하는 조직은 모든 직원들의 심리적·경제적 만족감을 유지한 채 앞으로 나아갈 수 있다.

숨 쉬는 목표

조직의 비전은 비즈니스 목표와 조직 문화를 정의해야 한다. 비즈니스 목표는 회사의 역량에 적합하고 어려움에 대처할 수 있는 것이어야 한다. 그러나 그러한 전략이 실현되기 위해서는 우아한 방법과는 상관없이 조직적인 노력이 필요하다. 활기에 찬 조직은 함께 일하도록 직원들을 결합시키고 권한을 위임한다. 비즈니스 목표와 조직 프레임이 갖추어졌을 때 회사의 비전은 한껏 숨을 들이쉬게 된다.

공통된 프레임은 없다. 각각의 조직은 자신들의 개성과 특징에 맞는 고유의 프레임을 개발해야 한다. 13장에서 살펴보겠지만, 리더와 직원들은 그들 조직의 주요한 특성을 이해하고 그들만의 스타일을 창출하기 위해 심리학적인 지식을 이용할 수 있다.

아는 만큼 열정이 된다

직원들은 자신들의 업무 방향을 이해하고 의미를 인식하기 위해 조직의 비전을 알고 싶어 한다. 개인의 일은 그것이 조직 전체의 목적에 부합될 때 가치를 얻는다. 예를 들면 난민 어린이들을 위한 지원센터에서 일하는 관리자들은 그 어린이들이 입양된 국가에 적응할 수 있도록 돕는 게 주요 비전임을 알고 있다. 단지 건물 바닥만 깨끗하게 청소하는 것이 아니라, 새로운 땅에서 앞으로 아이들이 행복한 생활을 할 수 있는 환경을 만들어야 한다. 하지만 비전은 구체적인 목표와 계획을 수반해야 한다.

명확한 목표는 실질적 조치로 이어지고, 구체적 도표화를 가능케 한다. 지원센터의 관리자들은 아이들을 교육할 교사들과 더불어 각 교실을 어떻게 만들지 체크하고 매주 그들의 제안서를 검토한다. 그러면 조직은 리더와 직원들이 함께 제시한 그들의 비전을 가시적이고 구체적으로 만들어 실행에 옮긴다.

공유되는 비전은 조직에 많은 것을 주지만, 비전 하나를 구축하기 위해서 많은 요소들이 필요한 것도 사실이다. 비전은 정형화된 관계를 깰 수도 있고, 감정적이면서 동시에 이성적이며, 다른 사람들을 위해서만이 아니라 스스로를 위해 봉사하고, 비즈니스 목표뿐만 아니라 조직적인 프레임을 포함하며, 추상적이면서 구체적이다. 따라서 리더와 직원들 사이의 협력 없이는 제대로 수행해나갈 수 없다.

함께 만드는 비전

제임스 페니와 여러 리더들은 비전의 자연적 공급원이었다. 인격적 역량으로부터 그들은 미래를 보여주는 그림을 그렸고, 직원들을 열렬한 추종자로 바꾸기 위해 자신의 에너지를 이용했다.

일부 리더는 지시하는 태도를 취하지만, 대부분의 리더는 토론을 통해 비전을 만든다. 그들은 직원들을 설득하는 것뿐 아니라 그들에 의해 설득됨으로써 리더십을 발휘했다.

중요한 것은 비전이 공유된다는 점이다. 리더의 확신만으로는 충분하지 않다. 비전이 살아서 움직일 수 있도록 직원들 역시 비전을 확신해야 한다. 좋은 비전은 환상적인 단어들을 나열하는 것이 아니라 조직의 모든 직원들 마음에 적합한 것이어야 한다. 그들이 비전을 이해하고 그 정당성을 믿어야 하는 것이다. 그리고 업무를 통해 어떻게 비전을 현실화시킬 수 있는지 생각하게 된다.

핵심은 비전을 개발할 때 직원들이 관련되어야 하는지의 여부가 아니라, 어떻게 관련되는가에 달려 있다. 비전 설정은 리더와 직원들 사이의 대화와 변화에 의존한다. 참된 리더는 비전을 설득하고 주입하는데 집중하기보다 분석과 조사 과정에 직원들을 참여시킨다. 결과는 리더가 원래 생각한 것 혹은 아주 다른 무엇일 수 있다.

직원들은 회사의 전체적인 비전으로부터 그들 그룹만의 비전을 도출할 필요가 있다. 페니아이디어 내 유통 부서의 비전은 회사의 그것보다 더 구체적이고 명확했다. 그것은 판매 부서의 비전과는 달랐지만 더불어 양립 가능한 것이었다. 직원들의 참여를 배제하면 리더는 그들만의 목표와 과제에 '대항하는' 위험을 안게 된다. 리더가 원하는 방향을 오해하고 그것에 반대할 수 있다. 하지만 결속력과 협력이 강한 조직 내 그룹은 조직의 목표와 자신들의 그것을 조율해 양자가 모두 이루어지게 하는 방향으로 일한다.

비전은 분리된 전체가 될 수 있다. 즉, 각각의 팀은 조직이 아닌 자신들만의 비전에 헌신할 수 있다. 그러나 결과적으로 그 헌신은 조직 전체에 이익을 가져다준다. 비전은 탄력적이면서 견고하다. 비전은 변화하는 상황에 맞추어 적응할 수 있지만 변덕스럽게 변화할 수는 없다. 마치 전략과 전술의 관계처럼, 전체적인 맥락은 변화하지 않지만 새로운 기회와 위기를 고려해 계속해서 갱신될 수 있다.

조직을 위한 프레임워크는 직원들을 동일한 일부로 유지하는 기본 가치와 절차를 제공한다. 그리고 가치가 표명되는 방법과 각각의 상황에 이용될 특정 프로그램은 조직의 비전에 부합된다.

실패 못지않게 성공도 위협적이다. 정체된 회사는 라이벌이 그들의 시장을 진출하고 공격하더라도 방어할 수 없다. 반대로 성공적인 회사는 자사의 전략과 프레임워크에 대한 고집 때문에, 시장 상황이 바뀌게 될 때 적절한 대응을 하지 못할 수 있다. 자기만족은 조직의 꿈을 악몽으로 바꾸는 데 일조한다.

직원들은 살아있는 비전을 유지하기 위해 끊임없이 환경에 적응해야 한다. 페니아이디어는 고객을 응대하기 위해 제시된 여러 부서들의 의견을 하나로 통합했다. 하지만 개별적 전술은 허용했다. 최근이 회사는 지속적으로 성장하고 있는 국제 시장에 진출할 계획을 세웠다. 조직의 비전과 팀워크가 좋은 회사이므로 본받을 만한 모습을 보여주리라 기대한다.

비전은 홍보 부서에 의해 만들어지는 그럴듯한 이미지보다 중요하다. 리더와 직원들은 조직의 특정한 상황에 맞는 비전을 함께 만들고, 그것의 수행에 전념해야 한다. 경영 전략과 조직 프레임은 합리적이고 의미 있으며, 해볼 만한 것이어야 한다.

비전과 목표 공유를 위한 새로운 제안

적극적인 참여와 단합된 모습으로 공통의 방향을 창출하는 4가지 기본적인 원리가 있다.

1. 리더와 직원들은 그들이 비전을 가지고 시작할 수 있도록 인간 관계를 발전시킨다.
2. 리더와 직원들은 기존의 업무 방식에 도전하고, 조치를 요구하는 위기를 기다리기보다 먼저 변화하는 모험을 추구한다.
3. 비전을 개발하는 과정은 회사가 열망하는 조직 프레임을 모델화하는 것이다. 비전을 만드는 것은 그 자체가 바람직한 팀워크를 진작한다.
4. 비전을 공고히 하는 것은 1단계 또는 2단계 응급 처치가 아니라

A&W의 목표와 비전

1970년대 맥도날드와 다른 기업들의 시장 진입으로 캐나다에 본사를 두고 있는 햄버거 체인 A&W는 고객들을 잃어가고 있었다. 손실은 계속해서 늘어갔다. 겉으로 보기에는 예견된 일이었다. 겨울의 추위가 사람들을 집안으로 몰아넣는 나라에서 어떻게 드라이브인(drive-in, 차 안에서 음식을 주문해 먹을 수 있도록 한 시설) 영업 방식이 경쟁이 되겠는가? 미국 지사에서도 체인점 수를 축소할 수밖에 없었다.

그러나 A&W는 1990년대에 이르러 맥도날드로부터 시장점유율을 되찾게 되었다. 오랫동안의 사업 부진은 경영진의 정신을 마비시켰다. 드라이브인에 대한 아집은 강했고 변화에 대한 두려움은 컸다. 하지만 파산을 목전에 두고, 제프 무니 회장을 비롯 A&W의 관리자들은 비록 1960년대에는 호황을 누렸지만 점점 통하지 않게 된 드라이브인 영업 방식을 포기해야 한다는 사실을 인식했다. 그래서 사람들이 추위를 피하기 위해 모이는 쇼핑몰에 점포를 입점해 실험을 시작했다.

그들은 이 전략을 세우고 실행하는 것이 직원들과 팀워크에 대한 헌신적 태도를 필요로 한다는 생각을 갖고 있었다. 너무 오랫동안 고집하고 있었던 전제적인 경영 방식에서 물러서야만 한다.

1977년, 관리자와 직원들은 함께 일하는 방법을 찾기 위해 새로운 목표를 설정했다. 목록의 최상위에는 신뢰와 상호 존경이 있다.

"우리의 행동은 열려 있고, 정직하며, 서로를 보살핀다. 우리는 서로 의존하고, 믿고, 동일한 목표를 지향하는 파트너로 간주한다."

"스스로 개발에 대한 책임을 져라."

"새로운 방식에 도전하고 구태의연한 관행에 의문을 표하는 직원들을 지지하라."

"개인과 그룹 사이에 분명하고 솔직한 커뮤니케이션을 하라."

10년 후 그들은 인적자원 전략 계획을 개발했다.

"모든 사람들이 신뢰 속에서 각자의 잠재력을 최대한 발휘함으로써,

> A&W는 패스트푸드 산업에서 가장 일하기 좋은 직장이 될 것이다."
> 이 목표는 조직 내의 모든 직원들에게 공통의 프레임워크와 지침이 되었
> 다. 각 팀들은 팀워크를 검토하고 개선될 수 있는 방식을 연구하기 위해
> 주기적인 모임을 가졌다. 신입 사원들은 A&W 서비스 훈련 과정을 이수
> 하며 조직의 목표에 부응하려고 노력하였다. 다른 직원들이 목표에 못 미
> 칠 때, 이를 상기시킬 책임이 모두에게 있다.
> A&W는 그 목표를 향해 18년 동안 헌신적 노력을 지속했다. 그들의 목표
> 는 수사학이 아니라 현실이었다. A&W의 직원들은 팀워크에 대한 투자를
> 통해, 자신들이 패스트푸드 시장의 무한한 경쟁 속에서 탁월한 서비스를
> 제공할 수 있음을 확신하고 있다.

지속적인 과정이다.

단계를 설정하라

리더와 직원들이 매력적인 비전을 만들기 위한 전제 조건은 무엇
인가? 흔히 불만족과 고통은 조직이 보다 협동적인 접근방식을 구축
하기 위해 노력하고 평가하는 데 필요한 것으로 간주되어왔다. 그럼
에도 불구하고 고통과 비관주의에는 많은 위험이 존재하고, 변화의
필요성을 부정하는 사태에 이르게 한다. 변화가 실행될 수 있는 유인
책과 신뢰가 필요하다.

돈과 고객의 지원을 잃어버린 회사는 비전을 개발해 다시금 집중
하려는 많은 보상과 자극이 필요하다. 1981년, 역사상 그 어떤 회사
보다 많은 돈을 잃은 포드의 경영진과 직원들은 그들이 행동해야만

한다는 분명한 근거를 보았다. '품질이 일자리를 보장한다' 는 프로그램을 통해 직원들을 능동적으로 참여시키고 조직 전체에 다양한 팀을 구성함으로써 포드는 재기할 수 있었다.

그러나 많은 고객과 건강한 직원들을 보유한 조직도 과거의 탁월함과 장기적 관점만을 의존하면 긴급한 상황을 야기할 수 있다.

몇 년 뒤 포드는 갑자기 치열해진 시장 환경과 다른 나라 제품과의 경쟁과 신뢰성에 대한 대응으로 구조조정을 해야만 했다. 이처럼 경쟁자의 출현과 변화는 혁신과 품질을 유지하기 위한 조직의 대처를 요구한다.

직원들은 그들이 조직되고 관리되는 방식을 새로이 구성하고 '할 수 있다' 는 믿음을 가져야 한다. 고통스런 환경이 도전의식을 생기게 하지만 좌절하게 만들 수도 있다. 직원들이 의심하고 반대하는 상황에서 공통의 목표를 논의하는 것은 뜬 구름을 잡는 것처럼 여겨질 수 있고, 직원들이 이상과 현실 사이의 갭을 발견하면 그들의 냉소를 초래할 수도 있다. 비전이 직원들과 그룹을 단합시키겠지만, 비전을 주입하기 전에 먼저 그들 사이에 신뢰의 인간관계가 있어야 한다. 그 단계는 다음과 같다.

1. **비즈니스 미션을 평가하라.** 고객 및 산업 전문가와의 토론과 검토를 통해, 사업 전략이 지닌 역량과 약세를 구체적으로 테스트한다. 일본 자동차에 대한 미국 운전자들의 칭찬에 귀를 기울이는 것은, 미국 자동차 회사 경영진들의 콧대를 꺾고 그들이 직면한

문제가 있음을 인정하게 했다. 직원들은 현재의 행동이 초래할 장기적인 생존 능력과 위험을 고려해야 한다.

2. **조직의 프레임워크를 반성하라.** 직원들은 그들의 일과 인간관계, 분업과 조직 구조를 평가하고 그들의 이상과 현재를 비교한다. 그들은 서로 단결하고 공통의 비전과 더불어 권한을 위임받는가? 직원들이 거리낌 없이 이야기하고 문제를 깊이 있게 탐구하는가? 그들은 조직 계층 내에서 팀으로서의 역할을 잘 수행하는가?

3. **관계에 직면하라.** 비전에 관한 본격적인 작업이 시작되기 전 장기적 갈등관리가 필요할 수도 있다. 관리자가 불평거리와 부정이 충분히 고려되고 다루어질 것이라고 직원들이 믿게 할 수 있으면, 그들은 비전을 단련할 필요를 느끼고 그것이 가능하다고 생각한다. 그런 직접적인 갈등관리는 회사 비전의 일부로써 리더가 원하는 팀 조직을 모델화한다.

4. **첫 걸음을 내딛어라.** 비전 정립을 위한 동기부여는 직원들의 '반드시 성공할 것' 이라는 믿음으로 보충되어야 한다. 품질을 개선하고 내적 커뮤니케이션을 강화하는 첫 걸음을 내딛는 것은 조직이 진정 의지가 있음을 직원들에게 보여주는 일이다.

관행에 도전하라

리더와 직원들은 새로운 것을 받아들이고 관행을 개선할 기회를 지속적으로 엿본다. 심지어 그들은 즉각적인 위험이 없더라도 조직이 지속적으로 변화해야만 한다고 생각한다. 그런데 기다리기보다 탁월한 성취를 위해 노력하면 전보다 형편이 더 나아질 것이다.

위기가 닥친 뒤의 급박한 대응은 허술할 수밖에 없다. 위기는 변화를 위한 자극이 되고 배움을 진작하는 촉매가 될 수 있다. 그러나 위기는 흔히 의미 있는 변화가 일어날 것이라는 신뢰를 훼손한다. 한두 번의 위기는 살아남기 위해 협력해야만 하므로 직원들을 결합시킬 수 있다. 그러나 지속적인 위기는 그 자극의 가치를 잃어버리고, 무력감과 절망의 싹을 틔운다.

관행에 도전하기 위해서는 다음과 같은 노력이 필요하다.

1. **변화하고 혁신하며 성장할 기회를 탐색하라.** 새로운 과업은 반전을 위한 도전이 된다. 직원들은 일이 제대로 될 수 있는지 궁금하게 생각하며, 위기가 닥치기를 기다리기보다는 그들이 고칠 수 있는 '파손된' 부분을 찾는다. 그들은 일상적 반복을 박차고 나와 그들의 일을 '즐거운 모험'으로 간주한다.

2. **실패와 갈등을 이용하라.** 직원들은 그들을 성가시게 괴롭히는 경영 전략과 업무 환경에 관해 말한다. 그들은 무엇을 변화시키고 싶은지 서로에게 알린다.

3. **위험을 감수하고 실수로부터 배워라.** 직원들은 새로운 아이디어를 모으고 시험하며, 위험 부담을 모델화하고 스트레스를 흥분으로 바꾼다. 그들은 새로운 노력에 위험이 없지 않음을 인정한다. 그리고 완전함은 지향의 대상일 뿐 결코 도달될 수 없는 것

임을 안다.

4. **짧은 비전 진술문을 제공하라.** 팀은 회사의 비즈니스 미션과 조직의 프레임워크를 기술할 때 이미지와 은유를 이용한다. 리더는 짧은 연설에서 핵심적인 가치와 소망을 설득력과 신뢰성을 담아 전달한다.

팀워크, 변화를 위한 전제조건

정상에 있는 사람들이 변화에 적극적이지 않는 한, 그 조직에서 변화가 일어나지 않는다는 것은 진리다. 또한 직원들이 헌신하지 않는 한 비전은 고취될 수 없다.

비전은 스스로 고취되지 않는다. 리더와 직원들 서로가 서로를 고취해야 한다. 조직의 비전은 팀 어프로치에 의해 발전시킬 필요가 있다. 협동을 강요하는 것은 모순이다. 팀 어프로치는 다음과 같은 것을 포함하고 있다.

1. **대화하라.** 리더와 직원들은 그들과 조직에 대한 비전과 그 잠재적인 중요성을 탐구하기 위해 반대 견해들을 논의한다. 그들은 변화하지 않음으로써 발생하는 위험과 그리고 비전이 보유하는 기회를 평가한다.

2. **도움을 받아라.** 고객, 공급자, 마케팅 에이전트와 투자자는 그들의 위치와 이익에 대해 진술해줄 것을 요구한다. 그러면서 그들은 조직의 장점과 단점 그리고 기회와 위험을 알려준다.

3. **통하라.** 직원들과 이해관계자의 아이디어와 제안을 이용하여 최대한의 동기를 부여하고 그들을 단합시키는 비전을 만든다. 경영 전략과 조직의 프레임워크는 헌신을 요구하기 전에 먼저 직원들과 뜻이 통해야 한다.

변화를 지속하기 위한 전략들

기술의 급속한 진보와 제품의 짧아진 라이프 사이클 그리고 시장의 글로벌화는 비즈니스의 양상을 변화시키고 있다. 전략은 지속적으로 새로워져야 한다. 그렇기 때문에 항상 최신의 것으로 갱신되어야 한다. 조직은 이러한 변화에 대처하기 위해 자원을 모으고 전략적 제휴와 합작 회사를 구성할 필요가 있음을 깨닫는다. 새로운 비즈니스에는 새로운 조직 프레임워크가 요구된다. 전문적이고 다양한 노동력, 권한과 참가를 요구하는 직원들과 리더십의 개념 변화는 권위를 맹종하는 경영진을 시대에 뒤떨어진 스타일로 만든다.

조직은 어떤 전략 또는 디자인이 지속해서 성공하리라고 가정할 수 없음을 인정한다. 그들은 비전을 새로운 정보와 환경 변화, 기회를 고려해 규칙적으로 다시 한 번 시험한다. 이러한 방식으로 그들은 상황에 압도되지 않고 그들의 운명을 관리한다고 느낀다. 그렇게 비전은 계속 성장한다.

1. **업데이트하라.** 분기별로 또는 최소한 해마다 조직은 그 비전을 재검토하고 조직 내외의 변화를 고려해 계획을 수정한다.

2. **자기만족에 힘써라.** 장래의 성공이 보장되어 있지는 않지만, 변화가 확실하다는 인식과 더불어 성공은 가까워진다. 조직은 고객의 아이디어와 불만, 투자가의 견해, 직원들의 제안과 산업 전문가의 예측을 듣고 경쟁을 검토한다.

3. **성과를 평가하라.** 조직은 직원들의 변화 능력에 감사하고, 그들의 비전을 향한 전진에 보답한다. 비전에 대한 노력은 값비싼 대가를 요구하지는 않지만 쉽게 확립되지도 않는다. 비전에 관한 이야기를 신뢰할 수 있게 되기 전에 근본적인 불신부터 다루는 것이 필요할 수도 있다. 비전이 확립되기 전에 갈등관리에 있어서 직원들의 능력은 철저히 검증되어야 한다. 비전은 거래의 대상이 아니라 믿어져야 하고 커뮤니케이션이 이루어져야 하며 살

단계를 설정	비즈니스 미션을 평가하라. 조직의 프레임워크를 반성하라. 이슈와 관계하여 정면으로 대응하라.
관행에 도전	변화하고 혁신하라. 실패와 갈등을 이용하라. 실수로부터 배워라. 비전 진술문을 제공하라.
팀워크 실행	대화하라. 도움을 받아라. 통하라.
변화를 지속	업데이트하라. 자기만족에 힘써라. 성과를 평가하라.

〈표 5-1〉 공유된 비전 창조

아있어야 한다(〈그림 5-1〉 참조). 직원들은 예전의 익숙한 업무방식으로 회귀하고 싶어질 테지만 반드시 그것을 극복해야 한다.

행복한 통합

단계 설정, 도전, 소통, 개발을 위해서는 조직 전체보다 몇 명의 팀원이 더 효율적일 수 있다. 하지만 단지 개별적인 부서에만 집중하는 팀 개발은 조직의 비전을 훼손시킬 수 있다.

팀은 내부적으로는 연합하겠지만, 전반적인 측면에서 조직과의 보완이 필요하며 심지어 다른 팀들과 반대 방향으로 나아갈 수 있다. 이러한 팀들은 그들이 자발적으로 조직 전체에 공헌하고 있다고 느끼면서 다른 팀들이 동참하지 않는다고 비난한다. 이는 잘못이다. 어디까지나 팀은 조직을 대변한다. 업무 효율상 독립적으로 행동할 수 있지만 조직이라는 큰 틀 안에서 허용될 뿐이다. 중요한 것은 그들이 조직의 틀 안에서 각 팀들과 공통된 비전을 추구하고 부족한 부분을 서로 보완해야 한다는 점이다.

게리 주젤라(Gary Jusela)와 그의 동료는 포드의 여러 부서가 시스템적인 비전을 개발하도록 한 가지 접근 방법을 개발했다. 1980년대 초, 포드 본사의 조립 공장에 부품을 공급하는 부서의 책임을 맡고 있던 톰 페이지 부회장은 본사의 경영진에 의해 지시된 비전을 향해 자신과 직원들을 어떻게 이끌어갈지 고민했다.

"7만 명의 직원들을 어떻게 한 방향으로 움직이고 전념하게 할 수 있을까? 중간관리자들이 직원들의 헌신과 제안에 열린 태도를 유지할 수 있을까?"

본사의 컨설턴트 부서가 몇몇 접근방식을 제시했다. 그들에게 참여적인 경영을 가르치는 것이 아니라 그들이 직면한 실질적인 문제를 팀들이 이해하도록 돕기 위해서다. 그리고 포드의 각 부서에 4레벨 이상의 관리자들은 몇 주 동안의 세미나에 참여하라는 요구가 전달되었다. 참가자들은 품질향상과 비용절감 등 중요한 시안에 대해 부서 간의 벽을 넘어 논의했다.

톰 페이지는 다른 경영진들과 함께 자신들의 기대와 비전에 대해 대화를 나누었다. 그들은 제품에 관한 고객의 피드백을 알게 되었고 자동차의 효율적 조립 과정을 저해하는 오류들을 발견했다. 그들은 일본의 자동차 회사들로부터 조언을 들었다. 경쟁 회사 제품의 품질을 조사해 자신들의 약점도 찾을 수 있었다. 그후 각각의 부서에서는 포드 전체의 비전을 공유하면서 고객의 요구를 충족시킬 수 있는 제품 개발에 힘을 기울였다.

또한 그들은 협동하는 방법에 관해 검토했다. 서로의 업무방식과 결과에 대해 '유감', '만족', '매우 유감'을 표시해 쪽지를 나누고 그 평가에 대해 응답하는 시간을 가졌다. 그렇게 조금씩 그들은 부서 간 커뮤니케이션을 개선하고, 긴 세월에 걸친 갈등을 없애기 시작했다. 통합을 위한 이러한 시스템적인 접근은 팀워크를 보강했으며, 경영진은 이러한 방식으로 관리자들이 그들의 팀과 함께 열심히 일할 수 있도록 도왔다.

직원들은 자신들의 비전을 실현하기 위해서라도 조직의 비전을 이해해야 한다. 비전은 공유되어야만 한다. 경영진이나 중간관리자뿐 아니라 조직의 모든 직원들이 회사의 비전을 믿고 따라야 한다. 자신들의 리더가 비전을 공식화할 수 있도록 도와야 하며, 그들의 개별적 욕구와 조직의 비전이 통합될 수 있도록 조정해야 한다. 회의에도 적극적으로 참여해 비전이 공고한지 또는 합리성이 훼손되었는지 확인하고, 자신들의 개인적 욕구와 여전히 부합하는지 관찰해야 한다. 그리고 스스로 조직의 중요한 일부로서 열의를 다하고 있는지도 반성해야 한다.

PART 3

더불어 일한다는 것

우리는 쉴 새 없는 경쟁 환경 속에서 자랐다. 그리고 경제학자들로부터 경쟁이 우리의 문제를 해결해줄 것이라고 배웠다. 그러나 경쟁은 파괴적이다. 사람들이 시스템적으로 더불어 일한다면 모두가 승리하는 보다 나은 미래가 올 것이다. 우리가 필요로 하는 것은 협동이며 새로운 관리 스타일로의 전환이다.

W. 에드워드 데밍, 미국의 경영학자

리더는 관계를 강화함으로써 지속적인 영향을 미치고, 직원들과 공유하고 있는 비전으로 나아가며, 고객에게 봉사할 수 있게 된다. 그러나 이러한 생산적 관계의 본질과 창출 방법에 관해서는 아직 많은 혼란이 있다.

6장에서는 협동 이론에 관한 연구를 통해, 더불어 일하는 것이 어떻게 상호 신뢰를 개발하고 업무 효율성을 증대시키는지 살필 것이다.

7장에서는 서로의 능력을 진작하는 환경에서 권력이 어떻게 건설적이고 협동적인 면모를 가질 수 있는지 설명한다. 직원들은 실제로 서로 돕고 협력함으로써 단결과 상호 권력을 구축한다.

8장에서는 리더와 직원들이 개발할 소통의 기술을 막는 방해물들을 알아본다. 상호 신뢰와 효과적인 협력관계를 갖기 위해서 감정은 관리되어야 한다.

9장에서는 리더와 직원들이 감정을 공유하는 방법과, 관계를 훼손할 수 있는 위협적인 요소들을 다루기 위해 할 수 있는 감정의 표출 방법에 관해 분석한다.

6. 협력과 경쟁

내가 UAW(전미자동차노조)에 누미(NUMMI)를 설명하려고 노력했을 때, 그들은 팀 개념과 협력을 예상했다. 하지만 나는 그들에게 보다 깨끗하고 안전한 공장과, 중요한 문제에 관해 노사가 많은 의견을 주고받으면서, 노동조합의 역량을 발휘할 현실적인 기회가 있다고 설명했다. 또한 문제해결과 품질향상 등의 훈련을 통해 조직의 비전과 이상을 구현할 수 있다고 말했다. 그리고 이런 시스템이 가동되면 직원들이 현실적인 기여를 할 기회가 생기며, 관리자가 모든 판단을 하지 않아도 된다고도 설명했다. 그러나 그들은 이러한 설명을 무시했다. 아마도 그들이 누미가 작동하는 방식을 직접 경험해보지 못했기 때문일 것이다.

어떤 UAW 노조원, 누미의 직원

한때 '세계에서 가장 열악한 공장'으로 불렸던 GM 프리몬트 공장은 도요타와 합작해 '누미(NUMMI, New United Motor Manufacturing Inc.)'라는 회사로 다시 태어나 성공한 기업이 되었다. 예전의 GM은 충분한 노동력 확보를 위해 항상 20퍼센트의 직원들을 초과 고용했지만, 종종 미해결된 불만사항이 5천 건을 넘기도 했다. GM 내 모든 공장 중에서 생산성이 가장 낮았고 품질도 불량했다. 1982년 2월, GM은 결국 이 공장을 폐쇄했다. 그리고 1984년에 누미로 다시 가동되기 시작했다.

1986년 말, 누미의 생산성은 과거 GM의 다른 공장이 세운 기록보다 두 배가 높았다. 도요타의 다카소카 공장만큼 높았다. 결근율은 3~4퍼센트를 유지했으며, 8년 동안 단지 7백 건의 불만사항이 접수되었다. 최근에는 90퍼센트의 직원들이 '매우 만족' 또는 '만족'을 표현하고 있다.

변화를 가져온 것은 직원들의 고양된 새로운 사기였다. 한 직원들은 그 차이를 다음과 같이 설명했다.

"예전의 GM에서는 인사 담당 관리자들이 우리에게 이렇게 말했다. '모든 직원은 우리가 프레스를 구입할 때와 동일한 방식으로 고용되며, 당신이 더 이상 필요하지 않으면 해고할 것이다.' 반면 지금의 누미에 처음 도착했을 때, 우리가 본 것은 '가족을 환영합니다.'라는 플래카드였다."

예전의 GM 시스템에서는 일이 어떻게 진행되어야 할지를 놓고 다툼이 많았다. 직원들은 현장 경험이 없는 사람이 자신들 위에 군림하는 것을 싫어했다. 당연히 자신들이 원하는 방식으로 일하면서 감독자의 명령을 무시하는 일이 많았다. 일부러 작업속도를 늦추는 경우도 있었다.

그러나 누미의 새로운 시스템에서 관리자와 직원들은 '미국에서 가장 멋진 차량을 만들어내는 파트너'였다. 누미는 협동적이고 개방적인 관리 시스템을 구축하는 데 막대한 투자를 했다. 누미에서는 관리자와 직원들 사이에 존경이 오갈 수 있도록 지원했다. 직업 안정성이 필수적 요소임을 인식하고 '냉혹한 시장 환경 때문에 피치 못할 경우'를 제외하고는 직원들을 해고하지 않음을 보증했다. 실제로 1988년 수요 하락에 직면해 조립 라인에서 퇴출된 직원들은 훈련을 거쳐 새 부서로 배정되었다.

공동의 목표와 협력관계는 다시 지속적인 개선의 강화로 이어졌다. 생산팀의 직원들은 품질향상과 비용절감을 위한 연구에 직접 참여했다. 산업기술자들과 연동해 각 팀의 직원들은 생산 과정의 효율성을 끊임없이 탐색했다.

누미의 관리 시스템은 쉬우면서도 어렵다. 관리자들과 직원들은 서로를 존중하지만, 공장을 컨트리 클럽이나 생맥주 가게와 혼동하지는 않는다. 표면적으로 보면 그들은 여느 조직처럼 정신없이 바쁘다. 관리자들은 높은 품질의 저렴한 자동차 생산을 위해 직원들이 집중하도록 독려한다. 이를 두고 한 직원은 이렇게 말한다.

"들볶이지 않고 스트레스를 받지 않으면서도 일관되게 바쁘면 일이 힘들지 않다. 누미의 모든 직원들은 빡빡한 일정 속에서 일하지만 피로를 느끼지는 않는다. 퇴근할 때는 자기만족을 안고 집으로 돌아간다."

많은 리더들이 성공한 조직은 신뢰와 개방의 핵심적인 가치를 알고 있음을 인정한다. 톰 피터스(Tom Peters)는 이런 결론을 내렸다.

"사실, 인간관계가 전부다."

그럼에도 불구하고 인간관계를 개발하는 것은 비즈니스의 기술적인 국면에서 항상 적용될 수 있는 원리가 아니라, '직관적이고 우연한 과정'이라는 믿음이 널리 퍼져 있다. 톰 피터스는 "소설을 많이 읽고 비즈니스 책은 적게 읽으라."고 충고했다.

4장에서 우리는 바람직한 인간관계를 '직원들이 서로를 개인적으로 잘 알고, 높이 평가하며, 서로의 개성을 존중하고, 공동의 과업 수행을 지향하는 것'으로 기술했다. 하지만 무엇이 이러한 인간관계의 기초가 되는가? 그리고 그것은 어떻게 구축될 수 있는가?

반세기 이상 동안 심리학자들은 협동에 관해 연구했다. 많은 연구들이 협동의 목표가 생산적이고 고무적인 인간관계를 위한 토대임을 증명했다. 리더는 직원들이 자신과 같은 배를 타고 같은 목적지를 향해 항해하고 있음을 보여야 하며, 협력적인 인간관계를 만들기 위해 애써야 한다.

교차기능적인 팀워크

시장의 요구에 응하고 성공한 사례를 통해 분발하는 직원들은 새로운 협동 방법을 모색할 수 있다. 그리고 이러한 팀워크를 위해서는 직원 모두가 중요하다. 또한 모두가 공헌한다. 모토롤라, 텍사스인스트루먼트, 휴렛팩커드, 머크, 포드, 크라이슬러 등은 그들이 보유한 팀 조직의 미덕을 찬양했다. 그들은 긴급한 비즈니스의 도전에 대응하기 위해 여러 부서들의 전문가들로 구성되는 교차기능적인 팀워크를 만들었다.

금융 및 회계 부서는 통제관의 역할에서 문제 해결을 돕는 운영 전문가의 역할로 옮겨가고 있다. 제약회사 머크의 CFO(최고재무관리자)인 주디 르웬트는 이렇게 설명했다.

"머크의 재무 부서는 운영 부서들과 더불어 일한다. 그들은 회사가 판매하는 제품의 단가가 너무 높다고 말하는 대신, 포장비용이 높다는 사실을 밝히기 위해 생산 부서와 의논한다."

높은 수익을 내고 있는 한 기업은 회의와 공동 프로젝트, 간행물 등을 통해 그들의 직원들이 조직 내 여러 분야에 관심 갖는 분위기를 조성했고 만족할 만한 결과를 보았다.

모토롤라는 교차기능적 팀워크를 통해 제조 과정을 개선하고 있다. 한번은 휴대전화 부품의 배열 문제를 각 부서의 회의 안건으로 올려 의견을 구했다. 엉뚱한 아이디어들이 속출하기도 했지만, 전혀 예상치 못한 기발한 의견이 나오게 되었다. 결국 이 아이디어로 그들은 제품의 두께를 줄이는 데 성공하고 제조 기간도 단축할 수 있었다.

뉴욕의 다임저축은행은 정보 수집 능력을 개선하기 위해 SWAT(특수기동타격대)식 접근법을 이용했다. 선발된 팀에는 특정 문제를 평가할 비즈니스 컨설턴트와 고객 지원 전문가를 보유하고 해결 방안을 실행할 권한이 부여되었다. 그들은 은행 업무와 금융 서비스, 자산

회복 시스템을 개선하기 위해 기술 지원 직원을 30퍼센트 이상 줄이는 한편, 정보 시스템 전문가와 이용자 사이의 장벽을 제거했다.

크라이슬러에서도 교차기능적 팀워크는 제조 방식을 변화시키고 있다. 생산 책임자 데니스 폴리 부사장에 따르면, 불과 몇 달 만에 품질이 개선되고 약 18퍼센트 정도의 불필요한 공정들이 제거되었다. 크라이슬러는 또한 생산 혁신을 위해 다방면으로 훈련되는 팀워크에도 투자하고 있다. 크라이슬러 테크니컬 센터에서는 부품 제조 부서뿐 아니라 디자인, 공학, 조달 전문가들이 동시 생산의 장점을 취하기 위해 함께 일하고 있다.

제록스, 휴렛팩커드, 캐논, 애플과 같은 기업들은 제품 개발 주기와 시장 진입 시간을 줄이는 교차기능적 팀워크를 활용하고 있다. 부서들 간에는 열려 있고 빠른 커뮤니케이션을 고무한다. 그들은 제작과 조립 과정을 개선하고, 현장에서 제품을 테스트하며, 서비스를 시작함과 동시에 버그 패치를 시행할 수 있는 시스템을 갖추고 있다. 이들 기업은 회사 외부의 전문가들 뿐 아니라 최종 이용자인 고객과 직접 접촉하고 있다.

마케팅 등 기능적인 단위 부서들의 업무도 교차기능적 팀워크에 의해 개선된다. 그들은 또한 업무 효율을 위해 정보 기술을 이용한다. IBM의 경우 공장 자동화 시장에 진출하고자 별도의 판매 센터를 개발했다. 제품 판매원은 IBM에서 시범적인 시설을 설치하기 위해 상품 개발 인력들과 협력했다. 이러한 방식으로 그들은 고객에게 명백한 해결책을 보여줄 수 있었다.

전문가들의 협업은 훌륭한 잠재력을 갖지만, 그들이 그렇게 하도록 유도하는 일은 매우 어려울 수 있다. 그러나 시장에서 승리하기 위해서는 그들의 협동이 반드시 필요하다. 마케팅 전문가가 중요한 제품을 직접 고객에게 배달할 수는 없다. 정보 전문가는 그들의 비용 보고서를 만들 수 없다. 능력 개발 부서가 숙련된 관리자를 양성할 수는 없다. 모든 것을 자기가 다 하려는 전문가는 전문가가 아니다. 그들은 다른 전문가들과의 공동 작업 안에서 그들의 고유한 기술을 적용해야만 한다. 함께 할 때만 개인도 성공할 수 있다.

상호 의존, 협력의 근간

리더와 직원들은 생산적인 팀워크의 본질을 이해하기 위해 간결하면서 강력한 방식을 요구한다. 모르톤 도이치(Morton Deutsch)는 직원들이 자신들의 목표를 이해하는 가장 좋은 방식은 협력과 경쟁을 통해서라고 주장했다. 그는 필연적인 실패의 원인과 조직 내 갈등을 분석하기 위해 협력과 경쟁 개념을 참고했다. 그후 수많은 연구가 이 이론을 더욱 발전시켰으며, 그것이 신뢰와 공동의 노력을 이해하는 명쾌하고 강력한 길임을 명백하게 했다.

상호 작용은 다른 특성을 보일 수 있다. 상호 의존 방식에 대한 직원들의 믿음은 그들의 기대와 커뮤니케이션, 문제 해결과 생산성에 강한 영향력을 미친다. 도이치는 직원들이 자신들의 목표를 협력 혹은 경쟁의 감정 중 어느 것으로 보는지에 따라, 그들의 기대와 행동 그리고 그로 인한 결과 및 상호 작용의 효과에 영향을 준다는 사실을 이론화했다.

협력할 것인가, 경쟁할 것인가

협력을 통해 직원들은 그들의 목표가 서로 긍정적인 관계에 있음을 이해한다. 한 사람이 목표 달성에 가까워지면, 다른 직원들 또한 목적지에 가까이 가게 된다. 그리하여 개인은 목표 달성이 그룹의 목표 달성을 돕는다는 것을 알게 된다. 한 사람의 성공이 다른 직원들의 성공을 돕는 것이다.

협력하는 직원들은 서로의 목표를 효과적으로 추구하고자 한다. 왜냐하면 다른 직원들의 효율이 자신의 목적 달성을 돕기 때문이다. 한 사람이 달려 나가면 다른 사람들도 앞으로 내달린다. 한 사람이 가라앉으면, 다른 사람들 역시 가라앉는다. 그들은 서로를 팀으로 그리고 같은 편으로 느낀다. 그리고 상호 이익을 위해 각자의 능력을 발휘할 것이라 믿는다(〈그림 6-1〉 참조).

각자의 개별적 성취는 다른 직원들의 성취에 의존한다. 이타주의로는 서로 협동할 수 없다. 협력의 인자는 건강한 이기주의에 있다. 긍정적으로 연동된 목표와 함께 자기 자신의 이익을 실현하기 위해서 협력이 필요하다고 인식하는 것이다. 신제품 개발 부서의 팀원들은 모두 성공적인 제품을 만들기 위해 각자가 유용한 아이디어를 제시하고 열심히 일하기를 바란다. 협력은 양립 가능한 목표를 달성하

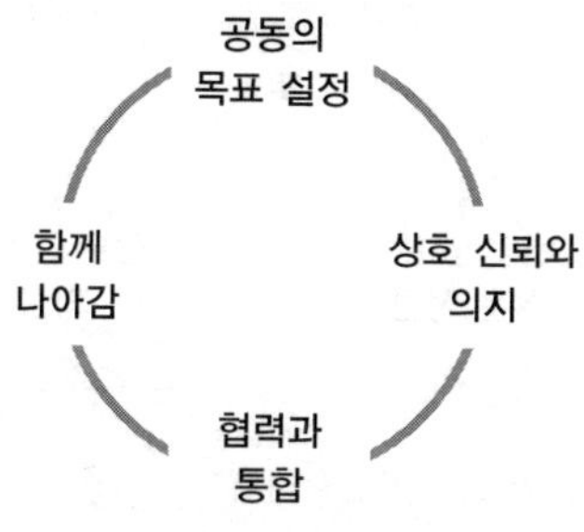

〈그림 6-1〉 협력 이론

기 위해 각자의 이익을 통합하는 행위다.

반면 한 사람의 목표 달성이 다른 사람들의 기회를 먼저 가져가거나 그들의 성공 가능성을 낮춘다는 측면에서는 상호 경쟁적이라 생각할 수도 있다(〈그림 6-2〉 참조). 왜냐하면 어찌되었건 먼저 성공한 쪽이 목적지에 먼저 다다른 셈이기 때문이다. 결국 한 사람이 먼저 성공하면 다른 사람들은 순위에서 밀리게 된다.

경쟁심을 느끼는 사람들은 다른 사람들의 노력이 효과가 없을 때 상대적으로 자신이 전보다 발전했다고 느낀다. 반대로 다른 사람들이 잘하고 있으면 자신들은 덜 성공적이라고 믿는 경향이 있다. 경쟁적인 사람은 자신이 가장 유능하고, 자신의 아이디어가 우월함을 증명하려고 한다. 그들은 다른 사람들이 좋은 아이디어를 제시하고 열심히 일할 때면 실망감을 느낀다. 따라서 경쟁도 각자의 이익을 높이기 위한 행위다.

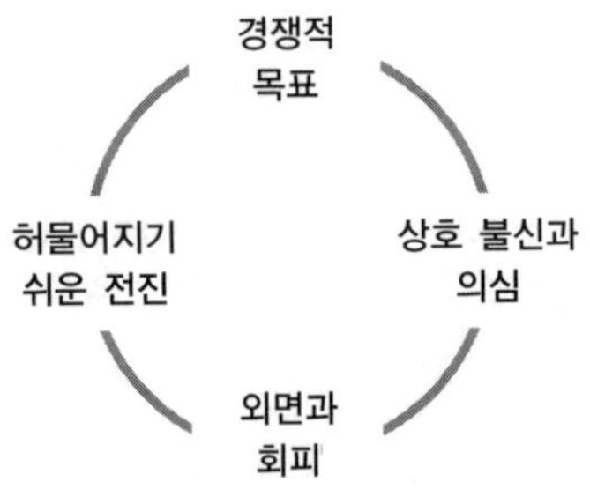

〈그림 6-2〉 경쟁 이론

협력의 우월성

도이치의 이론에 의하면, 사람들이 자신의 목표를 협력적 혹은 경쟁적이라고 구분 짓는 것에 따라 그들의 의도와 태도가 결정된다.

협력적이라고 생각하는 사람은 다른 사람들이 효율적으로 일하기를 원하고, 그들도 자신과 같은 생각을 하고 있다고 예상한다. 그것이 각자의 이익과 결부되어 있기 때문이다. 그들은 자신들의 노력이 환영받고 보상이 따를 것이라 믿는다. 그래서 그들은 서로 의존할 수 있다. 요컨대 그들은 서로를 신뢰한다.

상호 신뢰는 관점과 이익을 통합하고 결합하기 위해 토론을 이끌어낸다. 협력하는 직원들은 정보를 공유하고 서로의 관점을 취하며 효과적으로 커뮤니케이션한다. 또한 이러한 행동은 서로가 과제를 완수하고 훌륭한 해결책을 찾으며 관계와 신뢰를 강화함으로써 모두의 발전을 돕는다.

예를 들어보자. 판매 부서의 어떤 직원은 부적당한 재고가 쌓여 신제품 판매에 전념할 수 없게 되자, 제조 라인의 생산량을 예측하고 시장 반응에 신속히 대처하기 위해 기획팀을 구성했다. 그들은 모두가 최상의 업무 시스템을 지향한다고 보기 때문에 협력적인 목표를 가질 거라고 생각한다.

그래서 그들은 일을 나눈다. 판매 전문가는 현재 이루어지고 있는 시스템에 관한 지식을 가진 직원들과 인터뷰한다. 기술 전문가는 한층 업그레이드된 소프트웨어를 가지고 제조 라인을 방문한다. 서로의 성공을 바라면서 그들은 조사 결과를 자유롭게 공유한다. 그렇게 대안을 논의하고 상호 이익을 위해 자신들의 관점과 아이디어를 이용하리라 확신한다. 그들은 서로 지지하고, 동지애를 즐기며, 그들의 상사에게 유익한 권고를 제공하기 위해 자신들이 가진 최고의 정보와 개념을 통합한다.

반면에 상호 목표가 경쟁적이라고 결론 내린 사람은 다른 직원들의 희생으로 자신의 이익이 증가할 것이라 믿으며, 심지어 서로를 방해하기 위해 상대가 열심히 일하고 있다는 의혹을 갖는다. 이러한 불신은 공유 가능한 정보를 제한한다. 그리고 커뮤니케이션을 왜곡한다. 그래서 그들은 직접적인 논의를 피하고, 토의할 것이 강요될 때는 서로에게 자신의 입장을 주입하려고 노력한다.

이런 유형의 상호 작용은 생산성 향상을 방해하고 스트레스를 높이며 사기를 저해한다. 이 경우 새로운 재고 시스템 기획에 관한 판매 전문가와 기술 전문가는 자시들의 목표가 양립 불가능하고 경쟁적이라는 결론을 내리게 된다. 그래서 자신이 상대방보다 더 유능하고 성실하게 보이고 싶어 한다. 때문에 서로의 정보와 지식을 공유하려고 하지 않는다. 토의를 하더라도 상대방의 능력이 돋보이게 될까 봐 자신의 정보를 드러내지 않게 된다. 대신 그룹의 성공이 사실은 자기 개인의 성과임을 리더가 이해하도록 애쓴다.

목표를 이해하는 방식이 협력적이든 경쟁적이든 양자는 모두 필연적으로 갈등을 겪게 된다. 하지만 협력적이라고 생각하는 것이 갈등 관리를 훨씬 건설적으로 만든다. 왜냐하면 그들은 항상 서로 커뮤니케이션하기 때문이다. 서로 신뢰감을 느끼면서 자유롭게 그들의 마음을 드러내고 실패를 이야기하며 분노를 표출한다. 그들은 이러한 대화를 환영하고, 서로를 돕기 위해 마음속 앙금을 털어내는 일의 중요성을 알고 있다. 그렇기에 인간관계를 유지하고 강화하면서 상호 유익한 해결책을 찾기 위해 노력한다.

경쟁적이라고 생각하는 사람들은 서로 커뮤니케이션을 꺼려하기 때문에 갈등을 도마 위에서 파괴하는 경험을 할 수 없다. 더욱이 자신의 고민이나 불만이 드러나면 상대방이 그것을 이용할지 모른다는 불안감 때문에 더더욱 감추게 된다. 게다가 그들은 오히려 갈등을 확대하는, 거칠고 지배하려는 듯한 방법을 취한다. 그들의 관심사는 자신이 남들보다 앞서나가는 데 있으므로, 갈등을 애써 피하든 직면하기로 결심하든지 간에 다른 사람들의 눈치만 살피게 된다. 그렇게 해서 이겼다고 생각할 수도 있다. 그러나 비록 단기적으로는 승리했다고 할 수 있지만 끝내는 진 것이며, 그들의 마음속에는 오직 다른 사람들이 지기를 바라는 감정만이 남게 될 뿐이다.

협력할 수 있는 다양한 방안들

협력은 조직화의 특정한 유형이 아니라 서로에게 의존하는 방법에

경쟁력 있는 리더

로버트 헬름라이히(Robert Helmreich)와 그의 동료는 목적을 달성하고 싶은 욕구가 다른 요소들과 더불어 경쟁력 있는 리더를 특징지을 것이라고 가정했다.

그들은 목적 달성의 욕구가 세 부분을 지닌다고 분석했다. 개인들의 경쟁에서 이기고 싶은 '경쟁심', 해볼 만한 일에 대한 도전으로써의 '숙련도', 열심히 일하는 것에 대한 긍정적인 태도로써의 '근면성'이 그것이다. 놀랍게도 많은 논문에서 인용 횟수가 가장 많았던 어떤 과학자의 숙련도와 근면성은 높았지만 경쟁심은 낮았다는 사실이 발견되었다. 경쟁심이 많은 과학자는 다른 사람들보다 빛나고 싶은 욕망 때문에 마음이 산란해지며, 경쟁심이 적은 과학자보다 지속적으로 연구 결과를 발표하지 못했다.

이런 결과는 이후에도 계속적으로 나타났다. 기업에서 높은 연봉을 받고 있는, 소위 성공한 직원은 다른 사람들보다 높은 숙련도와 근면성을 보였다. 반면 경쟁심은 낮았다. 마찬가지로 파일럿, 항공기 승무원, 스포츠 에이전트 직업군에서도 경쟁심이 낮은 사람들이 상대적으로 유능했다.

연구 결과 경쟁심이 높았던 사람이 성공한 예는 어떤 분야에서도 찾을 수 없었다. 숙련도, 근면함과 더불어 경쟁심도 목표 달성의 욕구 중 하나지만, 실제로는 달성을 방해하는 요인인 것이다.

관한 직원들의 태도와 믿음을 요구한다. 직원들은 협력을 위한 그룹을 구성하고, 여기에 리더들이 참여하며, 서로에게 친절할 것을 가정한다. 협력은 이러한 유형일 수 있지만, 항상 그렇지는 않다. 협력의 절차와 핵심에 관한 연구를 통해 우리는 그것의 형태와 본질을 구별해야만 한다.

협력의 본질은 각자의 목표를 추구하도록 서로를 지지하는 것에 있다. 그러나 그 형태는 다양하다. 팀을 이용하고 자원을 공유해 결정 과정에서 직원들이 참여하는 일은 협력의 한 가지 방법이다. 하지만 직원들을 동일한 팀에 투입하는 것이 그들 스스로 서로의 목표 달성을 진작한다고 느끼는 것을 보증하지는 않는다. 그들은 단지 스스로를 위해 팀을 이용할 뿐이라고 생각할 수도 있다. 경영진의 이익을 도모하는 것이 곧 자신들의 이익을 추구하는 것이라고 직원들 스스로 믿게 되지는 않는다. 그들은 심지어 그런 참여가 자신들의 목표 달성을 방해하기 위한 올가미라고 생각할 수도 있다.

협력적인 상호 작용은 직원들로 하여금 서로 돕고 의지하며 개인적 개성을 잠시 억누르게 하는 것보다 훨씬 복잡하고 다양하다. 열려 있는 갈등은 협력의 한 부분이다. 직원들은 협동 속에서 그들의 마음을 보이고 의견을 표명함으로써 더 많은 친밀감을 느낀다. 팀워크는 직원들의 개성을 수면 아래로 숨기기 때문이 아니라, 다양한 직원들의 관점을 결합하는 잠재력을 가지기 때문에 효과적이다. 4장에서 살펴본 것처럼, 직원들은 협력적인 관계를 통해 자신감이 고취된다.

협력은 개인의 책임과 팀의 책임을 부여한다. 개인들은 그들 자신의 과제가 다른 직원들의 그것과 어떤 연관이 있는지 살핀다. 그들은 자신들의 관리자뿐 아니라 동료들에 의해 책임감을 갖는다. 또한 팀에는 다른 팀 그리고 그들을 구성한 경영진에 의해 책임감이 부여된다. 효과적인 협력은 개성과 다양성의 융합과 갈등관리를 요구한다.

협력은 부드러우면서 거친 업무방식이다. 직원들은 서로를 지지하면서 동시에 서로에게 책임을 부과한다. 이때 그들은 '남들에게 미루려는' 유혹을 느낄 수 있다. 또한 집단 속에 숨어 자신의 게으름을 감추고 싶은 충동을 느낀다. 그러나 이 가능성을 최소화하는 길이 있다.

팀 구성원 서로가 자신의 기여를 인식하고 인정할 때 그리고 각자의 헌신적 태도를 개발하며 진정으로 서로를 걱정할 때, 개인이 군중에 숨어 빈둥거리는 일은 거의 없음이 밝혀졌다. 각자의 기여가 필요하면서 고유하고 진정 중요함을 확신하기 때문이다.

협력은 실용적이다. 어떤 문제는 중요하지 않거나, 팀 전체의 논의를 요구할 만큼 복잡하지 않다. 5달러짜리 문제를 해결하기 위해 1천 달러를 들일 필요는 없다. 협력은 그런 데 이용하려고 있는 것은 아니다. 시간적으로 촉박하거나 예기치 못한 상황 등 전체적인 논의보다 개인적인 빠른 대응이 효과적일 때도 많다. 하지만 그럼에도 불구하고 항공기 추락사고가 예상되는 것과 같은 위기일발의 상황에서 협력은 신속히 비행기를 안전한 상태로 되돌릴 수 있도록 도왔다. 예를 들어보자.

보잉 737기가 강하를 시작했을 때 기장은 승객들의 동요를 걱정했다. 폭풍우가 비행기를 둘러쌌고 자동착륙장치는 망가졌다. 게다가

킬러비즈, 협력적인 팀

킬러비즈(Killer Bees)가 농구시합 우승의 전통을 이어왔기 때문에 브리지햄프턴에서 겨울은 농구의 계절이다.

1980년 이후 킬러비즈는 162회 승리하고 32회 패배하면서 우승자의 지위에 필요한 자격을 여섯 번 쟁취했다. 학생 수가 67명에서 41명으로 줄었던 시기에도 승리했다는 점이 특히 인상적이다. 더욱이 이 팀의 선수는 결코 7명을 넘지 않았다.

팀원은 협력적이고 의미 있는 목표를 가졌다. 그들은 단지 농구시합에서만 승리한 것이 아니다. 그들은 팀 전체를 결합시키고 서로에게 그들의 자신감을 불어넣었다.

또한 그들은 놀라운 노동윤리를 보였다. 어린 나이에 서로에게 농구 기술을 가르치고, 졸업하는 선수들의 빈자리를 채우도록 준비시켰다. 그렇게 그들은 훈련을 받지만, 그렇게 하라고 시킨 사람은 코치가 아니다. 모두 함께 그렇게 했을 뿐이다.

핵심적인 선수 몇 명이 졸업해 팀을 떠나고 코치가 바뀌었을 때의 일이다. 급히 팀을 재구성해 시합에 출전했다. 후반전이 진행되고 있을 때 그들은 포트제퍼슨팀에 지고 있었다. 릭 머피라는 기자가 《이스트햄프턴스타》지에 킬러비즈의 패배를 예상한 기사를 보냈다. 이 팀이 패배한다면 특종감이다.

하지만 그때 그 일이 일어났다. 킬러비즈는 지지 않았다. 이기는 것이 그들의 전통이었다. 다음날 《이스트햄프턴스타》에는 이런 기사가 실렸다. "꿀벌은 집을 다시 짓지 않는다. 재구성할 뿐이다."

킬러비즈는 결국 주 대항 플레이오프전에 진출했다. 릭 머피는 이렇게 썼다. "킬러비즈는 코치와 선수들이 아무리 바뀌어도 결국 킬러비즈다. 그들은 이길 것을 예상한다. 그리고 이긴다. 그것이 그들의 전통이며 기록이 그것을 말해준다. 뉴욕 주 내의 어떠한 고등학교 농구팀도 이렇게 성공적이지는 못했다."

활주로 주변이 뚜렷하게 보이지 않았다. 객실 승무원들은 침착하게 승객들을 안심시켰고 조종실 승무원들은 계속해서 관제탑과 교신해 빈 활주로를 찾고 기체의 고도를 유지하도록 애썼다. 그 상황은 마치 장님이 3미터 높이에서 정확한 착지지점을 예측해 바닥에 닿는 순간 무릎을 구부려 다리가 부러지지 않도록 하는 것과 같았다. 비행기를 안전하게 착륙시키기 위해 기장 및 모든 승무원들은 자신이 할 수 있는 최대한의 것을 찾았다. 마침내 기체가 아무런 손상 없이 활주로에 착륙했다. 긴박한 상황에 팀으로서 협력하고 서로의 능력을 신뢰하면서 그들의 운항을 안전하게 끝맺은 것이다.

협력 성공의 사례들

이 외에도 항공기 내에서 발생하는 크고 작은 위협에 대처하는 협력적인 사례들이 많이 있다.

1. 승무원들은 문제를 확인하고 해결하기 위해 정보를 교환한다. 가령 객실 승무원은 경미한 엔진 화재를 알아차리고 신속하게 기장에게 보고한다. 기장은 계기판을 점검하고 다른 승무원은 엔진을 조사한다. 그들은 곧 화재의 원인을 발견하고 이를 수습한다.

2. 승무원들은 최상의 문제 해결책을 찾기 위해 서로의 아이디어를 논의한다. 기장은 착륙 시스템에 문제가 있음을 객실 승무원에게 알린다. 그들은 침착하게 그것을 해결할 방안을 모색하고, 착

류이 늦어지고 있는 이유에 대해 승객들이 걱정하지 않도록 설명할 방법을 찾는다. 결국 그들은 공항 활주로에 사소한 문제가 있다는 것으로 이유를 설명하고 그동안 기체에 발생했던 문제는 해결된다.

3. 팀워크는 또한 리더의 절차와 지시를 따르는 것이 특징이다. 어떤 항공기에서 출발 직후 날개 엔진에 고장이 나자 승무원들은 기장의 지시를 기다렸다. 그리고 기장의 명령에 따라 엔진을 점검했다. 다른 부기장은 공항과 교신해 사고를 알리고 회항을 요청했다. 객실 승무원들은 승객들을 안심시켰다. 마침내 착륙 허가가 떨어지자 그들은 안전하게 착륙해 승객들을 다른 비행기로 안내했다.

4. 승무원들은 서로의 의견 중 어떤 사람의 것이 옳은지 현명한 판단을 내려 기장에게 보고한다. 이륙 후 10분이 지난 보잉 747의 4개 엔진 중 하나가 멈추자 승무원들의 입에서 여러 방안이 나왔다. 기상악화로 회항이 위험한 상황이었고, 엔진 출력이 부족해 추락의 가능성도 있었다. 결국 회항에 필요한 최소한의 연료만 남기고 버리자는 의견이 최종적으로 기장에게 전달되었다. 기체를 가볍게 해서 시간을 벌어보자는 것이었다. 몇 분 뒤 승무원들은 자신들이 옳은 결정을 했음을 알게 되었다.

협력 실패의 사례들

반대로 잘못된 커뮤니케이션과 책임감 부재로 협력에 실패한 예도 있다. 다음은 협력의 실패로 항공기가 위험에 빠진 사례들이다.

1. 의도적인 것은 아니지만 절차를 제대로 따르지 않아 문제가 되는 경우도 있다. 예를 들면 기내 화장실에서 연기가 감지되었을 때 한 승무원이 보고 없이 소화기를 이용해 한바탕 소동이 일어났다. 그러나 기장의 지시 없이 그렇게 해서는 안 되는 일이었다. 더욱이 그 연기는 기내 안전수칙을 무시하고 어떤 나이 든 승객이 담배를 피웠기 때문에 난 것이었다.

2. 어떤 항공기의 승무원들은 자신들의 반대 의견을 기장에게 제시하는 것을 원천적으로 차단당했다. 비행 도중 갑자기 기체가 수백 피트 아래로 하강했다. 승무원들은 그 이유에 대해 기장에게 물어보지 않았다. 조종실에서 무슨 일이 있었는지 승무원들을 알 수 없었고 기장도 아무런 설명을 하지 않았다. 전방에 높은 산이라도 있었으면 충돌 위험이 있었을지도 모르는 상황이었다.

3. 어떤 승무원들은 태만하고 자신들의 책임에 무감각했다. 한 수석 승무원은 연료와 화물을 점검해야 하는 의무를 지적했을 때에도 이를 무시했다.

4. 시의적절한 방법으로 지시를 전달하거나 문제를 공표하지 않는 경우도 있다. 기장은 비행기가 예정보다 목적지에 빨리 도착한 사실을 식사 준비로 바쁜 객실 승무원들에게 알리지 않았다. 기체가 강하하고 있음을 깨달았을 때 그들에게는 시스템을 점검하고 착륙 대기 좌석에 앉을 시간이 없었다.

승무원들은 서로 협력할 수도, 방해할 수도 있다. 무엇이 이러한 차이를 만드는가? 어느 때 그들은 생산적으로 협력했고, 어느 때 실패했는가? 한 연구 결과는 그들이 스스로를 독립적인 개인보다 협력하는 그룹의 일부로 생각했을 때 비행기를 안전한 상태로 돌리는 과정을 훨씬 효과적으로 처리했음을 보여준다. 그들은 위기를 함께 관리하기 위해 자신들의 아이디어를 공개적으로 그리고 직접적으로 논의할 준비가 되어 있었다. 대부분의 직원들은 개인과 팀이 탄력적이어야 하고, 시간과 자원이 현명하게 사용되어야 함을 인식하고 있다. 협력적인 틀을 가진 조직의 직원들은 자신들의 의견이 채택되지 않아도, 그것이 불필요하거나 중요하지 않아서가 아니라 그에 따르는 비용 혹은 불편 때문이라고 이해한다.

개인과 그룹은 그들의 상황, 목표, 가치, 구조, 문화, 성격에 맞는 협동 형태를 개발해야 한다. 어떤 팀은 매일 5분 동안 만날 필요가 있다. 또 어떤 팀은 한 달에 한 번 미팅으로도 충분하다. 각자가 자신의 일을 제대로 하는지 확인하기 위해 모든 그룹이 매주 만날 필요는 없다. 그러나 일부는 그렇게 하고 있다. 일부 모임은 정해진 의제를 요구한다. 어떤 모임들은 보다 자유롭다.

협력을 효율적이게 만드는 것은 직원들의 올바른 이해를 요구한다. 그런 다음 그들은 협력의 개념을 유연하게 적용할 수 있다. 직원들은 가장 적합한 협력 절차를 만들기 위해 함께 일할 수 있다. 그들은 서로의 협력적인 인간관계를 강화할 절차를 만든다. 협력적인 상호 작용을 통해, 직원들은 자신들에게 적합하고 유용한 형태를 자연스럽게 발견하게 된다.

협력적 조직 문화의 본질

누미에서 협력적인 인간관계는 '미국에서 가장 멋진 차량 제작'이라는 비전의 공유와 상호 존경을 만들었다. 슬로건과 상징만으로는 불충분하다. 직원들은 "우리는 한 배를 타고 있으므로, 목적지에 같이 도착하거나 아니면 다 같이 가라앉을 것이다"라는 중국 속담을 이해할 필요가 있다.

효율적인 조직에서 협력은 직원들의 기본적인 업무 방식이다. 직원들에게 그들이 더불어 일하면서 서로의 목표 달성을 돕는다는 사실을 알리는 일은 협력적인 문화를 낳게 한다. 이러한 문화는 무척 생산적이고 유용할 수 있다. 앞에서 말한 바와 같이 협력은 다양한 형태를 취한다. 또한 협력적인 문화는 경쟁과 독립성을 배제하지 않는다. 모두 나름의 역할을 하기 때문이다.

직원들은 협력적인 팀의 일부로서 독립적으로 일한다. 어떤 과제는 한 사람에게 할당되어 더 효율적일 수 있다. 경쟁과 독립성은 협력의 양념이다. 최상의 맛을 내기 위해 약간의 경쟁은 필수적이다. 두 명의 직원들이 동일한 일을 두고 경쟁한다. 하지만 그들은 그 경쟁을 둘러싼 협력적인 분위기를 여전히 기억할 수 있다. 그들은 '공정하고 깨끗한’ 경쟁을 하려는 협력적인 목표를 가지고 있다. 서로 비판하기보다는 한 명이 성공하고 난 뒤에도 다시 협력할 수 있도록 하는 인간관계는 그대로 남는다. 그리고 그들은 여전히 공동 프로젝트를 진행한다.

협력적인 문화의 본질은 서로에게 헌신적이면서도 각자의 이익을 추구하는 것이다. 그러나 그런 문화가 그냥 생기지는 않는다. 잘 구축될 수 있도록 직원들의 노력을 지속적으로 요구한다. 종종 조직은 어수선한 분위기 속에 휩싸여 경쟁과 독립성을 상실한다. 사람들이 서로 돕지 않고 자기처럼 열심히 일하지 않는다고 느끼거나, 각자가 스스로의 목표와 과제에 집중하는 것이 더 낫지 않을까하고 생각할 수도 있다.

직원들은 자신들이 협력적인 목표를 가진다고 결론을 내리기 전에 광범위한 정보와 경험을 취합한다. 그들이 여러 종류의, 때로는 모순적인 단서들을 취합하는 방법에 대해서는 알 수 없지만, 리더가 가진 긍정성과 열정으로 견고한 협력적 문화와 프레임워크를 발달시킬 수 있다. 리더는 직원들에게 경쟁과 독립성이 보장되면서도 공동의 협력적 목표를 갖는 것이 가능하다고 설득해야 한다. 조직의 목표와 과제, 약속된 보상과 뚜렷한 역할 그리고 보완적인 자원 활용은 상호 존경과 신뢰를 보강할 수 있다.

팀의 목표와 과제를 설정하라

누미에서 관리자들은 회사를 가족으로 느낄 수 있도록 지원했다.

개인이 문제를 확인하고 해결할 것을 기대하기보다, 5~7명으로 구성된 355개의 생산팀을 만들었다. 또한 일을 더 잘하고 싶다는 도전의식과 새로운 학습이 주는 흥분을 즐길 수 있는 분위기를 만들었다.

팀의 목표를 효과적으로 달성하기 위해 직원들은 자신들이 모두 헌신적이고, 그 달성은 팀 전체의 노력에 의존한다는 사실을 믿는다. 그래서 그들은 공동의 과제를 갖는다. 리더는 팀원들이 하나가 되어 아이디어를 내고 신제품을 개발하고 문제를 해결할 것을 요청한다. 그러면 그들은 팀 내 의견을 모아 아이디어를 통합하고 해결책을 모색한다.

그리고 각자는 이 해결책을 자신의 것으로 받아들인다. 개인은 각자의 과업이 어떻게 서로를 보완하는지를 이해한다. 학습은 특히 중요한 그룹 목표다. 직원들에게는 서로의 아웃풋을 유지하고 다른 사람들의 발전을 도울 책임이 있다. 모든 직원들이 각자의 기술과 능력, 관계 등을 개선할 때 모두가 승리하는 것이다.

팀 차원에서 보상하라

리더는 직원 각자의 보상이 팀 전체의 발전에 도움이 되도록 하기 위해 그룹 보상을 이용한다. 만일 팀이 성공하면 팀원들은 보상을 받을 것이다. 경우에 따라 모두가 보상 받거나 아무도 받지 못한다. 팀의 업무 완수는 사내 게시판을 통해 공지된다. 그리고 팀원들을 위한 파티가 열린다. 각 팀원은 팀 전체의 성공에 의거해 상여금을 받는다. 각 팀원들은 소속 팀이 개발한 신제품이 판매되는 첫 해의 이익

하첼의 성과배분제

1990년에 경영학자 에드워드 데밍은 선반 주물과 플라스틱 몰딩 회사인 하첼 사의 회장 드웨인 커셀에게 "언젠지는 모르겠지만 당신은 실패할 것이다"라고 말했다. 그는 공장의 시스템이 지극히 노동자 개인에게 초점을 맞추고 있어서 하첼은 우수한 조직이 될 수 없다고 했다.

하첼의 관리 기술자 밀리 하임스는 이렇게 말했다.

"모두들 자기가 살아남는 데만 관심을 두었다."

저마다 좀 더 잘 작동되는 기계를 사용하려고 싸웠다. 개인의 생산 실적에 따라 상여금 액수가 달랐기 때문이다. 어떤 직원들은 개인적으로 이익이 되지 않는 기계는 조작법을 배우려고 하지 않았다. 회사 전체를 개선한 것에 대한 보상은 설정된 것이 없었다.

이후 하첼은 공장 전반에 새로운 성과급 프로그램을 도입했다. 기본급에 추가로 부품 생산율, 불량품 감소율, 재작업 감소율, 반송품 감소율 등의 항목으로 측정되는 생산성 평가를 통해 성과급을 책정했다.

이러한 조치는 곧바로 공장 분위기를 바꾸었다. 위의 항목들은 개인의 힘만으로는 어찌할 수 없는 것이었기 때문에 직원들은 곧바로 팀을 구성했다. 그리고 그동안 상상도 못했던 서로간의 협력을 시작했다.

마무리 공정 부문의 감독관 딕 바워는 이렇게 설명했다.

"10년 전이라면 불량부품을 들고 가서 '여기서 무슨 일이 있습니까?'라고 물어보는 광경은 꿈도 못 꿨다."

새 성과배분제의 결과는 생산율 증가와 반품율 감소로 나타났다. 직원들은 비로소 성공적인 시스템이 작동하는 원리에 대해 이해하기 시작했다. 그리고 하첼은 일하기 좋은 조직이 되었다.

중 몇 퍼센트를 할당 받는다.

어떤 조직은 스캔런플랜(Scanlon Plan, 생산성 향상에 따른 성과배분제의 하나. 판매 금액에 대한 인건비 비율을 일정하게 정해놓은 뒤, 생산성 향상 등으로 판매 금액이 예상보다 증가하거나 인건비가 절약된 경우, 기준 인건비와 실제 인건비의 차액을 생산장려금 또는 상여금의 형태로 지급하는 방식 - 옮긴이)과 기타 수익 공유 및 이익 분배 프로그램을 채택하고 있다. 직원들은 정기적 모임을 통해 업무를 분석하고, 생산 과정과 품질을 개선하며, 공장 업무를 보다 효율적으로 만든 데 대한 금전적인 보상을 받는다.

누미는 누가 가장 많은 보상을 받아야 하는지, 누가 더 조직에 기여했는지를 두고 직원들끼리 다투는 방식의 성과급 제도를 줄였다. 하지만 직원들이 수용하는 선에서의 차등 지급방식은 여전히 단합을 촉진할 수 있다. 새로운 재고 시스템이 채택된 첫 해의 원가절감액 중 리더들이 5퍼센트를 받고 팀원들은 3퍼센트를 받았지만, 이에 대해 불만을 가진 직원들은 없었다.

협력은 모든 사람이 보상 받고 아무도 처벌 받지 않는 것을 의미하지 않는다. 팀원들은 각자의 책임을 상기하고, 리더들은 팀의 책임감을 유지해야 하는 의무가 있다. 비록 직원들의 자발성이 강조되긴 하지만, 실패를 계속하는 팀에 속한 직원들은 문책을 받게 된다. 또한 리더들은 자신이 이끄는 팀이 생산적이지 못한 데 대한 책임을 진다. 그리고 관리자들은 개인을 비난하는 유혹을 피해 해당 팀 전체가 책임을 지게 한다.

역할을 연결하라

협력적인 문화가 조직 내 수직적 구조를 희석시키기는 하지만, 누미는 여전히 관리자와 직원, 팀 리더와 팀원의 구조를 유지했다. 관리자에게 강조되는 것은 이 역할들이 보충적이라는 점이다.

관리자는 직원들과 협력하는 상호 존경 분위기를 만들기 위해 노력한다. 효과적인 팀은 분업과 전문화된 역할을 가진다. 각 팀의 팀원들은 팀이 적절하게 기능하는 데 필요한 각각의 역할을 부여 받는다. 직원들은 그들의 책임이 서로를 어떻게 보완하는지 그리고 서로에게 도움이 되지 않는 한 아무도 유능할 수 없음을 이해한다.

그들은 또한 자신들 모두가 주어진 과제를 완수하기 위해서 각자의 역할과 의무를 이행해야 함을 인정한다. 리더는 첫 번째 팀원에게는 아이디어를 정리할 것을, 두 번째 팀원에게는 완전한 참여를, 세 번째 팀원에게는 합의된 의견에 대한 문제점 지적을, 네 번째 팀원에게는 비교분석을 통한 피드백 제공을 요청한다.

능력의 퍼즐을 맞춰라

누미의 관리자들은 반복적으로 직원들에게 그들이 좀 더 생산적일 수 있는 능력과 지식이 있음을 상기시켰다. 하지만 그러한 능력과 지식은 합쳐져야 음악이 나오는 CD 플레이어와 CD처럼 서로 보완적이다.

리더는 직원들 개개인이 해당 프로젝트의 성공에 요구되는 재능을 한 부분씩만 가지고 있기 때문에, 서로 협력하지 않으면 안 된다는 사실을 상기시킨다. 그들은 서로의 자원을 합치지 않고서는 과업을 수행할 수 없다는 사실은 깨닫는다. 팀원들은 각자의 능력과 재능을 인식하고, 그룹의 목표를 성취하기 위해 할 일이 무엇인지 생각하게 된다.

함께 한다는 믿음이 주는 힘

그룹 과제와 보상 분배에 초점을 맞춘 협력적인 문화는 성공적인 조직을 위한 토대가 되지만, 그렇게 되기 위한 과정은 그리 간단하지 않다. 자동차 부품을 생산하는 이턴 사의 생산관리 부서는 그런 문화를 실현하는 데 8년이 걸렸다. 수익 분배 프로그램에 이어 11개의 팀으로 조직 재구성이 계속되었다.

소수의 감독관들과 더불어 전통적인 1대 1의 성과 평가를 그룹 평가로 대체했다. 수익 분배와 경영 참가는 이턴에서 '노무 관리자'를 양성하는 데 중요한 작용을 했다. 최고 수준의 정보 공유를 통해 그들이 활발하게 비즈니스 계획을 검토하고 아이디어를 얻을 수 있는 기회를 얻게 되었다.

리더는 협력하는 문화를 통해 직원들이 자신들의 내적 헌신을 고취하는 데 필요한 교류와 팀워크를 이해한다는 사실을 알게 된다. 협력하는 문화는 직원들을 높이 평가하고, 그들의 의견에 귀를 기울이는 생산적이고 공정한 조직 시스템의 기초가 된다.

<h2 align="center">함께 항해하거나, 가라앉는 것</h2>

■ 그룹 목표와 과제
- 팀을 형성하라.
- 한 가지 과제를 할당하라.
- 전망을 통합하는 해법을 요구하라.
- 모두가 프로젝트에 참여하도록 하라.
- 공통의 목적을 향한 헌신감을 고무하라.
- 그룹 학습을 고무하라.

■ 그룹 보상
- 그룹 성공에 대해 보너스를 지급하라.
- 팀의 성공을 인정하라.
- 비생산적인 팀이 책임을 느끼도록 하라.
- 이익 분배제를 개발하라.
- 종업원 지주 제도를 고무하라.

■ 연결된 역할
- 다른 견해를 요구하라.
- 각 사람의 기여를 존중하라.
- 노력을 조정하는 방법을 논의하라.
- 그룹 리더십 역할을 분배하라.

■ 보완적인 자원
- 모든 사람의 권력을 인식하라.
- 한 사람 권력의 한계를 인식하라.
- 자원이 왜 결합되어야 하는지를 이해하라.

협력의 본질은 민주적이거나 다른 절차에 대한 엄격한 적용이 아니라, 상호 목표를 추구하면서 서로를 지지하고 격려하는 직원들에게 있다. 그들은 서로의 효과적인 업무 수행을 돕고, 서로의 다양한 스타일과 의견을 높이 평가하며, 자신들의 열정과 능력을 결합한다. 이를 실현하기 위해서는 실제로 사람들이 더불어 생산적으로 일해야 한다. 7장에서는 권력이 어떻게 '우리는 함께 한다' 라는 느낌과 공동의 협력을 강화할 수 있는지에 관해 살펴본다.

7. 권력의 참모습

1년 동안 번영을 원한다면 곡물을 재배하라.

10년 동안 번영을 원한다면 나무를 심어라.

100년 동안 번영을 원한다면 사람을 키워라.

중국 속담

리카르도 세믈러(Richard Semler)는 1980년에 그의 아버지로부터 브라질의 선박용 펌프 제조 회사인 셈코(Semco)를 물려받았다. 13년 뒤, 이 회사의 이익은 5백 퍼센트 정도 급상승했으며, 매출은 4천 만 달러로 6배 상승했다. 셈코는 '무통제 경영'으로 유명하다. 성난 황소를 타는 것으로 비교되는 브라질의 비즈니스 환경에서 살아남은 것도 이 덕분이다.

세믈러는 셈코의 조직 시스템에 상당한 자긍심을 갖고 있다. 직원들이 스스로 근무시간을 정하는 회사, 사무실과 직함, 사업 계획이 없는 회사, 직원들이 새로운 사업을 승인하거나 거부하는 회사가 바로 셈코다. 철골과 유리로 만든 4층 건물인 셈코 본사의 로비에는 안내용 책상은 있지만 안내하는 직원은 없다. 즉, 셈코는 별로 쓸모도 없는 직책을 이것저것 만들어 급여명부를 복잡하게 만들 필요가 없다고 생각한다. 셈코의 모든 직원들은 물론 최고경영자까지도 직접 손님을 맞이하고 복사도 자기 손으로 직접 한다. 팩시밀리도 자기 손으로 보내고 타이핑도 직접 한다.

이와 같이 아무런 정책이 없는 것이 바로 셈코의 가장 기본적인 정책이다. 리카르도 세믈러가 셈코에 와서 제일 먼저 취한 조치 가운데 하나는 모든 규정을 철폐하는 것이었다. 그가 처음 회사를 둘러보았을 때, 그가 본 것은 활기 없음과 열정의 부재 그리고 권태였다. 그는 이상하게 생각했다.

"왜 직원들은 화장실에 다녀올 것을 감독관에게 허락 받고, 아프면 의사에게 데려가 달라고 요청하며, 지시를 맹목적으로 따르는 아이들처럼 행동해야만 하는가?"

그는 직원들을 믿을 만한 성인으로 대하는 것이 합리적이라는 '상식의 극단적 형태'를 실행하고 싶었다. 그는 우선 조직 내 가장 가시적인 표식을 제거하는 것으로부터 혁명을 시작했다. 업무를 마친 뒤 물품 도난 방지를 위한 신체검사를 하는 대신, "귀하의 소지품이 아닌 물건을 소지하고 있지는 않은지 확인해주세요"라는 안내판을 세웠다. 협박하는 듯한 출퇴근 기록 시계를 작은 것으로 교체했다. 그리고 다른 누군가가 출퇴근 기록을 대신 작성하지 말라는 안내문이 경비원을 대체했다.

작은 변화는 큰 변화에 기여했다. 그룹들은 공장 위원회로부터 자발적으로 분리했다. 한 팀은 팀원들이 현재의 생산 라인에서 동시에 두세 대의 식기세척기가 조립되는 새로운 라인으로 재구성하여 생산 비용을 절약했다.

셈코는 특이한 보상 프로그램을 시행하고 있다. 모든 직원들의 1/3은 25퍼센트의 감봉을 선택하는 대신, 이후 회사가 흑자를 보이면 최고 150퍼센트의 보상금을 받을 수 있다. 기술자들은 매년 신기술을 배우거나 에너지를 보충하기 위해 안식주 또는 안식월을 쓸 수 있다. 셈코에서 평가되는 사람들은 직원이 아니라 관리자다. 매 6개월마다 평가 결과가 게시된다. 엄중한 규칙은 없지만 지속적으로 낮은 평가를 받는 관리자들은 스스로 이직하는 경향이 있다.

매우 중요한 결정, 예컨대 인수 또는 공장 이전과 같은 결정을 내려야 할 때, 모든 직원들은 투표권을 갖는다. 이때 CEO인 세믈러는 의사결정 과정에서 배제되기도 한다. 그가 2개월 동안 연차휴가로 회사를 떠나 있을 때 그의 사무실은 두 번이나 옮겨졌다. 그렇게 결정됐기 때문이다. 그는 이렇게 말한다.

"민주주의보다 어려운 일이 아니다. 내가 혼자서 의사결정을 한 기억은 없다. 하지만 내 의견이 묵살된 횟수는 헤아릴 수 없을 정도로 많다."

세믈러에게 있어서 이런 시스템은 '직원들에 대한 절대적 신뢰'이며, 이것이 셈코의 민주 조직을 지탱하고 있다. 파트너로서 직원들은 회사 수입의 25퍼센트를 배당받으며, 그 배분을 위한 위원회도 운영하고 있다. 아이러니컬하게도 직접적인 통제와 감시를 제거함으로써 직원들은 자발적으로 회사의 성공에 기여하고 있는 것이다.

1990년, 브라질의 재무장관이 인플레이션을 억제하기 위해 국가가 보유한 현금의 80퍼센트를 차압했는데, 이 때문에 급여 지급과 비즈니스 지출이 불가능해졌다. 셈코의 민주주의가 위기를 맞는 순간이었다. 몇 개월 동안 적자로 인해 셈코 내의 많은 부서들이 지독한 어려움을 겪고 있었다. 이 경우 회사는 더 날렵하고 탄력적으로 조정을 단행하는 게 보통이지만, 셈코는 그렇게 하지 않았다. 세믈러는 직원들에 한 권한 위임을 거둬들이고 싶어 하지 않았다.

직원들은 셈코에 부품을 공급할 위성 회사들을 설립하기 시작했다. 회계와 인적자원 부서 직원들과 프로그래머들이 맨 처음 독립했고, 많은 수의 공장 노동자들도 그쪽으로 옮겨갔다. 곧 제조 부문 공정의 절반이 이 위성 회사들에 의해 수행되게 되었다.

비즈니스 환경이 모든 사람에게 변화를 요구했다. 그러나 그들은 여전히 셈코의 공장과 기계를 사용할 수 있었고, 최소한 셈코에 부품을 공급하는 것만으로도 자신의 회사를 운영할 수 있었다. 여러 가지 협정을 맺은 거의 3백 명의 외부 인력과 더불어 셈코의 직접적인 고용은 5백 명에서 2백 명으로 줄었다.

이 시스템은 상당히 느슨하다. 사람들은 마음대로 오간다. 위성 회사들은 셈코의 경쟁 회사 회사에 부품을 공급하기 위해 셈코의 기계를 사용한다. 셈코는 하도급업체들에 직접적인 통제를 거의 하지 않는다. 그러나 세믈러가 통치를 단념했다고 해서 신뢰를 단념한 것이 아니다. 그에게는 일을 더 잘하려고 노력하는 수많은 리더들이 있었다.

권력의 긍정적인 힘

권력의 긍정적인 모습에 대한 세믈러의 통찰은 모든 사람들이 권력을 향유하고, 중요한 목표를 향해 진력하는 즐거움을 누릴 수 있는 조직을 만들었다. 경영진은 직원들의 능력과 공헌을 인식하고 이를 확장했다. 그들 스스로 값진 사람이라 여기므로, 직원들은 마음을 열고 경영진의 이익에 응답했다.

직원들이 권력을 구축해 그들과 경영진이 자신감과 단결을 느끼게 하는 것이 핵심이다. 리더와 직원들이 서로에게 의존하기 때문에 권력은 필연적이다. 조직은 권력을 부정 또는 최소화하기보다 긍정적인 힘으로 활용해야 한다.

권력은 많은 조직에서 무척 부정적인 요소다. 직원들은 리더의 임의적이고 강압적인 결정에 대항할 수 없기 때문에 예민해진다. 그들은 목표를 위해 공정하고 효과적인 팀을 개발하는 것이 아니라, 단지 지배력을 유지할 뿐인 그들의 리더를 권력이 타락시켰다라고 생각한다. 결국 그들의 해법은 리더의 권력을 제한하고 반대하는 것이다.

그렇지만 아직 많은 조직에서 관리자들은 자신들의 권력과 영향력이 부족하다고 느낀다. 그들은 자신의 무력감을 극복하기 위해 직원들을 직접적으로 통제하는 방식을 추구한다. 그러나 직원들에게 권한을 부여할 만큼 충분히 자신이 있다면, 굳이 권력을 휘두르지 않아도 직원들은 자신을 보호하는 강력한 리더를 따르게 되어 있다.

권력이 건설적인지 파괴적인지의 여부는 그것이 협력적인지 아니면 경쟁 상태에서 일어나는 것인지에 달려 있다. 사람들은 공동의 목표를 위해 협력하고 서로가 함께 있다고 느낄 때, 서로의 권력을 형성하고 자신들의 목표를 달성하고자 그것을 이용한다. 반대로 경쟁적이라 느낄 때, 그들은 서로의 신뢰와 권력을 잠식하려고 노력한다. 이때는 불행히도 권력이란 필연적으로 승자와 패자를 나누는 싸움이라고 인식된다.

권력의 재정의

전통적으로 권력은 '상대방이 하지 않을 일을 하게 만드는 능력'으로 정의되었다. 강력한 리더는 권력에 대한 부하의 저항을 극복할 수 있다. 이러한 종류의 정의는 권력을 가진 사람과 복종하는 사람 사이에 양립할 수 없는 무엇이 있음을 가정한다. 권력이 없거나 적은 사람들은 그들 자신의 이익과 관계없는 일을 수행할 것을 강요당한다. 막스 베버는 "경쟁이 있을 때 권력이 발생한다."고 명확히 주장했다.

경쟁적인 승부의 환경에서 권력이 발생한다는 가정은, 권력의 긍정적 혹은 부정적 측면에 대한 이해를 어렵게 만든다. 경쟁과 권력으로부터 기인하는 동역학을 식별하는 일은 매우 어렵다.

권력은 '결과에 영향을 미칠 능력 또는 가치 있는 자원에 대한 통제력'으로 훨씬 유용하게 정의될 수 있다. 리더는 그가 가진 자원에 대해 직원들이 평가하는 정도만큼 영향력을 행사할 수 있다. 직원은 리더의 능력, 열정, 지식, 비전 등을 높이 평가할 수 있다. 하지만 그들이 볼 수 없거나 생각할 수 없는 리더의 능력은 권력의 원천이 되지 못한다. 사람들은 본 것만 믿게 마련이다.

전형적으로 권력은 설사 동등하지 않더라도 '양방향'이다. 직원들은 리더의 성공에 이바지할 열정과 협력, 아이디어 그리고 인정할 권리를 가진다. 하지만 권력이 동등하지는 않다. 리더보다는 직원들이 상대의 자원에 더 크게 의존한다. 권력은 사람들이 의존하는 정도를 보여주는 척도다. 협력과 경쟁은 상호 의존의 종류와 방향을 측정한다.

권력의 토대

리더와 직원들에게 권력을 부여하는 중요한 자원은 무엇인가? 세 회사의 사람들에게 '특정한 상황에서 그들이 서로로부터 필요했던 능력이 무엇이었는지' 인터뷰했다. 비록 종류가 완전히 다른 회사들이었지만 대답은 비슷했다. 리더의 능력과 지식, 물리적 지원과 감정적 배려는 세 직원이 공통적으로 언급했다. 업무평가 및 보상 권한은 한 사람한테서만 언급되었다.

직원들은 리더가 가진 정보와 지식을 상당히 높이 평가했다. 최종 판단과 결정을 하고, 진행 방법을 계획하고, 많은 과제를 행하는 일은 다른 사람들의 충고와 지원을 필요로 한다. 그들은 과제 수행을 지원하는 마음 또한 중요한 요소로 들었다. 다소 놀랍게도 감정적 배려가 빠지지 않았다. 업무 특성상 감정적 요소가 별로 없어 보이는 컴퓨터 업체의 직원도 마찬가지였다. 직원들은 리더와 더불어 일할 때 형식적인 지원보다 감정적 지원을 더 중요하게 생각하는 것이다.

권력은 조직의 생산성과 인적 측면 모두의 중심이다. 직원들은 다양한 능력들을 필요로 한다. 그들은 다른 사람들의 지식과 노력을 높이 평가하고, 지원과 격려를 위해 서로를 돕는다. 권력은 과제를 완료하는 데 필요한 정보와 지원을 결합하는 것과 관계가 있다. 그리고 권력은 심리적인 요구에서 생긴다. 조직에서 부여된 권력은 진정한 권력이 아니다. 리더가 이끌어야 할 자신의 직원들로부터 나오는 권력이 참된 권력이다. 즉, 권력의 토대는 직원들이다.

협력적 권력

조직의 최고 지위에 있는 사람들은 흔히 부정적이고 경쟁적인 방법으로 권력을 사용하는 것처럼 그려진다. 장막 뒤의 담합과 강력한 로비, 정보의 통제와 불도저식 경영, 사적 이익의 추구 등, 표면적으로 열린 경영을 지향한다 하더라도 실은 단순한 과시이거나 쇼라는 것이다.

경영진의 정치에 관한 한 연구에서 캐서린 아이젠하르트(Kathleen

Eisenhardt)와 제이 부르주아(Jay Bourgeois)는 샌프란시스코에 있는 여덟 곳의 기업 CEO 및 직원들과 인터뷰했다. 네 곳의 회사는 경쟁적 권력이 특징이고 정치적으로 활동적이었다. 다른 네 회사는 상호 간의 의견 교환과 논의가 일반적인 곳이었다.

처음 네 곳 경쟁적인 회사의 CEO들은 권력을 중앙집권제로 집중시키려고 노력했다. 그 중 한 회사의 부사장은 이렇게 표현했다.

"그가 결정을 내릴 때는 신과 마찬가지다."

어떤 직원은 이렇게 말했다.

"그는 투표가 아니라 연출로 쇼를 운영한다."

한 회사는 경영진 회의 때 CEO가 목표를 성취하지 못한 관리자들을 공개적으로 '깨기' 때문에, '자칫 하면 총 맞을 듯한' 분위기라고 했다.

이 회사의 경영진은 회의 전에 서로에게 로비를 했다. 그들은 CEO가 참석한 회의에 영향을 주기 위해서 사조직도 만들었다. 특정한 주제를 두고 연합을 형성한다기보다는, 그들 스스로를 보호하고 자신들의 이익을 빼앗기지 않기 위한 방편이었다. 따라서 회의는 문제의 대안을 찾는 도구가 아니라 서로의 교섭과 거래가 주였다. 경영진은 양복 속에 패를 숨긴 채 카드 게임을 한 것이다.

어떤 회사의 경영진은 겁에 질려 있었다. 한 사람은 자신의 CEO가 6개월 동안 안 보였으면 좋겠다고 말했다. 이후 이들 네 곳의 회사 중 두 곳은 도산했고, 나머지 두 곳은 매출 감소로 허덕이고 있다.

이와는 대조적으로 두 번째 회사들, 정치적이지 않은 네 곳의 회사들은 권력을 분산시켰다. 그들은 팀 기반의 경영방식을 통해 조직 전체의 이익을 지향했다. 경영진 회의는 중요한 문제에 집중했다. 사람들은 유용한 아이디어와 정보를 제시하고 서로의 의견을 교환했다. 때때로 의견 불일치와 뜨거운 갈등이 생기기도 했지만, 이 또한 이들 회사의 특성이다.

이들 기업의 경영진은 정력적이고 헌신적이었다. 한 기업은 매출을 분기당 25퍼센트에서 100퍼센트로 성장시켰고, 다른 한 기업은 신제품 출시가 이루어진 그 해의 판매량이 세 배로 뛰었다. 나머지 두 곳도 훌륭했다. 한 곳은 50퍼센트의 판매 성장을 보였으며, 네 번째 회사는 이제 겨우 기업 활동을 시작한 곳이라 가시적인 성과를 말하기엔 이르지만 미래가 유망해 보였다.

이 조사를 통해 아이젠하르트와 부르주아는 집중화되고 정치적인 권력이 시간을 낭비하고, 인식을 곡해하며, 주의를 분산시킨다는 사실을 밝혔다. 또한 열등한 해결책을 낳고 직원들 사이의 자원 공유를 방해한다고 결론내렸다. 반면 협력적인 권력은 문제 인식과 극복이 빠르며, 조직의 모든 능력을 결합해 전략을 만들고 실행할 수 있다.

협력적 권력의 용도들

이들의 연구는 협력 및 경쟁 상태에서의 권력에 관한 동역학을 직접 조사했다. 결과는 권력의 과정과 효과는 권력의 양이 아니라 경쟁

또는 협력방식으로 발전하는지의 여부에 의존함을 보여준다. 경쟁적인 목표는 서로의 능력을 잠식하고, 영향력에 대한 저항과 서로를 방해하기 위해 자원을 사용하는 것에 기여한다. 협력적인 목표는 직원들의 능력과 상호 영향, 이익을 내는 자원 교환 그리고 학습과 개발을 촉진한다.

인식과 평가

협력적인 목표에서는 사람들은 서로의 강점을 인식하고 평가하는데, 그러한 능력들이 서로의 이익을 위해 활용될 것을 알고 있기 때문이다. 다른 사람들이 강력한 자원을 가지고 있는 것은 곧 자신의 이익이다. 그것이 자신의 목표 달성에 도움이 될 것이기 때문이다.

협력적인 환경 속에서는 정보와 아이디어를 갖는 것이 환영 받기 때문에 사람들은 서로에게 자신의 정보와 아이디어, 기술과 능력을 알려주고, 그것을 확대하도록 서로 도움으로써 공동의 목표 달성과 업무 수행을 촉진한다.

영향과 교환

동등하지 않은 권력을 가지고 있음에도 불구하고, 협력하는 사람들은 그들의 능력이 다른 사람들의 성공을 촉진한다는 사실을 발견했다. 협력 속에서 크고 작은 권력을 가진 사람들은 그들의 자원이 서로 교환되는 데 위험이 따르지 않음을 느끼고, 그들의 작업 관계를 강화했다.

그러나 경쟁적인 목표에서는 권력이 낮은 사람은 불안정을 느끼고, 그들이 강력한 사람에 의존할 수 있을지를 의심했다. 크고 작은 권력을 지닌 사람들은 그들의 능력과 정보를 교환하지 않고 관계를 약하게 했다. 강력한 사람들은 그렇지 않은 사람들을 도울 능력이 있지만, 그들이 독립적이거나 경쟁적이 아닌 협력적 목표를 가졌을 때에만 그렇게 했다.

협력 속에서 그들은 생산성을 돕는 현실적 지원을 고무하고 이끌고 제공했다. 현지 조사는 여러 가지 조직에서 상사뿐 아니라 동료와 부서 및 부서를 가로지르는 유사한 권력 동역학을 발견했다. 리더와 직원들은 그들의 자원을 교환하고, 과제를 완수하기 위해 효과적으로 일했다. 하지만 경쟁적이고 독립적인 목표에서의 리더와 직원들은 자원을 자신의 주머니 속에 숨겼으며, 과제는 거의 진척되지 않았다.

개발과 학습

2장에서 언급한 바와 같이 협력적 목표를 가진 직원들은 서로의 학습을 돕고 서로의 성공을 위해 보다 효율적으로 대처한다. 그들은 학습을 위한 활동과 논의를 수행한다. 그들은 서로의 직무를 코치하고, 학습을 도울 정보와 아이디어를 검토하며, 그들의 경험을 공유하고, 기술 습득에 대한 피드백을 제공한다.

데이비드 맥클랜드(David McClelland)의 협력적 권력 연구에서 권력의 반사회적이고 부정적인 얼굴이 매우 강조되었던 것처럼, 권력의 긍정적인 얼굴 역시 문서화될 필요가 있다. 협력적인 목표는 조직 내의 건설적인 권력 관계를 조성하는 데 중요한 공헌 요소다. 협력 속에서 동료와 상급자는 더 많은 자원을 교환하고 서로에게 권리를 부여하며 생산적이 된다.

협력적 관계를 가로막는 장벽들

리더와 직원들은 개방적이고 효과적인 업무 관계를 개발시켜야 한다. 우리는 방해하는 것이 권력 그 자체가 아니라 권력의 경쟁적인 사용임을 알았다. 그런데 바람직한 리더와 직원의 관계를 위해 필요한 커뮤니케이션 및 상호 영향 개발에는 커다란 장벽이 존재한다. 이제 그것에 대해 알아보자.

커뮤니케이션 장벽

상사와 직원들은 보통 그들의 견해와 느낌을 개방적이고 직접적으로 표명하고 서로에게 효과적인 영향을 주는 데 어려움을 겪는다. 서로에게 의존하고 그들 자신을 보호하는 것이 어렵다고 느끼기 때문에, 직원들은 상사를 지지하는 데에만 스스로를 국한시키는 경향이 있다. 그들은 자신의 견해로 인해 손해를 보게 될 것을 우려한다. 직접적인 비판을 피하고, 상사에게 호의를 구하며, 징벌을 피하려고 노력할 수도 있다. 또한 상사의 업무를 지연시키고 뒤엎는 것을 피하고자 자신의 의견을 수정할 수도 있다.

상사 역시 커뮤니케이션에 장벽이 있다. 그들은 자신의 우월한 위치를 보호할 의무가 있다고 느낄 수 있고, 특히 직원들로부터 지지받고 있지 않다고 느낄 때, 자신들이 더 유능하다고 주장하려 한다. 자신의 한계를 드러냄으로써 사회적 체면을 잃게 되는 것을 두려워하기 때문이다.

직원들은 상사의 견해를 이해하려는 동기가 있다. 스스로를 조정하기 위해 상사의 의견과 스타일을 알려고 한다. 하지만 그들의 상사는 우려와 두려움과 같은 부정적 느낌을 직원들과 공유하기 꺼려하므로, 대개는 상사의 견해를 이해할 수 없다.

잘못된 인식과 비교

긍정적 권력에서는 리더와 직원들이 각자의 능력과 자원을 식별하고, 서로의 자신감을 고양하도록 돕는다. 그러나 일부 직원들은 자신과 비교하여 많은 자원과 지식을 가진 사람들로부터 위압감을 느낀다. 물론 비교 자체는 해롭지 않다. 사람은 비교를 통해 자신을 알게된다. 그렇지만 열등감과 경쟁심 유발은 피해야 한다. 능력에 대한 인식이 잘 관리되어야 한다는 의미다.

1. 기술과 성취는 개인적 가치가 다르다. 사람이란 천부적으로 값진 존재이며, 그러한 값어치는 그들의 지식과 자원 때문에 생긴 것이 아니다. 뛰어난 능력이 탁월한 도덕성으로 귀결되지도, 자원의 부족이 하찮은 존재로 이어지지도 않는다.

2. 인식은 사실에 기초해야지 편견에 바탕을 두면 안 된다. 강점과 능력은 성, 인종, 나이, 언변과 관계없이 인식되어야 한다. 말이 유창하다고 능력이 뛰어난 것은 아니다. 한 분야의 전문가가 다른 분야의 전문가로 인정받아서도 안 된다.

3. 중요한 점은 각자의 능력을 합해 공동의 성과를 이루는 것이다. 능력은 누가 승자이고 패자인지를 가리기 위해서가 아니라, 팀과 조직 전체가 공동의 목표를 보다 자신 있게 성취하려는 목적에서 이해되어야 한다.

4. 모두가 가치 있다. 능력의 차이로 인해 '모든 사람은 각자의 재능을 가진다' 는 사실이 간과되어서는 곤란하며, '모두가 조직의 성공에 기여한다' 는 사실이 무시되어서도 안 된다.

능력을 식별하고 차이를 적절한 방식으로 인식함으로써, 불필요한 기교를 피하고 협력을 강화할 수 있다. 능력을 밝히고 인식하는 일은 상당한 선의를 낳는다. 사람들은 성취감과 보상을 느끼며, 그러한 가뿐한 마음은 협력욕구를 한층 고무한다.

직원들은 흔히 그들의 상사에 대한 요구를 낮게 평가한다. 상사는 직원들에게 일을 시킨다는 점에서 편한 삶을 살고 있다고 간주된다. 그들은 자신의 사무실, 비서와 다른 특권들을 가진다. 그러나 거의 모든 상사들 역시 상사가 있고, 종종 비우호적인 환경에서 복잡한 문제를 다루어야 한다. 그들 자신의 좌절감과 더불어 직원들 요구에 별로 민감하지 않을 수도, 직원들의 어려움을 매우 열린 마음으로 다룰 수도 있다.

의존의 회피

유능하고 협력적인 관계는 커뮤니케이션뿐 아니라 양방향 영향을 미친다. 관리자들은 비록 저항이 값비싼 대가를 치러야 할지라도, 직원들의 영향력 수용을 자신이 나약한 표식으로 생각할 수 있다. 그들은 직원들의 영향을 받는 것을 저지함으로써 강한 것처럼 보여야 한다. 관리자는 할 수만 있다면 직원들의 분개와 저항을 통제하면서, 명령적 태도를 취하는 경향이 있다. 협력의 의도를 전하는 것은 흔히 명령보다 더 큰 개방과 효과적인 영향을 미친다.

상사는 권력에 의해 마음이 해이해지고, 자신이 직원들에게 의존한다는 사실을 알지 못한다. 그들은 직원들의 견해를 고려해야 할 필요성을 느끼지 못한다. 그들 자신의 생각에 고착해 그들은 큰 소리로 명령하고 동의를 요구하며 직원들의 의견에 귀 기울이는 것을 게을리 한다.

많은 상사는 그룹이 직면하는 모든 문제에 관해 자신이 가장 유능하고, 최고의 대답을 제시할 수 있다고 생각한다. 그리고 그들이 항상 옳고, 책임을 느끼고, 통제력을 갖고 있음을 증명해야만 한다고 느낀다. 그리고 자기중심적이고 거만하게 보이며, 직원들의 무력감을 더욱 조장한다. 직원들은 틀렸다는 말을 듣는 것이 두려워 의견을 표명하거나 문제 해결에 참여하기를 주저한다.

그럼에도 불구하고 일부 상사들은 자신에게 지도를 받으려는 직원들의 욕망을 채워주지 못한다. 자신에게 부여된 권한과 권력을 불편하다고 느끼면서, 그에 따르는 막중한 책임을 두려워한다. 직원들과 더불어 참여하려는 시도 속에서도 그들은 직원들에게 필요한 지시를 제공하지 못한다. 거만하게 보이고 싶어 하지 않지만, 직원들과 더불어 문제를 논의하지 않는다. 또한 직원들에게 너무 심하게 구는 것처럼 보이지 않으려고, 그들은 성과가 빈약한 직원들에게 주의 주는 것을 미룬다.

리더와 직원들 사이의 효과적인 업무 관계는 쉽게 생기지 않는다. 다른 관계들과 마찬가지로 생산적이거나, 초조하게 하거나, 형식적이거나, 비공식이거나, 개인적이거나, 비인간적이거나, 협력적이거나, 경쟁적이거나, 갈등에 긍정적이거나, 갈등에 부정적일 수 있다. 리더는 장벽을 극복하고, 협력적인 리더 관계를 계발시키며, 권력을 효과적으로 사용하기 위해 조직적으로 일해야만 한다.

긍정적이고 협력적인 권력을 형성한다는 것

권력을 매우 건설적인 힘으로 만들기 위해, 리더는 서로에게 헌신적이며 목표 성취를 돕는 협력적 목표를 개발하려고 직원들과 함께 노력해야 한다. 그들은 서로의 능력을 인식하고, 아이디어를 교환하며, 직원들의 기여를 축하하고, 각자의 역량과 신뢰를 개발한다. 반면 경쟁적인 목표는 직원들과 관리자가 각자의 능력을 인식하고, 자원을 공유하며, 서로를 고양하는 행위를 주저하게 만든다.

직원들이 각자의 능력을 발견하고, 서로의 기여에 감사하며, 자원을 교환하도록 영향을 주는 긍정적인 권력은 서로가 그들의 역량을 보다 높이도록 독려한다. 이 권력 패턴은 협력적인 목표와 더불어 공동 과제상의 업무로써 발생한다(〈그림 7-1〉 참조).

직원들은 이전의 경험과 성취를 통해 그들의 과제에 필요한 역량을 확인할 수 있다. 서로의 능력에 더해 지식 공유는 적절한 팀워크 형성과 팀이 이용할 수 있는 모든 자원의 사용을 더 용이하게 한다. 공동의 과업을 통해 직원들은 계속해서 서로의 능력을 확인한다. 함께 일하는 것 또한 기술을 개발하는 데 중요하다. 코칭, 연수, 멘토링 등은 직원들이 배우고 성장하는 것을 돕는 중요한 방법들이다.

리더는 긍정적인 권력을 보강하는 기업 내의 관행을 개발할 수 있다. 축하, 감사, 인정, 칭찬 등의 내용으로 채워지게 될 사내 게시판

〈그림 7-1〉 긍정적 권력

은 훌륭한 도구가 된다. 자원의 교환을 용이하게 하기 위해 조직은 직원들이 함께 일할 수 있는 팀을 결성하고, 공동의 목적을 달성하기 위해 각자의 능력을 사용할 수 있는 여러 포럼을 이용한다. 회의 말미에 직원들은 소속 그룹의 업무 과정을 반성하고, 팀원들 간에 협력을 개선할 수 있는 방법을 계획한다. 회사는 직원들에게 다양한 워크숍을 제공하고, 전문적인 활동을 권유하며, 직원들의 자기계발 비용을 지원한다.

긍정적 권력 사용을 위한 단계들

리더들에게도 그들의 리더가 있다. 리더로서의 성공은 그들의 직원뿐 아니라 상사들에게도 의존한다. 따라서 상사 관리는 선택이 아니라 필수다. 하지만 그들은 다른 사람들을 희생시켜서가 아니라, 상사와의 관계를 지지하고 형성하는 것에 의해 그리고 자신들의 직원들은 더 가치 있는 인재로 만들었기 때문에 승진 기회를 얻는다.

상사가 그들의 직원들에 대해 신뢰하는 만큼, 필요한 자원을 더 많이 지원 받을 수 있다. 상사 관리는 또 하나의 중요한 리더십 능력이다. 상사들에게 영향을 줄 수 있는 토대는 그들과 협력적인 관계를 형성하는 것이다. 그렇지 못하면 상사와의 커뮤니케이션에 상당한 어려움을 느끼게 된다.

관계를 형성하라

다른 많은 상사들이 그렇듯, 당신의 상사도 협력적인 권력의 가치를 이해하거나 그것을 개발하는 방법을 모를 수 있다. 또한 기술적인 규율에 따르면 많은 상사들이 리더의 역할에 관한 나쁜 인식과 더불어 그들의 권력과 권한을 건설적으로 사용할 수 있는 방식에 대해 모를 수 있다. 그들은 직원들이 자동적으로 '협력해야 한다'고 생각하며, 유능하고 협력적인 리더 관계를 확립하는 데 따르는 어려움을 알지 못한다. 그렇지만 더 높은 보수와 특권을 즐기기 때문에 상사가 리더 관계를 형성할 책임을 져야 한다고 가정하는 것은 잘못이다.

직원들이 서로를 같은 편이라 느끼고, 직접적으로 커뮤니케이션하는 생산적인 관계를 계발하는 것은 도전적인 일이다. 더욱이 이는 매우 중대하고 복잡하기 때문에, 리더십이 단지 리더만의 책임이어서는 안 된다. 직원들과 리더는 함께 해야 한다. 당신의 상사 또한 영향을 줄 수 있는 강하고 협력적인 관계를 계발하기 위해 당신의 지원을 필요로 할 수 있다.

상사의 요구에 응답하는 것뿐만 아니라, 당신은 상사가 느끼는 압력을 인식하면서 관계를 형성할 주도권을 가질 수 있다. 당신이 상사의 목표와 우선권을 이해하고, 자신의 소망을 전달하며, 당신과 상사가 어떻게 함께 성공할 수 있는지 명백히 하라. 그리고 당신이 공동의 목표를 촉진할 방법을 제시하고, 향후 서로를 돕기 위해 당신과 상사가 무엇을 할 수 있는지도 논의하라.

당신의 상사가 자신의 시간을 현명하게 사용하고, 기꺼이 당신과

<h1 align="center">팀에서 긍정적인 권력을 사용하기 위한 단계들</h1>

▪ 협력적인 목표를 설정하라

리더는 각 직원들이 자신의 목표가 리더 및 동료들과 협력적이라고 생각하는 것을 돕는다. 직원들은 다른 사람들이 그들의 목적에 도달함으로써 그들 또한 성공적이라는 것을 알고 있어야 한다. 6장에서 협력적인 상호 의존을 강화하는 기초적인 방법들을 검토했다. 중요하고 협력적인 목표는 다음 활동을 위한 기반을 닦는다.

▪ 인식하라

리더는 팀이 자신의 과제를 완수하고 목표에 도달하는 데 필요한 능력과 자원을 팀원들이 확인할 수 있도록 한다. 팀이 함께 일하고 목표 달성을 도울 수 있도록 그들 자신의 능력과 지식 그리고 성취를 밝힌다. 모든 팀원들은 각자의 능력과 목표를 알고 이에 감사한다.

▪ 교환하라

팀원들은 팀의 과제를 완수하고 자신들의 욕구를 충족하기 위해 각자의 능력을 사용할 수 있는 방법을 찾는다. 어떻게 하면 시의적절하고 공정하며 효율적인 방법으로 그들의 재능을 가장 잘 조정할 수 있고 상호 교환할 수 있는지 고민한다. 또한 언제 서로의 자원을 요구하는지 서로에게 알린다. 공평함은 받을 것과 더불어 줄 것도 요구한다.

▪ 축하하라

리더는 팀의 과제 완수에 따른 '작은 승리'를 축하하도록 도움을 준다. 리더와 팀원들은 계속적으로 그리고 확실하게 서로에게 감사한다. 그들은 다른 사람들을 도움으로써 주어지는 만족을 비구두적으로 커뮤니케이션하는 적합한 방식을 발견한다. 그리고 성취에 대해 가시적으로 축하할 수 있는 여러 방법을 고안한다.

■ 개발하라

성공과 실패를 통해 능력을 계발하고 다듬어야 한다. 성공은 신뢰를 형성하기 위한 반성의 기회다. 실수는 비난 받지 않고 무시당하지 않으며 잊혀지지 않아야 한다. 리더와 팀원들은 업무 효율에 대한 자료를 수집하고, 더 유능할 수 있는 방법에 관해 논의한다. 그들은 개선을 위한 현실적인 계획을 만든다. 그러나 완벽주의적인 기준을 피하며, 실수가 배우는 과정에서 필연적이고 가치 있는 경험임을 깨닫는다.

커뮤니케이션할 시간을 만드는 수고에 대해 감사하라. 당신 자신만의 일에 집중하거나, 공공연히 상사의 권위를 넘어서려 하거나, 상사의 약점을 노출하는 행위는 무척 위험하다. 당신과 상사가 서로 영향력을 주고받는 협력적 관계를 형성할 때에만 당신은 기득권을 가질 수 있다.

나쁜 상사 대처 방법

종종 어떤 상사들은 리더 관계 개발의 필요성을 알지 못하고 자기중심적이며 경쟁적이다. 이런 유형의 경쟁적 권력을 지향하는 상사를 만나는 일은 불행이지만, 그것은 여전히 많은 다른 직원들이 겪는 공통적인 불행이다. 《포춘》 선정 100대 기업에 속하는 세 곳의 기업을 설문조사한 결과, 성공한 경영진의 3/4은 직장생활 경험에서 적어도 1명 이상의 견딜 수 없던 상사가 있었다고 고백했다.

그런데 당시 그들이 그러한 상사에게 대처했던 방법에서 참고할 만한 사례가 발견된다. 몇 명은 상사를 공공연하게 거부했다. 그리고 몇 명은 자신들의 상사를 성숙하게 만들거나, 조직이 그의 계급을 낮추게 만들었다. 하지만 대부분의 사람들은 상사를 개조하는 것은 '터무니없이 대담한 시도'라고 생각해 그냥 받아들였다. 그렇게 그들은 자신의 일을 하고 스스로를 보호하려고 노력했다. 협력하거나 경쟁하기보다, 상사에 대한 의존을 줄이고 피해를 최소화하려고 노력했다.

상사와 반드시 대화를 해야 할 상황에서는 상사가 기분이 좋을 때를 기다렸다. 상사가 동의하지 않을 듯하면 그들은 말을 아꼈다. 그들 대부분이 그로 인해 인내하는 법을 배웠다고 했다. 그들은 자신들에게 맞지 않는 상사의 유형을 알게 되었다. 그러한 경험을 통해 그들은 잘못된 리더십이 무엇인지 깨닫고, 권력을 건설적으로 사용하는 방법을 터득하게 되었다.

8. 소통의 재발견

소통에서 가장 큰 문제는 그것이 이루어졌다는 환상이다.

조지 버나드 쇼, 극작가

피터 드러커(Peter Drucker)는 '지식이 오늘날 유일하게 의미 있는 자원'이라고 결론 내렸다. 지식은 조직 내 권력의 핵심인 계층적인 지위를 대신했다. 지식과 권력은 오늘날 조직 내에서 훨씬 넓게 퍼져 있다. 최전선의 직원들은 고객 요구에 대한 통찰력을 갖고 있다. 컴퓨터 전문가는 다른 직원들이 고객 요구에 즉각적으로 응답할 수 있는 시스템을 만들어주기 위해 자신들의 지식을 이용한다. 그 지식을 활용하기 위해 고객 담당 직원들과 컴퓨터 전문가는 소통해야 하고 함께 일해야 한다.

누미에서 산업 기술자는 품질을 개선하기 위해 생산 직원들과 일하는 것을 배워야 했다. 기술을 선택하고 신제품을 개발하고 비용을 줄이는 일은 다양한 기술을 가진 사람들이 서로 소통하고 함께 협력할 것을 요구한다.

소통은 모든 사람이 가장 긴급한 과제를 해결하는 데 불가결한 요소다. 조직 내 직원들이 보다 효과적인 업무 방법에 관한 지식을 교환하고 배우도록 준비시킨다. 리바이스 사의 CEO 로버트 하스는 리더들에게 '말하는 것만큼 들을 것'을 충고한다. '양방향 소통의 추구'가 직원들에게 힘을 주는 '공통의 비전, 방향 감각, 가치의 이해, 윤리와 기준'을 형성하는 데 필요하기 때문이다.

정보에 기반을 둔 경제는 소통을 훨씬 더 중요하게 만들었다. 전화, 팩스 라인과 컴퓨터 네트워크는 글로벌 경제를 탄생시켰다. 씨티그룹의 월터 윈스턴은 이렇게 말했다.

"세계는 지금 광속으로 움직이고 있는 하나의 전자로 연결된다. 숨을 곳은 없다."

소통의 가치를 인식한다고 해서 그것이 곧바로 효과적인 소통으로 연결되지는 않는다. 사실 정보와 소통 경로의 폭발은 메시지를 전달하는 데 어려움을 가중시킨다. 정치가, 경제인, 엔터테이너, 성직자, 광고주, 판매원들은 모두 소통과 설득을 위해 텔레비전, 라디오, 전화, 팩스, 이메일을 이용한다. 채널이 방대하기 때문에 몰려드는 메시지도 엄청나다. 결국 정보의 홍수 속에서 우리는 아무것도 보지 않게 된다.

관리자들이 하루의 대부분을 회의와 비공식 미팅, 전화와 팩스를 통한 메시지 교환 그리고 문서화된 보고를 통해 활발하게 소통하고 있는데도, 직원들은 오랫동안 소통의 부족에 관해 불평해왔다. 직원들은 직장에서 소속감을 더 많이 느끼고, 그 안에서 정보 흐름의 한 부분이고 싶어 한다.

그렇다면 어떻게 관리자 또는 리더 그리고 직원들이 서로 효과적으로 소통할 수 있는가? 직장 내의 소통 과정에서 가장 심각한 장애는 심리적인 문제에 있다. 그들은 우려와 걱정, 선입견과 비현실적인 기대, 신뢰하기 어려운 관계들 속에 묻혀 있다. 적절한 단어 선택과 소통 채널의 기술 또한 중요하지만, 소통에 요구되는 가장 중요한 능력은 자기인식과 자기수용, 협력적 관계 확립 그리고 역지사지의 마음가짐이다.

서로 대화한다는 것

1987년, 블루크로스 블루실드로부터 분사한 메사추세츠의 델타덴털플랜(Delta Dental Plan)은 성공적인 기업이 되기 위해 분투했다. 부사장 토머스 래피오는 직원들이 고객과 소통하고, 직원들 서로가 소통하는 조직을 어떻게 만들었는지에 관해 기술했다.

이 회사의 비전은 이렇다.

"델타덴털플랜은 서로 지지하는 환경 속에서 각 개인이 활동적인 리더십과 팀워크를 통해 탁월한 서비스를 제공하는 고객 지향 기업이다."

1987년 이후 가입자 수가 증가했고 수익도 늘었다. 더 많은 계좌들이 유지되고 있으며, 간접비용은 줄고 보유금은 늘고 있다. 매출 단위당 간접비용은 1987년에서 1991년 사이 18퍼센트가 감소했다.

1990년에 델타는 치과 의료보험 가입 고객들에게 다음과 같이 약속했다.

"고객은 치과 의료비의 10퍼센트를 절약하고, 모든 고객 문의에 대해 그날 혹은 다음날 오전까지 답변 받을 수 있다. 클레임의 85퍼센트는 반드시 15일 내에 처리되고 부적절한 요금 청구도 없다. 새 고객은 15일 내에 완전하고 정확한 신분증명서(건강보험카드)를 받고, 회사는 그 다음달 10일 이전에 기준 월보를 수령할 것이다."

그리고 각 보험보증서에는 고객이 보험계약 수명만큼 살지 못할 경우 지급할 상환금액을 명시했다.

효과적인 소통과 팀워크를 통해 델타는 보증에 부응할 수 있도록 준비했다. 운영위원회는 과제 문서를 만들고, 신제품과 정보 흐름을 개선하는 새로운 체계와 서비스를 개발했다. 또한 교차기능적인 새로운 조직 시스템을 만들었다. 아래에 제시되는 예는 이 교차기능적인 팀이 작동하는 방법을 설명한 것이다.

운용팀은 고객 불만 사항을 처리하기 위한 데이터 입력의 정확성과 속도를 개선했다. 가령 시일을 넘긴 클레임 처리를 검토한 뒤, 보류 중인 클레임 수를 줄이고 불필요한 단계를 제거했으며, 평균 처리 기간을 단축했다. 지금 델타는 1,500만 달러 이상의 수익을 보이며, 클레임 처리당 최저의 영업비용을 자랑했다.

업무설계팀은 새로운 고객을 유치하기 위해 제록스, IBM, 폴리버스 생명보험 등을 벤치마킹했다. 이를 기초로 이들 기업의 시스템보다 좋거나 적어도 동일한 수준의 서비스 제공을 위한 델타 표준을 만들었다.

이 팀은 피크타임 동안 예약팀의 지원을 요청할 수 있다. 직원을 추가하거나 거래량을 줄이지 않고도, 10초 이내에 응답하는 통화 비율이 85퍼센트 개선되었다. 표준이 42퍼센트인 보험업계에서 85퍼센트는 매우 좋은 편이다.

마케팅팀은 서비스 실패로 인한 보상금 지급을 결정했다. 이 팀은 델타의 서비스 품질을 책임진다. 효과적인 소통과 팀워크를 통해 계속해서 품질 프로그램을 개선하고 있다. 팀은 서비스 실패로 인한 보상금 지급 원인을 분석하고, 실패를 줄일 방안을 실행했다. 그리고 고객 전화에 응답한 모든 활동(어떻게 응답하고 처리했는지)을 확인하고 보고했다.

교차기능적 팀워크는 델타가 제공하는 서비스의 강점과 약점에 대한 그들의 조사 결과를 조직에 제공했다. 그후 이들은 훈련과 벤치마킹, 끊임없는 생산성 향상과 기본적인 경제성 지표를 만들었으며, 델타를 고객과 직원 모두에게 좋은 기업으로 만들었다.

소통은 양방향 커뮤니케이션

델타는 효과적인 소통이 상호적이고 지속적인 주고받음과 관련한다는 사실을 깨달았다. 직원들 사이에 그리고 직원과 경영진 사이에 정보의 흐름을 용이하게 하는 팀을 구성했다. 델타의 리더들은 직원들이 자신의 말을 듣기 바라는 만큼, 자신도 직원들의 말에 귀를 기울여야 함을 알고 있다.

리더는 혼자서 소통할 수 없다. 얼마나 멋지게 혹은 설득력 있게 말하든지 간에, 들어줄 대상이 없으면 메시지를 전달할 수 없다. 말하는 것은 일방통행일 수 있지만, 소통은 반드시 양방향이어야 한다.

소통은 메시지 교환을 의미한다. 그리고 그 교환은 정확해야 한다. 가령 한 사람이 자신의 생각과 느낌을 다른 사람에게 전달한다고 하자. 진정한 소통은 송신자가 보내고 싶어 했던 메시지와 수신자가 받은 메시지 사이의 차이가 없는 것을 뜻한다. 즉, 소통은 송·수신자 사이의 좋은 결합 속에서 발생한다. 이렇게 간단히 정의되긴 하나, 효과적인 소통을 이루기란 쉬운 일이 아니다.

소통은 사람들과 그들 관계의 불가분한 부분이다. 상사의 이야기를 들을 때는 그저 지나가는 사람의 얘기를 듣고 있는 게 아니다. 상사는 권력을 가지며 우리에게 방향을 가리킬 수 있다. 그러나 우리의 상사는 다른 어떤 상사와도 같지 않다. 그는 우리가 알고 있는 그 자신의 평판과 스타일을 가진다. 그리고 우리는 이미 알려진 그의 평판을 더욱 굳히거나, 과거의 평판을 재검토해야 할 그와의 협력 경험을 갖고 있다.

또한 우리는 자신의 우려와 고민을 다른 사람들에게 전파한다. '회의 때 내가 주장한 사안에 대해 그는 어떻게 반응할까?', '내 자리를 지켜야 하나 아니면 다른 직장으로 옮길까?' 등 이러저러한 우리의 태도도 소통에 영향을 준다.

하지만 불행히도 많은 리더들이 소통에 양자가 필요하다는 현실을 무시한다. 그들은 말한다. 그리고 직원들이 이해하지 못하면 비난한다. 왜 자기 말을 이해 못할까 생각하지만, 그들은 말하기만 했지 듣지는 않았다. 그렇지만 조직 내의 다른 여러 어려움과 마찬가지로, 그것은 단순히 사람들이 시도하지 않아서가 아니다. 잘못된 소통의 원인은 다양하다.

방향 공유와 협력적인 목표는 효과적인 소통을 위한 기본 단계다. 리더와 직원들이 서로 알고, 개인으로서 서로에게 관심과 존경을 보이며, 서로의 관심과 욕구를 돕고 싶어 한다는 사실을 전달하면, 소통은 더욱 개방적이고 효과적이게 될 것이다. 사람들이 서로 이해하기 위한 노력을 더 많이 하면 우려와 고민은 줄어들게 된다.

강력하고 협력적인 관계를 개발하는 것은 효과적인 소통을 위해 절대적으로 필요하다. 경쟁과 달리 협력적인 사람들은 그들의 관점을 표명하고, 마음을 열어 다른 사람들의 관점을 들으며, 문제에 집중한다. 그들은 상대의 입장을 존중하고 자발적이다. 경쟁적인 관계 속에서 사람들은 서로의 동기를 의심하고, 자신들이 옳다는 것을 증명하고 싶어 하며, 상대보다 우위에 서려고 한다. 그래서 자신들의 관점을 강요하고 상대방의 관점을 재단한다. 결국 서로를 잘못 이끌고 오해할 뿐 아니라, 의심을 키워 소통을 한층 더 어렵게 하는 것이다.

일부 리더들은 소통하기 위해 협력적 관계를 필요로 한다는 생각을 하지 않는다. 그들은 관계를 등한시한다. 그러나 대부분의 사람들은 합리적이며 현실적이다. 관계가 어떻든 주어진 책임을 완료하기 위해서는 서로 소통할 만큼 충분히 성숙해야 한다. 인간관계 문제를 도외시하는 사람들은 문제를 먼 훗날의 일로 덮어둔다.

사사로움을 벗어난 '냉철한' 태도만 유지하고, 인격과 인간관계 문제를 소통 과정과 분리하려는 시도는 비실용적이며 비현실적인 사고방식과 다름없다.

복잡성과 장벽들

협력적이고 정중한 관계를 개발하는 것에 더해, 소통에는 민감한 기술과 확고한 노력이 요구된다. 비록 서로 마음을 열고 협력한다 해도, 다른 사람에게 메시지를 보내는 것은 복잡한 과정이 수반된다.

소통하는 것은 하나의 행위일 것 같지만, 실제로는 몇 개의 부분으로 구성된다. 가령 새로운 성과 평가 시스템 수정 제안에 관한 팀의 의구심을 다른 팀원들에게 정확하게 전달하기 위해서는, 먼저 자신의 생각과 정보를 적당한 단어나 상징, 비유 등의 형태로 표현할 수 있어야 한다. 아울러 이러한 소통 수단들과 더불어 일관된 의도와 행동을 보여야 한다. 동료들은 그의 메시지를 해석하기 위해, 언어 그리고 비언어적인 신호를 참조한다.

소통하는 데 무엇이 필요한가? 송신자는 내부 메시지를 부호화하고, 메시지를 보내는 매체 또는 채널을 선택하며, 그 채널을 사용한다. 수취인은 메시지를 받고, 의미를 해석하며, 반응한다.

물론 부호화하고, 보내고, 해독하는 것은 간단한 일이 아니다. 예컨대 팀원들은 그의 의구심을 오해할 수 있다. 그는 관리자와 직원들이 성과에 대한 갈등을 효과적으로 논의할 수 있을지 여부를 걱정했지만, 그 메시지에 객관성이 결여됨으로써 단순한 반대 의견으로 판단했다. 그로 인해 팀원들은 그가 의도한 평가 시스템이 아니라, 대안으로써 다른 시스템들을 제시했다. 이는 물론 처음에 그가 의도한 바가 아니다.

채널에는 소음과 장벽 또한 존재한다. 귀가 좋지 않은 관리자에게 너무 작은 목소리로 속삭였거나, 근처의 사람들이 놀랄 정도의 큰 소리로 말했을 수도 있다. 사람들의 말소리나 바깥의 소음 때문에 주의가 분산될 수도 있다.

해석 또한 잘못된 소통으로 엉뚱해질 수 있다. 팀의 다른 직원들이 몇 단어를 다른 의미로 사용할 수도 있다. 한 팀원이 등급 평가가 객관적이 아니라고 말했는데, 그들은 그의 말이 해당 평가에는 아무런 조사도 없다는 것을 의미한다고 생각했다. 그리고 미소를 짓는 걸로 보아 그가 전달하는 메시지에 관해 스스로 심각하지 않음을 표시한다고 해석했다. 그러나 실상 그는 마음을 열고 합리적인 태도를 보이기 위해 미소를 지었을 뿐이다.

비언어적인 소통, 가령 손짓이나 표정, 자세나 목소리의 톤 등도 오해와 잘못된 해석을 야기할 수 있다. 소통에서 우리는 자기도 모르게 이러한 비언어적 신호에 상당히 의존하고 있다. 게다가 그것들이 구두 메시지와 반대로 표현될 때, 그러한 비언어적 신호를 우선시하는 경향이 있다. 그는 따뜻하고 공손한 태도를 보인 건데, 다른 팀원들은 진정성과 열의가 없다며 회의장을 떠난다.

많은 직원들이 소통의 부족에 관해 불평하고, 그것이 얼마나 중요한지에 대해 열변을 토하는 것은 놀랍지 않다. 심지어 협력적인 인간관계에서도 소통은 부정확하고 오해를 유발할 수 있다.

리더와 직원들이 빠지는 함정

리더들은 효과적으로 소통하는 것을 막는 함정에 빠지곤 한다. 예를 들면 '자신이 리더이므로 직원들이 경청할 것이고, 그들이 이해할 것이라는 믿음' 이 그런 함정이다. 리더에게는 직원들이 듣고 이해하지 않으면 비난하고 문책할 권한이 있다. 이 때문에 소통에 양자가 개입된다는 사실을 종종 무시한다. 그러나 직원들 역시 때때로 소통을 마비시킨다.

리더의 거만

리더는 회의 등에서 말을 되풀이함으로써 싫증을 야기한다. 발언 도중 갑자기 끼어들고, 심지어 다른 직원들이 말할 기회를 주지 않는 등 여러 방법으로 대화를 지배한다. 이 지배가 그들이 회의에 참여함을 의미하긴 하지만, 다른 직원들의 이야기에 대한 무관심으로 받아들여질 수 있다. 그들이 항상 말만 한다면 어떻게 들을 수 있을까?

보다 일반적으로 리더는 직원들의 견해를 이해하는 데 무관심한 경향이 있다. 직원들의 의견은 당면한 문제에 덜 중요하다고 생각하면서, 그들은 자신의 의견과 감정에 집중한다. 반면 직원들은 리더에 대한 예민한 관찰자다. 리더의 관점과 계획을 받아들이고 응답해야 함을 그들 스스로 알고 있기 때문이다.

리더의 말과 직원들의 관심이 효과적인 소통을 의미하지는 않는다. 리더들은 자신의 약점과 우려를 전달하지 않기 위해 흔히 그들의 메시지를 제한한다. 리더는 자신의 능력을 보여줄 의무감을 느끼고, 의심과 질문을 주저한다. 그는 또한 직원들이 자신을 존경하지 않을까 두려워 너무 가까운 인간관계를 꺼리기도 한다.

리더는 흔히 자신이 책임과 통제권을 가진다는 사실을 명백히 해야 한다고 생각한다. 그러나 위압적이고 통제하는 태도는 주도권을 둘러싼 싸움과 원망을 야기한다. 직원들은 경쟁심을 느끼면서 리더의 의견에 저항한다.

리더와 직원들 사이의 소통은 매우 평가적이다. 리더는 지속적으로 해결해야 할 문제점과 고쳐야 할 실수를 찾고 있다. 많은 직원들은 보고해야 할 문제가 있을 때에만 자신들의 리더를 찾아야 한다고 생각한다. 그리고 리더는 직원들의 성공에 보답하고 칭찬하리라는 점을 되풀이해왔다.

그러나 평가하고 판단하려는 경향은 소통을 방해한다. 직원들은 자신들의 행동에 최상의 빛깔을 씌우고 리더의 비판으로부터 스스로를 지키려고 노력한다. 리더는 자신의 견해를 충분히 설명하고 장래의 오류를 막는 방식을 개발하기보다, 신속하게 오류를 지적하고 비난할 대상을 찾는다.

직원들의 회피

직원들은 리더의 잘못된 소통에 기름을 끼얹는다. 그들은 신경이 곤두선 상사가 괜히 비난할지도 모른다는 두려움에서 '뜨거운' 문제를 제기하는 것을 싫어한다. 단기적 관점만으로 직원들은 어떻게든 문제가 잘되기를 바란다. 한편 그들은 머리를 숙이면 월급을 받을 거라는 사실에 기대며, 만일 상황이 악화되면 다른 일자리를 찾을 것이다.

리더의 심중을 헤아리는 열의에도 불구하고, 직원들은 흔히 자신들에게 부과된 압력을 평가 절하한다. 상사의 인생이 자신의 인생보다 장밋빛으로 보일지 모르지만, 많은 조직에서 상사들 역시 라이벌들로부터 자신을 지키고, 자기방어를 위한 동맹을 형성하며, 그 자신들의 까다로운 상사들을 감당해야 한다. 많은 리더들이 이런 저런 문제들과 부정적인 사안들로 포위된다. 그리고 많은 리더들은 직원들을 걱정시킬 두려움 때문에 스스로의 두려움을 억제한다.

직원들은 리더가 자신들의 아이디어와 감정 상태, 어려움을 알고 있다고 가정한다. 그리고 만일 상사가 내가 처한 곤경을 처리하려 든다면, 충분히 그럴 여유가 있을 것이라고 말한다. 하지만 막상 리더들은 해당 직원이 화가 난 이유는 제쳐두고, 심지어 그 직원이 화가 났다는 사실조차 모르고 있을 수 있다. 더욱이 문제가 있으면 직원들이 알아서 그 문제를 제기할 것이라고 생각할 수도 있다. 또한 문제에 직면했을 때, 흔히 리더들은 그 문제가 여러 사람들의 숙고를 요구하는 경우에도, 무능력하게 보이지 않기 위해 신속한 해결책을 제시해야 한다고 생각한다.

그렇게 리더와 직원들은 서로 열린 소통을 피하고 접촉하지 않는다. 그러나 실패는 사라지지 않는다. 그들의 업무관계를 훼손하고 왜곡하며 오염시키고 서로가 신뢰할 수 있는 같은 편인지를 의심한다.

스스로 보여주는 리더

긴급한 소통이 필요한데도 상황이 허락하지 않으면, 대개의 리더들은 그 문제가 그들 자신이 확인하고 고쳐야 하는 것이라 생각하고 처리한다. 그들은 소통의 중요성을 직원들에게 상기시키고 소통 방식을 개선할 것을 권고할 것이다. 그러나 리더들이 취할 수 있는 가장 강력한 행동은 소통하는 능력을 보여줌으로써 스스로의 행동 변화를 증명하는 것이다.

한 관리자는 그가 쌍방향 소통을 원하는 것을 알리는 한 가지 방법을 발견했다.

"나는 우리 회사가 시도한 최초의 전산화 프로젝트를 위해 파견된 마케팅 직원이었다. 나는 영업 방식에 혁명을 일으킬 준비가 되어 있는 컴퓨터 전문가들과 만났다. 아마 무지가 나를 구했을 것이다. 내가 아무것도 모르고 있는데 어떤 자세를 취하겠는가? 어쨌든 나는 세 가지만 말하고 싶다고 했다. 첫째, 여러분은 컴퓨터에 대해서는 아무것도 모르고, 마케팅에 관해서는 이것저것 알고 있는 리더를 마주하고 있다는 것이다. 그러므로 우리는 서로 배울게 많다. 둘째, 나는 모른다고 말하거나 어리석은 질문 제기를 두려워하지 않는다. 여러분도 그렇게 해 달라. 셋째, 우리들 사이의 큰 차이점에 관해 걱정하지 말자. 이 시스템을 구현하기 위해 우리가 무엇을 할 수 있는지 알아보자. 그리고 20년이나 앞선 마케팅의 예술을 구현해보자."

모든 사람이 소통 훈련을 받아야 된다고 요구하기보다, 리더들은 그들의 행동 변화로 모범을 보여줄 수 있다. 그들은 소통 기술 훈련을 받고 실제 업무에서 그러한 지식을 적용하고 있음을 입증한다. 심지어 어렵고 힘든 상황에서도 위기관리와 갈등관리를 위해 효과적인 소통 기술을 사용한다.

직원들의 이야기를 듣는 리더들은 어렵지 않게 그들과 소통할 수 있다. 아이러니컬하게도 리더가 자신의 요점을 전달하는 최고의 방법은 직원들의 요점을 이해하는 것이다. 메시지를 반복하는 것은 소통에 방해만 된다. 귀 기울여 듣는 태도는 리더들이 '거만하고 아는 척한다' 는 직원들의 걱정을 없애준다. 리더가 자신의 우려를 표현하고 귀 기울여 들을 때, 직원들은 리더의 메시지에 집중한다.

역지사지의 심리학

효과적으로 소통하는 것은 다양한 기술을 요구하는 복잡한 예술이다. 숙련된 커뮤니케이터가 되는 것은 평생의 노력을 요구한다. 그들은 스스로를 알고, 다른 사람들의 감정을 있는 그대로 받아들이며, 그들 자신을 직접적으로 명확하게 표현할 기술을 개발한다. 비언어적인 표현이 그들의 구두 표현을 보강하며, 솔직하고 신뢰할 만한 소통을 가능케 해준다.

소통 능력의 가장 큰 핵심은 '보내는 것이 아니라 받는 것' 이라는 점이다. 다른 사람의 견해를 취하는 방법을 배우는 일은 소통에서 절대적으로 중요하다. 스스로를 다른 직원들의 위치에 서 보는 것이 곧 당신을 표현하고 그들의 메시지를 이해하도록 돕는 행위가 된다.

역지사지(易地思之)의 자세는 상대방의 관점을 이해하는 힘을 제공해준다. 다른 사람들의 메시지를 이해하는 것은 커뮤니케이션, 관계 개발, 의사결정, 위기관리 능력 등을 향상시킨다. 리더는 직원들과 신발을 바꿔 신어봄으로써 그들이 마음을 열고 주의를 기울일 수 있게 할 수 있다. 상대방의 관점을 이해하는 것은 지적인 개발과 도덕적 추론, 목표의 인식과 직원들의 다양한 감정을 민감하게 자극한다.

다른 사람들의 입장에 서는 것은 정확한 메시지를 보내는 데 효과적이다. 자신의 의사 표현을 사람들이 어떻게 받아들일지 예상할 수 있는 리더는 더 효율적으로 소통할 수 있다. 그들은 메시지를 풀어서 설명함으로써, 듣는 이가 말하는 사람의 의도대로 이해할 수 있도록 도와준다.

효과적인 소통 전략

다른 사람의 말과 비언어적인 메시지를 풀어서 재확인하는 일은 능동적인 듣기 태도를 보여주며, 듣는 사람이 이해하고자 노력하고 있음을 상기시킨다. 듣는 사람은 "내가 이해하기에 당신이 말하고자 하는 바는…" 식으로 말한 사람의 발언을 재진술한다. 이렇게 화자의 메시지를 정확하게 재진술함으로써, 청자는 상대방의 견해에 대한 이해뿐만 아니라 관심도 전달할 수 있다.

고개를 끄덕이면서 "무슨 말인지 알겠다."와 같은 방법도 있지만, 너무 흔히 사용되기 때문에 되도록 위의 방법대로 좀 더 능동적인 소통을 하는 게 좋다. 더욱이 고개 끄덕이는 모습을 '대화를 계속하자는 게 아니라 중단하려는 의도'로 해석할 수도 있다.

상대방의 견해를 이해하는 것은 복합적이고 도전적인 과제다. 우선 그의 말에 초점을 맞추고, 자신의 생각은 옆으로 제쳐둬야 한다. 그런 다음 상대방의 말과 비언어적인 메시지에 주의를 기울이고, 그가 메시지를 어떻게 부호화하는지 판단해야 한다. 또한 그가 표현한 단어와 비언어적인 신호에 담긴 참뜻을 헤아려야 한다. 그런 뒤에 자신이 이해한 바를 그에게 확인 받는다. 상대방의 의견을 이해했다고 알리기 위해 고개를 끄덕이고 재확인하는 일은 어렵지 않다. 그렇게 하면 상대방도 자연스럽게 당신의 의견을 묻게 되고 관심을 표명할 것이다.

문화가 다른 사람들 사이의 소통의 경우 평소와는 다른 어려움을 느낄 수 있다. 만일 화자가 다른 나라, 다른 민족 출신의 직원이면, 그의 말과 비언어적인 신호가 의도하는 바를 제대로 이해하는 게 어려울 수 있다. 그럴 때는 고개를 끄덕이면서 조용히 "예"라고 답하는 것이 동의를 의미할까? 그의 의견을 받아들인다는 표현일까? 출신 배경이 다른 직원들과 협력하기 위해서는 그들이 메시지를 보내는 방법에 대한 보다 깊은 이해를 요구한다.

동일한 문화 내의 사람들끼리는 상대가 사용하는 단어와 제스처를 보다 정확하게 이해할 수 있다. 하지만 이처럼 상대적으로 쉬운 소통에도 이해의 착각이 생길 수 있다. 동일한 문화적 배경을 가진 직원들 역시 메시지를 보내는 다양한 방법을 가지고 있다. 그러나 그들이 유사한 방식을 공유한다고 가정하기 때문에, 사람들은 자신의 이해를 확인하지 않고 오해한 채로 지나친다.

다른 사람의 메시지를 무작정 재진술하는 것은 무모하다. 메시지가 복잡한 감정들의 연관성 없이 단순한 경우 특히 부적절할 수 있다. 예를 들면 "내가 이해하기에 당신이 한 말의 의미는 물 한잔 마셨다는 것이다."와 같은 재진술은 효과적이지 않다. 그리고 더 좋지 않은 것은 재진술이 너무 형식적일 때다. 단순히 화자의 말을 반복하는 게 그렇다.

리더가 직원들의 견해를 이해했음을 명확하게 보여주는 행위는, 이미 여러 스트레스에 시달리고 있는 리더의 입장에서 보면 너무 시간이 많이 걸리고 복잡한 일일 수 있다. 그러나 상대방의 관점을 이해하는 것은 소통을 위한 기본 중의 기본이다. 새로운 요구가 아닌, 소통하는 리더가 되기 위한 필수불가결한 전제라는 의미다. 시간이 걸리는 것처럼 보여도, 최종 결과의 시점에서 보면 오히려 시간이 절약될 수도 있다.

상호 이해를 위한 인터뷰

인터뷰(면담)는 다른 사람의 견해를 이해하도록 돕는 강력한 도구다. 직장에서 일어나는 대부분의 인터뷰는 비공식적이다. 가령 리더는 직원들에게 야간업무에서 어떤 일이 일어났는지 설명할 것을 부탁한다. 공식적인 인터뷰는 보통 인사이동이나 실적평가를 다룰 때 있게 된다.

리더와 직원들 사이에는 훨씬 더 많은 인터뷰가 진행되어야 한다. 리더가 스스로를 직원들의 입장에 서 보고자 노력하는 비공식적 인터뷰는, 직원들의 관심 및 불만사항을 체크하는 데 유용하다. 또한 인터뷰를 통해 리더는 직원들에 대한 관심을 보여줄 수 있다. 인터뷰는 고정관념과 오해를 바로잡고 서로의 요구와 의견을 교환할 수 있게 한다. 그리고 직원들의 동기와 지식을 구체적이고 효과적으로 이해하는 데 도움이 된다.

사람들은 그들의 성취욕, 제휴욕, 권력욕과 그것들을 어떻게 달성한 것인지에 대해 대화를 나눈다. 그들이 직장에서 발견한 가치는 무엇인가? 그에 따르는 보상은 어떻게 커질 수 있는가? 4장에서 살펴본 MBWA, 즉 '둘러보는 관리'에서처럼 인터뷰를 할 때, 강조할 부분은 상호 이해와 긍정적인 피드백이다. 인터뷰는 문제점과 어려움도 노출시킨다. 직원들은 생산적 업무를 가로막는 장애들의 원인을 확인한다. 인터뷰를 통해 리더와 직원들은 이같은 장애를 극복하는 방법에 관해서도 허심탄회하게 논의한다.

직원들 입장에서도 인터뷰는 유용하다. 많은 리더들은 그들의 견해와 업무의 우선순위를 전달하기 위해 비공식적인 회식과 질의응답 시간을 제공한다. 인터뷰를 통해 직원들은 효과적인 협력방식을 강구할 뿐 아니라 상호 신뢰를 증진할 수 있다.

성공적인 인터뷰 과정

성공적인 인터뷰를 위해서는 직원들이 정보를 정확히 그리고 기꺼이 밝힐 수 있다고 느껴야 한다. 성공적인 인터뷰를 위한 마술이나 주문은 없다. 경험을 통해 배울 수 있는 복잡한 기술들만 있을 뿐이다. 핵심은 스스로를 상대방의 입장에 서 보고, 인터뷰 대상자에게 그 사실을 보여주는 데 있음을 기억하자. 이때 당신은 이해하려고 듣는 것이지, 판단하고 평가하려고 듣는 것은 아니다.

일단 리더는 상대방에 대한 존경과 열린 마음, 비밀 준수 의무를 보여야 한다. 인터뷰의 목적과 인터뷰를 통해 취득된 정보의 용도 그리고 비밀을 준수하기 위한 방법을 알려야 한다. 그런 다음 상대방에 대한 따뜻한 관심을 보이고, 어떤 것이든 말해줄 것을 요청한다.

그 다음 단계는 상대의 의중을 더듬어보고 그의 말을 듣는 것으로 진행한다. 대부분의 인터뷰 대상자는 인터뷰 주제에 집중하는 개방형 질문을 듣고 싶어 할 것이다. 인터뷰는 리더의 거창한 견해를 발표하는 강연회가 아니라, 인터뷰 대상자의 의견을 주의 깊게 듣는 자리다. 진행하는 리더의 대체적 의견도 중요하지만, 그 배경이 되는 경험과 그러한 결론에 이르게 하는 논리가 뒤따라야 한다.

여기까지 진행되었다면 이제 리더는 인터뷰 대상자의 감정과 의견의 원인이 된 특정 사례와 상황을 요구한다. 그런 뒤 인터뷰 대상자의 협조에 대해 감사를 표하고 그가 이해한 것을 요약한다. 마지막으로 리더는 인터뷰의 목적을 재확인시키고, 어떤 방식으로 정보가 이용될지 설명하며, 비밀은 반드시 유지된다고 약속하면서 인터뷰를 마무리 짓는다.

신뢰는 요구가 아닌 획득되는 것

리더는 신뢰를 추구하지만 그것을 강제로 요구할 수는 없다. 그는 자신의 가치관을 전달하고, 자신이 어떤 사람인지 직원들에게 알리며, 자신의 이상을 추구한다. 리더는 '말을 위한 말(talk the talk)'이 아닌 '행동을 위한 말(walk the talk)'을 해야 한다. 비전을 말하고 직원들이 함께 일하도록 격려한다.

솔직하고 일관된 소통은 신뢰감을 형성케 해준다. 리더는 직원들의 말을 주의 깊게 듣고, 스스로를 직원들의 입장에 세우는 것에 대해 그들의 믿음을 확보해야 한다. 리더와 직원들은 서로 존경과 관심을 교환한다. 그들은 문제를 해결하고, 자신들의 헌신을 받을 가치가 있는 조직을 만들기 위해 노력한다.

그러나 리더에게는 성과가 낮은 직원들을 독려하고, 잘못된 요구를 거절하며, 그들의 업무성과를 평가해야 하는 의무가 있다. 그래서 때로는 직원들을 판단해야 하지만, 리더가 평가하기 때문에 조심해야 한다고 직원들이 느끼도록 만들 필요는 없다. 그들의 견해와 아이디어, 감정 등이 표명되고 수용되는 분위기를 조성하면 된다. 이와 관련해 9장에서는 리더와 직원들이 의견과 기타 감정들을 표현할 수 있는 방법과 갈등을 건설적으로 관리할 수 있는 기술에 대해 알아보기로 한다.

9. 감정과 표현

아름다움을 보는 능력을 유지하는 사람은 결코 늙지 않는다.

프란츠 카프카, 작가

잭 웰치(Jack Welch) 전 GE 회장은 조직 전체를 관통하는 열린 소통의 가치를 발견했다. 그는 이렇게 말했다.

"GE의 미래는 서로 얼마나 열려 있고, 신뢰하며, 아이디어를 공유하는가에 달려 있다. GE가 가진 최고의 장점은 이곳이 '아이디어를 위한 실험실' 이라는 점이다. 우리는 신뢰성 있고 개방적인 시스템을 공유하기 위한 최선의 메커니즘을 발견했다."

조직 내 소통을 시스템화하려는 그의 헌신은 감상주의가 아니라 비즈니스 논리에 의거했다. 그는 중성자 잭(Neutron Jack)이라는 악명 높은 평판을 얻었는데, 그가 많은 직원들을 해고하면서까지 회사가 문닫는 것을 피한 것과 조직을 축소 개편한 것으로 유명하기 때문이다.

"리더는 현실을 마주하고 자신의 선택으로 조직의 운명을 통제해야 한다. 변화와 불확실성의 상황에서 우리의 운명을 통제하는 방법은 단순하다. 바로 당신이 시장에 최고의 가치를 제공하면 된다."

잭 웰치는 리더의 강력함과 권력을 옹호했다.

"직원들은 관리자들이 약한 것을 좋아하지 않는다. 1970년대와 1980년대의 약한 관리자들 때문에 수백만 명의 직원들이 일자리를 잃었다는 사실을 알고 있기 때문이다."

그는 GE의 가장 큰 실수가 '더 빨리 움직이지 않은 것'에 있다고 확신했다.

"물론 당신은 조직의 빠른 변화를 두려워 할 것이다. 부끄러운 일은 아니다. 일반적으로 인간의 본성은 그렇다. 당신은 합리적인 사람이라는 호감을 얻고 싶어 한다. 그래서 당신은 빠른 속도로 움직이길 꺼린다. 그러나 명심하라. 결국 보다 더 큰 고통이 기다린다. 그리고 그것 외에도 당신은 경쟁력을 상실하게 된다."

그의 충고에 따르면 리더는 부드러워지기 위해 먼저 강해져야 한다.

"부드러운 리더, 신뢰 받는 리더가 되려고 한다면 그전에 당신은 공장을 폐쇄하고 정리해고를 단행하며 조직의 몸집을 줄이는 어렵고 힘든 결정을 내려야 한다. 우리는 고용을 줄이고 관료제를 제거하는 등 아프고 불쾌한 수술을 단행했지만, 우리가 공평함과 솔직함 그리고 미래의 가치를 말할 때 직원들은 귀를 기울였다. 당신이 진정으로 직원들과 하나가 되고 싶다면 그 속으로 들어가기 전에 어렵고 가슴

아픈 구조 조정을 해야 한다. 잡초를 제거하고 녹을 벗겨내라."

잭 웰치는 GE의 녹을 긁어내었다. 그리고 상호 신뢰와 존경 위에서 GE의 미래를 설계했다.

"밀어붙이기 방식으로 조직을 이끌어가는 '전제군주'와 '독재자'는 바뀌거나 떠나야 한다. 왜냐하면 신뢰와 존경을 구축하기 위해서는 오랜 시간이 소요되지만, 파괴는 한 순간이기 때문이다. 우리는 쓸모없는 감투들을 제거했다. 우리는 직원들을 통제하는 것이 아니라, 그들의 아이디어와 능력을 진작한다."

잭 웰치에 의하면 신뢰는 조직을 구성하는 매우 강력한 요소이며, 직원들은 공정한 대우를 기대할 수 없다면 최선을 다하지 않을 것이다.

"GE에서 불공평한 봐주기는 존재하지 않는다. 모두가 그것을 알고 있다. 그런 신뢰를 형성하기 위한 내가 아는 유일한 방법은 직원들에게 조직의 가치관을 말하고, 그 다음 허심탄회하게 대화를 나누는 것이다. 그리고 서로 말한 것을 반드시 지켜야 한다."

그는 신뢰를 우유부단한 것으로 보지 않는다.

"나는 국제전자노동조합 총재 빌 바이워커와 좋은 인간관계를 가지고 있다. 나는 물론 그에게 지갑을 맡길 수 있지만, 그는 내가 어떤 영역에서 자신과 최후까지 적으로 싸울 것임을 그리고 그 반대도 가능함을 알고 있다. 그는 조합에 보다 많은 직원들이 가입하기를 원한다. 하지만 나는 말할 것이다. '그렇지 않다. 우리는 직원들에게 당신이 할 수 있는 모든 것과 그 이상을 제공해줄 수 있다.' 그는 내가 어디에 서 있는지 알고 있다. 나도 그가 어디에 서 있는지 안다. 우리가 언제나 서로 동의하지는 않는다. 그러나 우리는 서로를 신뢰한다."

잭 웰치는 또한 억압적인 리더십과 조직 화합 사이에는 어떠한 긍정적 관련도 없음을 알았다.

"직원들로부터 좋은 아이디어를 최대한 많이 얻기 위해서, 억압적이고 강제적인 리더십은 용납하지 않는다. 당신이 모든 직원들을 더 귀중한 존재로 만들 방법에 대해 항상 생각하지 않는다면, 당신은 영원히 기회를 얻지 못한다. 1990년대에 잘해보려던 모든 회사들은 직원들을 이끄는 방식을 알아야만 했다. 우리가 성공할지의 여부는 시간만이 말해줄 수 있겠지만, 지난 모든 경험들로 판단하건대 나에게는 이것이 옳은 방식이라는 확신이 있다."

린 조직을 위해

조직은 규율을 가지고, 경영진은 거칠어야만 경쟁적인 시장에서 살아남을 수 있다는 경영방식에 대해 잭 웰치와 여러 리더들은 처음에는 생산성 촉진에 도움이 될지 몰라도 결국에는 실패로 돌아간다는 사실을 잘 알고 있었다.

잭 웰치는 모든 조직은 가치를 필요로 하지만 린 조직은 그것을 훨씬 더 많이 요구한다고 주장했다. 린(lean)의 사전적 의미는 '얇은', '가벼운', '마른' 의 뜻이다. 즉, 불필요한 것들을 버림으로써 조직을 가볍고 빠르게 만드는 것을 말한다. 다시 말해 원자재 구매에서부터 생산 및 재고관리, 판매에 이르기까지의 전 과정에서 낭비 요소를 최소화하거나 제거해 군살 없는 경영을 하는 것이다. 이를 '린 경영'이라고 한다. 잭 웰치의 말을 들어보자.

"당신이 구조조정을 단행하려고 할 때 나머지 직원들은 스스로 그들의 성향과 태도를 바꿀 필요가 있다. 그렇지 않으면 스트레스가 그들을 짓누를 것이다. 우리는 점점 더 빨리 일해야 한다. 우리가 더 많은 흥미를 갖지 않는 한 변화는 일어나지 않는다. 조직의 가치란 그러한 종류의 변화를 통해 직원들이 자기 스스로를 안내할 수 있게 만드는 것이다."

린 조직이 되기 위해서는 '합리적이고 냉철하며, 사업적인 것에 대해서는 감정을 억제하라'는 전통적인 고정관념에서 벗어나야 한다. 그동안 리더십에서 감정은 부정적인 것으로 간주되었다. 자신의 감정을 드러내 보이는 일은 퇴근 후 모임에서나 하고, 직장 내에서의 감정 표출은 팀워크의 퇴보로 인식되었다.

그러나 우리의 감정이 효율적인 조직 가치의 창출을 방해하지는 않는다. 오히려 감정의 억제가 조직의 비전과 가치에 유해하다. 감정을 표출하는 적합한 방법 없이 억제하려고만 하면, 직원들은 억눌린 감정을 터뜨리기 위해 부정적인 것들에 의존하게 된다.

협력적인 관계와 효과적인 커뮤니케이션 기술은 성공적인 감정 관리를 돕는다. 이 장에서는 조직 내에서 감정의 표출과 억제에 관해 살핀다. 감정은 그저 생기는 게 아니라, 직원들이 그들의 경험을 생각하고 해석하는 방법으로부터 생성된다. 감정을 긍정적으로 표출하는 것은 합리성과 생산성 그리고 혁신에 도움이 된다.

감정의 정체

리더와 직원들은 원하든 원치 않든지 간에 감정을 가지고 있다. 합리성의 강조는 감정을 물밑으로 내쫓고 건설적으로 관리할 수 없게 만든다. 일에 대한 감정 없이 직원들의 합리성을 기대하는 것은 불합리하다.

조직 내에서 리더와 직원들은 지지와 헌신, 활력을 느끼지만, 반대로 걱정과 고독, 분노도 느낀다. 또한 일부 직원들은 변화의 흥분을 원한다. 어떤 직원들은 그들의 손실을 슬퍼한다. 감정은 경험에 대한 내적 반응이다. '거절'을 경험하는 것은 심장박동을 보다 빠르게 하고, 울고 싶은 마음을 야기하며, 도망치거나 싸울 생각이 들게 만든다. '수용'을 경험하는 것은 심장박동을 느리게 하고, 흐뭇한 만족감을 제공하며, 다른 직원들을 돕기 위한 열정을 생기게 한다.

미래학자들은 직원들이 직장생활에서 오는 지루함과 단조로움에 대처해야 할 것이라고 예측했다. 그들은 근무시간이 끝나기를 기다리며, 무심하게 기계를 조작할 것이다. 빠르고 지속적인 변화는 강한 감정을 유발한다. 직원들은 자신들의 회사가 시장점유율을 잃고 있다고, 그들의 일자리를 잃어버릴 수도 있다고 걱정한다. 다른 직원들은 판매증가로 마음이 두근거린다. 일부 직원들은 남들이 즐겁게 받아들이는 신기술을 자신들이 제대로 익힐 수 있을지 염려한다. 어떤 직원들은 권한을 위임 받고, 보다 생산적이어야 하는 도전에 직면해 단결한다. 또 어떤 직원들은 업무가 너무 나뉘어져 있어서 실망하고 도덕적으로 해이해진다. 일부 관리자들은 최고경영진이 단행하는 구조조정 대상에 자신이 든 것을 알고 분노한다. 그런데 그들의 직원들은 능력 있는 리더로 교체된 데 대해 안심한다. 감정은 이처럼 다양하고 상대적이다.

조직 내에서 많은 감정들이 은폐된다. 감정은 분명히 거기에 있지만, 없는 것처럼 보인다. 직원들은 경력에 부정적인 영향을 줄까 두려워 상사에 대한 불만을 숨긴다. 실수에 대해 하소연함으로써 무능한 사람으로 인식될까봐 가슴앓이를 한다. 행복하게 일하는 척하면서도 내심 자신의 일을 무가치하게 여긴다. 겉으로는 웃고 있지만, 속으로는 분노를 삭인다. 결국 자신이 어디에 있는지 모르게 된다.

감정 표출의 부족은 종종 행동으로 나타난다. 몇몇 직원들은 느긋하게 일하는 방법과 불로소득에 관해 논의한다. 그들은 열심히 일하지도 않고 걱정하지도 않는다. 부정적인 감정들이 그들의 열정을 마비시킨다. 자신이 조직에 기여할 수 없다고 생각해 능력과 의지를 이러한 자기의심에 소비해버린다. 그리고 자신의 불안정한 감정이 드러날까 노심초사한다. 또는 동료가 자신을 얕보고 자기 아이디어를 무시했다고 느끼면서 복수를 위해 일을 멈춘다.

조직이 직원들에게 중요하기 때문에 조직에서 감정도 중요하다. 직장에서 일하는 것은 양자택일의 경험이 아니다. 파업과 같은 위기는 강한 감정을 야기하지만, 일상적인 이벤트도 마찬가지다. 가족과 사회에 대한 공헌자로서 우리의 정체성은 모두 직장에 의존한다. 우리는 조직과 일체감을 갖는다. 조직이 곧 우리의 정체성이기 때문이다.

따라서 조직은 인간관계의 복잡성을 필연적으로 다루어야 한다. 오늘날 커뮤니티가 보다 세분화되고 전통적인 관계들이 해체되면서, 우리는 직장과 직장 내 인간관계로부터 더 많은 것을 기대한다. 조직에 인생을 더욱 더 투자할 수밖에 없는 현실이다. 때문에 우리의 감정은 더 이상 사적이거나 공적인 것으로 구분할 수 없다.

아무리 노력해도 감정은 부정될 수 없다. 감정을 숨기려는 태도는 직장에서 감정을 관리하는 방법에 익숙지 못하다는 것을 의미한다. 우리가 표출해야 할 많은 에너지가 감정의 건설적 표현이 아니라 은폐와 왜곡에 소모된다. 대다수의 리더들이 감정 표현은 고사하고, 그것을 확인하는 것조차 당황해하고 있다. 그들은 일과 인간관계에서 오는 감정으로부터 도망쳐 특정한 업무 수행에 집중하지만, 이는 일찍이 잭 웰치가 말했듯 조직 내 모든 구성원들과 함께 움직여야 하는 도전을 받아들이지 못한다.

이제 리더들은 오늘날의 비즈니스가 직원들에게 그들의 머리뿐 아니라 마음까지 바칠 것을 요구한다는 사실을 안다. 비범한 일을 해내기 위해 그들은 직원들이 모험을 감수하고 지속적으로 장애를 극복하도록 독려해야 한다. 급여와 성과급만으로는 충분치 않다. 직원들은 조직의 진정한 칭찬과 따뜻한 지원을 바라고 있다. 그들의 마음을 얻기 위해 리더 스스로 마음을 주어야 하는 것이다.

잭 웰치는 리더들이 직원들로 하여금 그들이 할 수 있다고 생각하는 것보다 더 높은 목표를 설정해야 한다고 주장했다.

"우리의 목표는 명확하다. 세계에서 최고로 잘하는 것이다. 필연적으로 직원들은 그곳에 이르는 방식을 찾거나 그 비슷한 길에 이른다. 그들은 꿈꾸고 도달하며 찾는다. 그들이 설사 목표에 도달하지 못했더라도 개선되었다면 보상하라. 그러나 목표를 충분히 높게 설정하지 않으면 당신은 직원들이 무엇을 성취할 수 있을지 결코 알 수 없다."

감정의 개방

조직의 열린 소통을 위한 잭 웰치와 다른 리더들의 충고는 '감정의 개방 그리고 진실성을 향한 사회적 운동의 연장'이다. 정신요법 치료사와 심리학자들은 복지의 핵심요소로, 사람들에게 그들의 감정을 보다 공개적으로 표현하라고 충고한다. 생각하고 행동하는 능력만큼 '느끼는 능력'도 인간 존재에 중요하다. 심지어 분노를 표현하는 것 역시 고무적인 경험이 될 수 있다. 감정을 억누르는 것은 직원들과 그들의 인간관계에 해를 끼친다.

감정을 표현하는 것은 그 자체가 가치 있고 중요한 일이다. 직원들은 다른 직원들에게 자신들의 실망감에 대해 토로하고 나면 한결 나아진 기분을 느낀다. 물론 그렇게 말로써 표출하는 것이 회사가 기대한 매출을 달성하지 못한 사실을 덮어주진 않지만, 그가 희망을 유지할 수 있도록 도움을 준다. 그리고 축하할 일이 생겼을 때 혼자보다는 동료들과 함께함으로써 보다 많은 기쁨을 맛볼 수 있다.

감정을 표현하는 것은 상호 신뢰와 동질감을 불러일으키며, 이는 생산적 관계의 기초가 된다. 사람들은 서로를 개인적으로 이해하게 되면 서로의 관심과 생각을 읽게 된다. 감정을 표현함으로써 문제를 식별하고 해결 방법을 찾을 수 있다. 또한 사람들은 그들의 관계를 망칠 수 있는 어려움이 무엇인지 알게 된다.

리더는 중요한 결정을 위해 분석뿐 아니라 감정과 직관에도 의존한다. 문제에 대한 합리적인 분석과 더불어 그들은 자신의 결정이 마음에서 옳다고 느껴야만 한다. 그래야 실행할 수 있기 때문이다.

감정은 우리의 내적 삶을 비추는 창문이다. 감정을 공유하는 것에 의해 사람들은 서로를 더 잘 알게 된다. 서로를 아는 직원들은 그들이 상황에 반응할 방법을 예측할 수 있다. 심지어 짧은 감정 표현도 그 사람에 관해 많은 것을 드러낼 수 있다.

그럼에도 불구하고 열린 감정의 가치는 조직 전체로 쉽게 확장되지 않는다. 감정을 공개적으로 표현하는 직원들을 직면할 때 많은 리더들이 겁을 먹는다. 그리고 그러한 개방성이 조직에 혼돈과 분열을 가져올 거라 생각한다.

올바른 선택은 감정의 개방인가 은폐인가도 아니고, 합리적인가 감정적인가도 아니다. 리더와 직원들은 그들의 감정을 드러낼 수도 숨길 수도 있어야 한다. 중요한 것은 감정의 관리다. 보다 합리적이고 효과적인 방법으로 자신들의 감정을 관리해야 한다. 그들은 감정을 표현하고 다루는 방법에 관한 선택과 여러 유용한 옵션의 목적을 알아야 한다. 그러기 위해서는 우선 직원들이 그러한 감정을 가지는 원인이 어디에 있는지 이해해야 한다.

생각과 감정, 다른가 같은가

가장 공통적이면서도 잘못된 믿음은 '생각과 감정이 서로 다르다는 것'이다. 뇌로 생각하고 마음으로 느낀다고 알기 때문이다. 프로이트 이후 심리학자들은 사람들이 흔히 그들의 감정을 합리화한다고 주장했다. 그들은 생각이 사람의 행동을 이끈다고 주장하지만, 실제로는 그들의 감정이 그렇게 하는 것이다.

생각과 감정은 분리될 수 없다. 사람들이 어떤 사건을 해석하고 이해하는 방식은, 그들이 반응하고 느끼는 방식에 큰 영향을 미친다. 만일 당신의 한 동료가 당신의 걱정을 진심으로 걱정해서 다른 사람들에게 당신의 질병을 이야기한다고 생각하면, 당신은 별로 기분이 나쁘지 않을 것이다. 반대로 수다거리로 혹은 헐뜯기 위해 당신의 질병을 입에 올린다면, 당신은 강한 분노를 느낄 것이다.

특정한 상황이나 사건들이 우리의 감정을 직접적으로 야기하지는 않는다. 당신의 감정을 유발하는 것은 바로 당신의 생각이다. 우리가 사람들을 어떻게 생각하고 그들의 행동을 어떻게 해석하느냐에 따라 감정은 달라진다. 우리가 생각을 바꿀 수 있으므로, 결국 우리는 감정도 바꿀 수 있다.

분노 또한 일순간에 오는 게 아니라 생각에 기인한다(〈그림 9-1〉 참조). 사람들이 사건을 해석하는 방식은 그들의 감정에 상당한 영향력을 행사한다. 직원들에게 자기 아들이 록가수 콘서트에 가는 걸 취소해줄 것을 부탁하는 상사의 행위는, 직원들로 하여금 만약 그들이 더 생산적이고 중요한 일을 그것 때문에 하지 못했다고 생각하면 분노를 초래할 수 있다. 하지만 그냥 조금 귀찮은 일일 뿐이라고 생각하면 그것은 단지 성가신 일이 된다. 또는 일전에 그 상사가 배려해줘서 아이가 아팠을 때 조퇴할 수 있었던 직원이라면, 안 그래도 보답할 기회를 찾고 있던 터에 오히려 그의 사적 요구가 감사하게 느껴질 수도 있다.

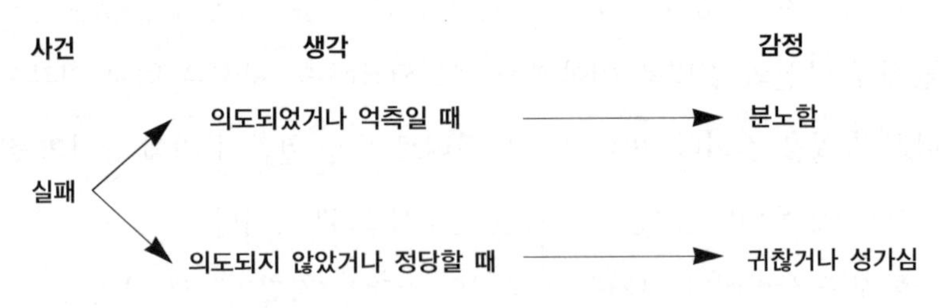

〈그림 9-1〉 생각과 감정

감정의 원인

감정은 우리의 경험과 우리가 그것에 대해 생각하는 방식에 기인한다. 또한 감정은 복잡한 단계를 거쳐 형성된다. 감정 형성의 단계는 크게 5가지로 설명할 수 있다.

1. **직원들은 그들의 지각을 통해 사건의 정보를 모은다.** 그들은 진행 중인 일을 판단하기 위해서 보고, 듣고, 만지고, 맛보고, 냄새를 맡는다. 하지만 이 정보는 무엇이 발생했는지 알려줄 뿐 그 의미에 대해서는 아무것도 보여주지 않는다. 그들이 상사의 눈을 바라보지만 다양한 해석을 할 수 있다.

2. **직원들은 그것이 무엇을 의미하는지 결정하기 위해 해당 정보를 해석한다.** 이러한 해석은 마음속에서 진행된다. 외부의 사건들이 그들의 해석을 결정하지는 않는다. 그들은 상사의 눈을 보고, 그가 슬프고 고독하다고 생각하거나 혹은 화가 난 것 같다고 여길 수 있다. 각자의 생각과 가정에 의거해 해당 사건이 가지는 의미를 결정하는 일은 그들의 해석에 달려 있다.

3. **직원들은 자신의 해석에 기초해 내적 반응을 경험한다.** 그들이 굳은 얼굴로 사무실 주위에서 걷고 있는 상사를 봤을 때, 그가 상부에서 발표한 예산인하에 대처할 수 있는 방법을 생각하고 있는 것으로 해석할 수도 있고, 어제 발생한 불량품 교환 사건 때문에 화가 났다고 해석할 수도 있다. 이때 상사의 행동에 대한

해석은 그들의 내적 반응에 영향을 미친다. 그들은 상사가 예산 문제로 고민하는 데 감사할 수도 있고, 불량품 문제가 누구의 책임인지 따질까봐 불안할 수도 있다.

4. **직원들은 감정을 외부적으로 표출하는 방식을 결정한다.** 감정은 표현되기 위해 에너지를 생성하고 분출 욕구를 자극한다. 그들은 감정을 표현할 즉각적인 목표를 세운다. 대접을 못 받고 있다는 느낌은 그들의 거만한 상사에 관해 동료에게 불평을 호소하리라는 생각으로 발전한다. 그리고 술이나 운동을 통해 그 일을 잊으려고 결심한다.

5. **직원들은 감정을 표현한다.** 그들은 미소 짓거나 얼굴을 찌푸리고, 잡담하거나 불평한다. 좀 더 능동적인 직원은 상사에게 직접적으로 불만을 표현한다. 어떤 직원은 어쩔 수 없는 상황을 제외하고 상사를 일부러 피한다. 그들은 감정을 표현함으로써 활기를 얻거나 자신을 방어한다.

감정 표현의 기술

보험 회사에서 근무하는 메를린은 그녀의 동료들이 자신과 눈길을 마주치지 않고 자기들끼리 웅성거리는 소리를 들었다. 이러한 정보에 기초해 그녀는 동료들에게 좋지 않은 일이 생겼고, 자기와 상의할 일이 아니라고 생각해 말하지 않는다고 결론 내렸다. 메를린은 걱정이 됐지만 동료들을 귀찮게 하지 않는 것으로 자신의 감정을 표출했다. 그리고는 묵묵히 자기 업무에 집중했다.

동료인 사라와 조지아는 그녀가 바쁘게 일하는데 쓸데없이 자신들의 걱정을 알림으로써 그녀마저 심란하게 해서는 안 된다고 판단했다. 감정의 오해와 비효율적인 근무의 좋은 예다.

감정은 표현을 재촉한다. 감정을 숨기는 것은 어려운 일이다. 억제는 스스로의 운명을 결정하지 못하는 나약함의 표현이며, 육체적 건강을 갉아먹는다. 감정은 목소리, 얼굴 표정, 신체 움직임에 의해 강하게 전달된다.

누군가를 피하는 행동은 많은 의미를 전달한다. 감정을 숨기려고 노력하는 것은 생각을 유발한다. 사라와 조지아는 그들의 걱정을 표현하고 싶지 않았지만, 메를린은 그들의 감정과 그 이면에 있는 사실에 관해 그녀만의 결론을 도출했다. 여기서 중요한 점은 감정 표현의 여부가 아니라 표현의 방법이다.

사람들은 감정 표현 방법을 선택할 수 있다. 인간관계는 감정의 소통에 많은 영향을 미친다. 사람들은 그들이 감정에 대한 생각을 통제하는 것보다 행동을 통제하는 것이 훨씬 간단함을 알게 된다.

분노에 관한 한 연구에 따르면, 사람들은 똑같은 사람에 대해 비난하거나 벌하면서도 한편으로는 적의 없이 말하고, 그의 견해를 듣기 위해 대화하며, 그와 함께 다른 사람을 향해 분노를 표출하기도 한다. 사람들은 감정을 똑같은 방식으로 표현하도록 프로그램되어 있지 않다. 그들에게는 다양한 옵션이 있다.

어떻게 감정을 직접적이고 공개적으로 표현할 수 있을까? 어떻게 하면 사람들이 그들의 감정을 드러내는 것을 도움으로써 감정을 표출하게 할 수 있을까? 직원들이 서로의 능력을 존중하는 협력적인 인간관계를 만드는 일은 건설적인 감정 표현을 위한 토대가 된다. 서로가 같은 편이고 중요한 사람으로 대접 받는다고 느낄 때 그들은 기쁨뿐 아니라 분노와 의심도 공유할 수 있다. 서로의 견해에 대한 동감과 우려를 보이는 소통의 기술은 감정의 능숙한 표현을 위한 기초다.

언어적 감정 표현

우리가 흔히 망각하는 것은 감정을 당신 자신의 일부로 확인하는 일이다. '나'와 같은 1인칭 문장을 사용함으로써 당신은 감정을 소유하고 그에 따르는 책임을 지게 된다. 유쾌하거나 화가 나거나 외로운 것이 다른 사람이 아니라 당신 자신임을 알려주는 표현이다. 사적인 문장은 당신의 감정을 초래한 행동을 당신 스스로 해석한 결과를 보여준다. 1인칭 문장을 사용하면 당신의 감정을 분명하게 확인할 수 있으며 그것이 확산되는 것을 막을 수 있다. 그런 감정을 느낀 주체가 '나'이기 때문이다.

감정은 식별된다. 사람들은 감정에 간단한 라벨을 붙인다. '의기소침하군', '우리가 이룬 성과가 자랑스러워', '당황스럽군' 등과 같이 사람들은 말을 통해 감정을 식별하는 무척 다채로운 방법을 알고 있다. '연어 떼를 만난 곰처럼 기쁘군', '마음속에 먹구름이 잔뜩 낀 기분이야' 처럼 비유나 은유를 즐겨 이용하기도 한다. '아드레날린 주사를 한방 맞은 기분이군', '배를 걷어차인 느낌이야' 같은 식이다.

또한 사람들은 감정의 결과로 그들이 하고 싶은 행동을 말할 수도 있다. '너무 흥분돼서, 비명이라도 지르고 싶은 기분이야', '당신을 힘껏 껴안고 싶어' 등이 그런 표현이다. 감정을 식별하고 라벨을 붙이는 것은 언어적 감정 표현 기술이다.

비언어적 감정 표현

얼굴 표정과 눈빛, 제스처와 목소리 톤, 말의 이음새와 끊김, 공간적 거리와 신체 접촉도 모두 감정 표현의 방식이다. 랄프 왈도 에머슨은 이런 말을 남겼다.

"눈과 혀가 각기 다른 말을 한다면, 실용적인 사람은 전자를 신뢰한다."

상사가 제안을 무시하면 그것을 준비했던 직원은 화가 난다. 중요한 회식 자리에 한 직원이 불참하면 동료들은 난처해진다. 그러나 비언어적인 소통은 모순되는 해석을 낳기 쉽다.

'말보다 행동이 중요하다'는 일반적인 믿음이 있다. 메시지가 지닌 의미의 65퍼센트 이상이 비언어적인 암시로 표현되고, 35퍼센트 미만이 부차적인 단어를 통해 전달된다는 것이 학자들의 의견이다. 분노의 말을 하면서 동시에 미소 짓는 것은 청자의 감정을 혼란시키고 반발감만 불러일으킨다. 비언어적인 표현은 감정을 충분히 그리고 정확하게 표현하는 데 중요하다.

하지만 비언어적인 암시는 무디고 애매하다. 대개의 경우 미소는 상대방에 대한 관심과 호의를 전달하지만, 상황에 따라서 경멸과 적의를 전하는 능글맞은 비웃음으로 받아들여질 수도 있다. 상대방의 눈을 똑바로 쳐다보는 행위도 보통은 관심과 호의를 의미하지만, 때로는 도전적 태도로 해석될 수 있다.

개인과 사회, 문화에 따라 비언어적 감정 표현에 관한 규칙은 다양하다. 일부 문화에서는 일정한 거리감이 존경의 표현이지만, 어떤 문화에서는 공격성 또는 무관심을 의미할 수 있다. 또 어떤 문화에서는 신체 접촉이 친근함의 표현이지만, 다른 문화에서는 힘겨루기를 뜻할 수 있다. 눈동자를 내리는 행동도 존경 혹은 외면으로 전혀 다르게 해석될 수 있다.

또한 다른 감정이 같은 비언어적 표현으로 전달되기도 한다. 행복감이 고함을 지르거나, 힘껏 뛰어오르거나, 눈물을 흘리거나, 상기된 표정으로 전달될 수 있다. 분노가 역시 고함을 지르거나, 힘껏 뛰어오르거나, 눈물을 흘리거나, 상기된 표정으로 전달될 수 있다. 비언어적 표현의 위력은 말을 통한 감정 표현을 보완할 때 나온다. 중요한 것은 비언어적 메시지를 말과 일치하게 만드는 일이다.

감정 완화

견딜 수 없는 상사에 대한 분노, 새로운 고객에 대한 애정, 걱정하는 동료에 대한 염려, 스트레스를 받는 사람들에 대한 근심이 현명하거나 실용적이지 못할 때도 있다. 설사 직접적인 표현이 가능한 상황이라도 일단 감정을 완화시키는 것이 도움이 된다. 감정 완화 기술로는 다음과 같은 것들을 들 수 있다.

1. **운동.** 달리기, 수영, 테니스 등과 같이 활발하고 능동적인 운동이 유용하다. 보통 육체적 에너지를 소비하면 상대적으로 감정이 완화된다.
2. **대화.** 그것이 불평과 잡담에 지나지 않을지라도 서로 대화를 하고 나면 감정의 강도가 줄어든다.
3. **마인드 컨트롤.** 감정이 격해지는 것을 원하지 않는다면, 마음속으로 반대가 되는 상황을 상상하라. 기쁨이 강하면 슬픈 일을, 분노가 강하면 즐거운 일을 떠올려보자. 이때 다른 사람이 보다 공평하고 올바르게 행동해야 한다고 스스로에게 이야기하는 일은 하지 말자. 오로지 감정의 완화에만 집중하라.

때때로 리더와 직원들은 그들의 걱정과 분노를 마음속에서만 간직해야만 한다. 감정을 직접 표현하는 것이 현명하지 않다는 결론을 내릴 때가 반드시 있다. 그리고 그것을 간접적으로 표출할 방법이 없을 수도 있다. 이럴 때 감정 완화가 큰 도움을 준다.

감정 변화의 기술

감정은 바뀔 수 있다. 해석을 바꾸면 감정도 바뀐다. 감정에는 원인이 있다고 했다. 그런데 그 원인에 대한 해석이 잘못되었을 수도 있다. 부적절한 정보나 편향된 생각이 그렇게 만들기도 한다. 따라서 어떤 상황에 대한 자신의 해석을 수시로 점검하고, 만약 틀렸다면 감정을 변화시켜야 한다.

해석을 검토하라

불완전하고 오도된 정보는 잘못된 해석과 파괴적인 행동을 낳는다. 상사의 딸이 심각한 외과 수술을 받아야 하는 사실을 직원들은 모르고 있었다. 만약 이 사실을 알았다면, 그가 왜 그렇게 풀이 죽어 있었는지 다른 해석을 내렸을 것이다. 그리고 당연히 대응도 달라졌을 것이다. 정보는 좀처럼 완전하지 않다. 직원들은 리더의 마음을 들여다볼 수도 없고, 그의 감정 표현을 잘못 해석할 수도 있다.

또한 경쟁적인 관계 때문에 해석이 왜곡되기도 한다. 직원들은 경쟁자의 미소를 불안하게 느끼며, 돕고자 하는 그의 제안을 속임수라고 해석한다. 감정을 표현하는 간접적인 방법도 잘못된 해석을 낳을 수 있다. 앞서 살펴본 것처럼 비언어적인 감정 표현은 곧잘 오해된다. 이런 문제점에도 불구하고 대부분의 사람들은 자신의 해석이 옳으며, 자신의 감정이 충분한 근거를 가진다고 확신한다.

한정된 정보에 기초한 결론의 위험을 깨닫고 보다 현실적인 해석을 위해 다양한 정보를 찾아봐야 한다. 가령 회의에서 자기 차례가 와서 의견을 발표하려는 찰나 한 직원이 세 번이나 끼어들었다고 하자. 우선 그 직원에게 세 번 말을 막은 사실을 아는지 물어본다. 그리고 그의 의견이 다른 사람들의 견해보다 더 중요하다고 생각하는지 묻는다. 그런 뒤 그의 행동이 자신에게 모욕감을 줄 수 있다는 것을 알고 있는지 확인한다.

이제 그의 답변을 들어봄으로써 그가 자신을 모욕했는지의 여부를 판단한다. 감정 표출은 그 이후에 해도 늦지 않다. 그 동료는 상사가 그의 잘못을 지적하기에 앞서 급히 자신의 처지를 설명하려 했을 수도 있다. 물론 그랬다고 해도 그가 잘못했다. 하지만 더 이상 분노가 느껴지지는 않을 것이다.

비현실적인 가정들을 배제하라

상황에 대한 선입견에 더해 일반적인 가정 또한 해석과 감정에 영향력을 준다. 종종 이것은 비현실적이며 분노를 초래한다. 그러나 이러한 가정들도 변화될 수 있다.

실망과 분노를 느끼는 것은 자연스러운 일이지만, 가끔은 자신이 실망을 느끼거나 화가 난 사실을 깨닫고 당황하기도 한다. 실망과 분노는 비슷한 감정일 것 같지만, 둘 사이에는 주요한 차이점이 있다. 실망감을 느낀 직원들은 그들 스스로를 비난하는 경향이 있는 반면, 분노를 느낀 직원들은 다른 직원들을 비난한다.

또한 실망감에 사로잡힌 직원들은 단지 며칠 동안만 의기소침한 기분이 되는 게 아니라, 몇 주 혹은 몇 개월 동안 그런 감정에서 벗어나지 못하기도 한다. 하지만 분노를 느낀 직원들은 입이 사나워지고 동료를 멀리 하며 변덕스러워지는 경향이 있다.

심각한 실망감의 기저에는 대개 비현실적인 가정들이 자리 잡고 있다. 그들은 이런 저런 상황을 자신의 치명적인 손실로 해석한다. 일반적으로 비현실적인 가정들은 아래와 같다.

1. 나는 좋은 사람이다. 모두 나를 좋아하고 존경해야 한다. 만일 그들이 그렇지 않으면 나는 나쁜 사람임에 틀림없다.
2. 나는 모든 것을 완벽하게 할 수 있어야 한다. 만일 그렇지 못하면 나는 무가치한 존재다.
3. 지금처럼 나는 앞으로도 좌절할 것이고, 결코 성취감을 느끼지 못할 것이다.

강한 분노를 느낀 사람들도 여러 상황들을 손실로 해석하며, 자신들의 성취를 방해하려는 부당하고 의도적인 무엇이 있다고 생각한다. 그 또한 비현실적인 가정들이다.

1. 나에게 화를 냈던 모든 사람들은 늘 부당하고 불공평하게 행동했다.
2. 나에 대한 모든 비판은 나를 멍청하고 나약하게 보려고 계획된 것들이다. 이 사회는 내가 그들에게 반격하기를 원한다.
3. 나에게는 방해 받지 않을 권리가 있으며, 나를 방해하는 사람들은 일부러 그러는 것이다. 따라서 그들은 가치 있는 사람들이 아니다.

직원들은 각자의 가정들을 알아야 하고, 그것들이 해석에 미치는 영향력을 제대로 이해해야 한다. 그래서 그러한 가정들이 잘못된 것임을 알았다면 가차 없이 버려야 한다. 잘못된 해석을 했다는 것을 깨닫게 되면 그것을 유발한 비현실적인 가정을 알 수 있게 된다. 그러면 보다 유용한 가정을 설정할 수 있고, 마음속에서 그것을 받아들일 때까지 스스로와 논쟁할 수 있다. 우리는 오도된 가정을 접해왔지만 보다 건설적인 가정으로 교체할 수 있다. 건설적인 가정들은 보통 아래와 같은 것들이다.

1. 나는 내가 좋은 사람이라고 믿지만, 다른 직원들의 기분을 망치고 그들을 좌절시키는 실수를 할 수도 있다.
2. 그들이 나에게 화를 내는 이유는 우리의 관계를 존중하고 관계를 보다 강화하고 싶기 때문이다.
3. 비판과 부정적인 피드백은 내가 스스로를 더 잘 인식하도록 도우며, 내 능력과 기술을 개선시킬 동기를 부여할 수 있다.

단, 마음속에 있는 가정들을 검증하고 평가해 건설적으로 만드는 일은 지속적인 노력을 요구함을 기억하자.

성취를 돕는 감정들

잭 웰치와 많은 리더들은 직원들의 성취를 돕고, 조직의 강한 요구에 대처하기 위해서 열린 관계가 필요함을 강조했다. 직원들은 그들의 어려움을 공유하고, 생각을 교류하며, 승리를 함께 축하할 때 바람직한 가치를 발견할 수 있다. 상호 신뢰와 존경은 단순히 멋지기만한 것이 아니다. 이는 조직의 성취를 돕는 데 본질적인 요소다.

불행히도 직원들은 감정을 표현하기보다는 억제하려고 노력해왔다. 그들의 인간관계는 폐쇄적이고 경쟁적이어서, 개방적이거나 생산적인 잠재성을 실현하지 못한다. 그들은 간접적인 방법으로 그들의 감정을 표현한다. 다른 직원들은 동료가 화가 났는지 도덕적 해이를 느끼는지 확인할 길이 없다. 또한 그들은 상사의 분노를 형벌로 받아들이며 모욕감을 느낀다.

그러나 감정을 능숙하게 표현하는 것은 문제 확인과 해결의 실마리를 제공한다. 리더와 직원들은 그들이 함께 갈등에 직면할 수 있고 그것을 다룰 수 있음을 믿는다. 이제부터는 문제를 해결하고 갈등을 건설적으로 관리하기 위해 필요한 여러 기술과 절차에 관해 알아본다.

PART 4

문제해결과 갈등관리를 한다는 것

> 미래의 비즈니스에 필요한 능력은 문제를 정의하고 빨리 적
> 절한 자료를 취합하며, 정보를 개념화하고 재편성하여, 그로
> 써 연역적이고 귀납적인 도약을 하고 어려운 문제를 제기하
> 며, 동료와 조사 결과를 논의하고, 해결 방법을 발견하기 위
> 해 협력하며, 다른 직원들을 설득하는 능력이다.
>
> **로버트 B. 라이시, 정치학자**

협력적인 목표와 상호 권한의 토대를 만들고, 감정을 소통하며, 표현
할 절차와 기술을 개발하면서 조직은 필연적으로 장벽에 부딪힌다.
반대되는 입장과 관점은 단일한 결정에 이르는 것을 방해한다. 걱정
과 자극은 직원들을 분열시킬 우려를 낳는다. 하지만 이 어려움은 필
연적인 장애가 아니라 기회일 수 있다.

10장에서는 상이한 견해를 둘러싼 건설적인 토론이 문제의 탐구와 해
답을 구하는 데 어떻게 기여하는지 살펴본다.

11장에서는 갈등에 관한 협력적이고 상호 유익한 해결책에 집중하는
열린 토론이 갈등을 어떻게 긍정적으로 변화시키는지 알아본다. 많은
조직이 직면한 도전은 자율팀을 개발하는 일이다.

12장에서는 리더와 직원들이 어떻게 책임을 논의할 수 있고 서로의
관계를 유지할 것인지에 관해 논의한다.

10. 올바른 결정 방식

*돌처럼 굳어진 생각을 고집하는 것이 지금껏 인간의 영혼을 묶
고 있는 사슬을 깬 적은 없다.*

마크 트웨인, 작가

피터 존슨(Peter Johnson)은 조직이 그들의 기술적인 전문지식과 권한에만 의존해 결정을 하게 되면 결국 직원들은 그 결정을 받아들이지 않는다는 사실을 발견했다. 조직은 열린 대화를 통해 직원들로 하여금 결정을 이해하도록 해야 하며, 모두에게 수용되는 결정을 이끌어내기 위해 반대 의견들 사이의 충돌을 이용해야 한다.

피터 존슨은 캐나다와 미 북서지역 4개 주를 책임지고 있는 연방 전력회사 보네빌 전력국(Bonneville Power Administration, 이하 BPA)의 최고관리자였다. BPA는 지역 발전에 공헌한다는 긍지와 전통을 가진 기업이다. 한 직원은 이렇게 회상한다.

"회사가 좋은 일을 정말 많이 했기 때문에 BPA의 직원이라는 사실이 나에게는 크나큰 명예였다."

하지만 1980년대 초, 존슨은 회사 외부 사람들과의 갈등을 성가신 것으로 보고 이를 피하기 위해 고군분투했다.

"나는 환경운동가나 정치가 또는 특별한 이해관계자들이 BPA의 결정을 추진하는 데 방해가 되지 않도록 애썼다. 그렇지만 그들은 로비를 하거나 소송을 걸거나 협박을 하는 등, 자신들이 할 수 있는 모든 방법들을 동원해 저항했다. 지역이기주의 때문에 해야 할 사업을 하지 못한다는 것은 억울한 일이었다."

그러나 열린 자세로 반대자들을 참여시키는 것은 BPA가 보다 좋은 결정을 내리는 데 도움이 된다는 사실이 밝혀졌다.

"사람들의 관심에 귀를 기울이고 다양한 의견들과 갈등을 조율하기 위해 그들의 조언을 들은 뒤 우리는 업무를 정상적으로 수행할 수 있었다. 대중을 의사결정 과정에 참여시킴으로써 우리는 권한과 적법성을 얻었고, 값비싼 민사소송과 정치적인 도전을 피했으며, 해결하기 힘들어 보이는 문제에 대해서도 창조적 해답을 구할 수 있었다."

BPA에서 존슨과 다른 직원들은, 시대에 뒤떨어진 태도를 버리고 마음속 깊은 곳의 두려움과 직면하기를 거부하지 않는다면 '아웃사이더들'도 자신들과 같은 생각을 하게 될 것이라는 희망을 가졌다.

변화가 필요하다는 그들의 인식은 미 북서지역에서 BPA의 존재를 위협한 위기를 통해 생겨났다. BPA가 몬타나 발전소와 태평양 북서부를 연결하는 전력 라인을 건설할 계획을 발표했을 때 몬타나 발전소의 직원들은 분노했다. 그들은 모든 회의를 봉쇄하고 그 계획을 비난했다. BPA의 직원들은 공개적으로 각자의 신원을 밝힐 수 없었고 경호원 없이 차를 탈 수도 없었다. 한 시민은 그들에게 총구를 겨누기까지 했다. 송전 라인 볼트를 풀어 파괴하려고까지 했다.

사태가 악화되자, BPA 내부에서도 논쟁이 일어났다. 변호사들은 대중의 참여로 인해 중요한 서류 내용이 사전에 누설되고, 지역사회와의 관계에서 탄력성을 잃게 될 것이라고 주장했다. 존슨의 대외관계 에이전트인 잭 로버트슨은 BPA에 보다 큰 책임을 요구하는 목소리가 여전할 것이며, 그러한 정치적인 압력은 에이전트의 직무를 마비시킬 수 있다고 조언했다.

대중의 참여가 실질적으로 조직 전반에 영향을 미치기 전에 존슨은 우선 BPA 조직 내부에서 벌어지고 있는 여러 이견들을 통합해야 했다. 그는 정책 리뷰를 게시한 대중 참여 필요성을 설득했다. BPA는 지역 주민의 의견을 듣는 공청회를 열었다. 그런 뒤 프레젠테이션을 통해 농업 활동에 전혀 방해가 되지 않는 산등성이 뒤로 전력 라인을 보이지 않게 재배치하고, 도로 유지보수 비용을 지자체에 보상하겠다고 밝혔다.

한 가지 위기는 넘었지만 BPA는 변화의 시작 단계에 있었다. 공공 참여 과정에 관한 보고서를 발표한 뒤, BPA는 긍정적 평가를 받기 시작했다. 미디어에선 조직 개선의 모델로 추켜세우기까지 했다. 하지만 환경운동가들이 남아 있었다. 그들은 끝까지 투쟁하겠다는 주장을 굽히지 않았다. 또한 최고관리자인 존슨을 만나 토론하기를 원했다. 존슨은 동의하면서 이렇게 말했다.

"정말로 흥미로운 때는 지금이다."

첫 회의 동안에는 긴장감이 공기를 적셨다. 존슨은 논쟁이 과열될 수 있다고 걱정했다. 상대방은 주의 깊고 의심이 많았다. 존슨은 거칠게 반응하지 않기 위해 노력했으며, 심지어 사실이 왜곡되었을 때도 솔직함을 보이려고 애썼다. 시간이 흐르자 그들은 어떤 문제라도 솔직하고 허심탄회한 토론을 할 수 있음을 깨달았다. 그러자 긴장감도 사라졌다. 어느새 그들은 토론을 즐기고 있었다. 오해와 오도된 정보에 기초한 갈등도 거의 없었다.

"중요한 점은 우리가 서로를 신뢰하고 존중하기 시작했다는 것이다."

이러한 참여 시스템은 미 북서지역의 알루미늄 공장들이 BPA의 전력을 사용하는 과정에서 빛을 발했다. 워싱턴 공공전력 공급 시스템의 붕괴로 더 이상 전기를 생산할 수 없던 세 곳의 발전소에 BPA가 유지비용을 감당하고 있었다. 그러자 알루미늄 공장들은 1980년부터 1984년까지 약 304퍼센트의 전기료 상승에 직면했다. 당시 8배의 비용 상승이 발생한 알루미늄 산업은 큰 충격을 받았다.

생산비용이 급증한 것과는 반대로, 세계 시장의 알루미늄 가격은 극적으로 떨어졌다. BPA 전력 생산의 30퍼센트를 사용한 대가로 6억 4천 만 달러를 지불하고, 지역에서 9천여 명의 노동자들을 고용했던 알루미늄 산업은 존속을 위협 받았다. 존슨은 "제발 좀 살려 달라, 당신은 반드시 우리를 도울 수 있다"며 매달리는 노동자들과, "아버지가 일자리를 잃지 않도록 도와 달라"는 아이들의 눈물 어린 애원 앞에서 무기력감을 느꼈다. 하지만 BPA가 나서지 않으면 대책이 없었다.

이윽고 공익사업 분야 75명의 자문 그룹과 지자체 위원들, 공공 이익 단체들과 알루미늄 노조원들, 그리고 시민들이 참여하는 회의가 열렸다. 그리고 알루미늄 산업 대책 마련에 관한 브로슈어가 1만 5천 명에게 배포되었다. 그러고 나자 상황이 전혀 가망 없어 보이지는 않게 되었다.

"알루미늄 산업을 돕는 것이 우리 모두를 돕는 일이라는 암묵적인 합의가 도출되었다. 우리는 마침내 논의를 넘어 행동을 시작했다 우리 모두는 문제가 있다는 데 동의했고, 해결책을 이야기할 준비가 되어 있었다."

그들은 더불어 승리하는 해결책을 찾고자 노력했다. BPA는 연인원 4천 6백 명이 참석한 회의를 무려 13회나 개최했다. 그렇게 해서 나온 해결책 중 가장 실효성 있는 것은 알루미늄의 가격에 전력의 가격을 묶는 가격연동제였는데, 논쟁을 일삼고 적대적 분위기에서는 나올 수 없는 아이디어였다. 존슨은 이렇게 회상했다.

"우리는 2억 달러 규모의 산업을 살려냈다. 그러나 더욱 값진 소득은 우리가 서로 협력해서 중요한 결정을 내릴 수 있음을 깨달은 것이다. 제3자를 논의에 참여시키는 조직은 새로운 가능성을 고려할 기회를 얻게 되고, 대화의 열기 속에서 참신한 아이디어들을 테스트할 수 있다. 요컨대 그들은 보다 나은 결정을 하게 되며, 경쟁 우위의 새로운 공급원을 발견하게 될 것이다."

변화의 불길 아래에서

BPA는 새로운 변화와 기회를 맞이하기 위해 효과적인 결정을 내려야 했다. 존슨과 다른 리더들은 조직 내외의 열린 대화와 토론이 문제를 해결하는 데 핵심적임을 발견했다. 이제 천연자원 기업들과 전력 회사들은 환경문제 전문가들에게 지원을 요청하였다. 소비재 회사들은 마케팅과 엔지니어링, 생산 전문가들과 함께 신제품을 기획하고 개발한다.

오늘날의 어렵고 복잡한 문제들은 다양한 견해를 가진 직원들의 복합적 사고를 요구한다. 신제품 판매를 위해서는 마케팅뿐 아니라 효율적인 생산도 뒷받침되어야 한다. 품질을 유지하면서 비용을 줄이는 것은 강제적으로 성취될 수 없으며, 모든 계층의 직원들이 힘을 합쳐 이뤄야 할 목표다. 고객 지원을 개선하는 것은 일선 직원들이 보다 자주 미소짓는 것 이상이며, 고객에게 보다 많은 가치를 전달하기 위해 리더와 직원들이 총체적으로 협력할 것을 요청한다.

효과적인 의사결정은 조직이 거칠고 빠른 시장에서 살아남기 위해 절대적으로 불가결한 요소다. 문제를 해결하는 능력이 없다면 새로운 시장 환경이 조직을 통제하고 파괴할 것이다. 이익을 내는 것이 조직이 미래를 위해 지금 어려운 결정을 내려야 할 의무를 덜어주지는 않는다. 일부 조직들은 오랜 기간 시장을 지배하고 높은 수익을 향유함에 따라 비대해졌고 해이해졌다. 당연한 말이지만, 시장이 변하면 그들은 큰 어려움에 직면하게 될 것이다.

문제의 인식, 확인, 대안, 평가, 결정, 실행은 주요한 문제 해결 과정이다. 조직은 이 가운데 어디에서든 더듬거릴 수 있다. 조직이 문제를 사전에 예상하거나 해답을 미리 준비할 수는 없다. 그러나 더 위험한 것은 조직 구성원들의 무조건적인 동의다. 모두가 명백하게 동의하기 때문에 위험요소는 감춰지게 된다. 이는 잘못이다. 잘못된 의사결정 과정은 반드시 피해야 한다.

협력적인 인간관계를 형성하는 데 있어 BPA가 투자를 결정하고, 자신들의 능력과 가치를 인식하며, 감정을 전달하고 관리할 기술을 개발한 것은, 그들이 알루미늄 산업의 쇠퇴에 직면했을 때 엄청난 효과를 발휘했다. 협력적이고 열린 관계에서 직원들은 서로에게 정보를 제공함으로써 신속한 경보장치의 역할을 한다. 그들은 자유롭게 새로운 해결책을 강구하고 오래된 인습에서 벗어난다. 그들은 위험을 직접적으로 평가하고, 무모하거나 소심한 의사결정을 피할 수 있다. 관계성이 가진 잠재력을 인식하기 위해 리더는 반대 견해에 대한 건설적인 토론 문화를 조성해야 한다.

토론은 조직이 문제를 분석하고 해결 방법을 결정하는 데 핵심적인 역할을 수행한다. 반대 의견에 관한 열린 토론을 막으면, 개인은 움츠러들고 조직은 곤경에 빠지게 된다. 토론을 통해 아이디어와 정보가 도출될 때, 비로소 조직은 문제를 온전히 식별하고 새로운 가치의 해결책을 제시하기 위한 다양한 견해를 통합할 수 있다. 그러면 직원들은 점점 더 많은 아이디어와 의견을 제시하게 되고, 직면한 문제를 보다 유연하고 심도 깊게 분석할 수 있다. 건설적인 토론은 조직의 올바른 결정에 힘을 주는 열쇠임을 명심하자.

리더의 선택

리더들은 그들이 보다 참여적이고 민주적이며 덜 전제적이고 덜 독단적이어야 한다는 반복된 충고를 들어왔다. 리더는 직원들을 참여시키고 그들에게 주인의식을 갖게 해야 한다. 이는 오늘날 리더에게 부여된 가장 큰 사명이 되었다.

리더는 문제를 인식하고 해결책을 강구하기 위해 모든 직원들의 의견을 살펴보길 원한다. 하지만 참여방식의 선택에 초점을 둠으로써 성공적인 결정을 내리도록 직원들을 어떻게 참여시킬지에 관한 핵심적 주제들은 등한시되었다.

직원들은 리더가 자신들의 참여를 원하는지 또는 참여를 어떻게 조직하는지에 관계없이 리더와 함께 한다. 아무리 전제적인 조직에서도 경영자들은 직원들로부터 정보를 수집하고, 결정을 이행하기 위해 그들의 협조를 구한다. 리더는 결정권을 갖고 있지만 직원들의 지지가 없으면 별 성과를 보지 못한다.

그렇지만 리더는 여전히 의사결정 과정에 가장 핵심적인 존재다.

직접 실행할 직원들과 마찬가지로 리더 역시 중요한 결정들을 이해하고 열의를 가져야 한다. 리더는 고객이나 주주에게 "나와는 상관없이 내 팀이 내린 결정이다"라고 말할 수 없다. 설마 이런 리더가 있겠는가? 이러한 발언을 하는 순간 그는 리더이기를 포기하는 것이다. 리더는 비록 어떤 결정이 자신의 선택한 것이 아닐지라도, 그룹을 대표해서 결정한 것이니만큼 그 결정이 옳다고 확신해야 하며 옹호할 수 있어야 한다.

중요한 문제에 관한 결정을 내리는 것은 리더와 직원들이 더불어 가장 잘할 수 있는 무엇이다. 리더는 누구의 말을 들을지 그리고 누가 회의에 참여해야 하는지 선택할 수 있다. 문제를 논의하고 해결책을 선택하고 그것을 실행하는 과정에서 리더와 직원 상호 간의 작용 방식은 상당한 영향력을 가진다. 이것이 불가능하다면 그 조직에는 서투른 리더들과 겁먹은 직원들만이 있을 뿐이다.

팀 의사결정의 잠재력

기업경영위원회, 부서회의 그리고 다른 세션들을 통해 경영진과 관리자들은 조언을 얻을 수 있다. 비공식적으로 관리자들은 흔히 다른 직원들과 문제를 논의하고, 그들이 행동하기 전 피드백을 얻는다. 대부분의 중요한 문제는 각자의 의견을 표명하는 직원들과 더불어 정보를 주고받고 여러 다른 안을 제시하면서 오랜 시간 동안 논의된다.

그러나 팀 의사결정에 관한 이러한 신뢰는 정말 유용한가? 여러 직원들이 문제를 논의하게 만드는 결과는 '모두의 입에는 맞지만 효과는 신통하지 않은 결정'으로 귀결될 수도 있다. 직원들은 과연 서로 편견을 강화하는가 아니면 극복하는가? 하지만 많은 연구 결과에 따르면, 팀 토론은 문제 해결에 상당한 잠재력을 가지고 있다.

팀 토론은 다양한 분석과 창의적인 해결 방법을 낳을 수 있다. 직원들은 서로 도전하고 서로의 잘못과 편견을 바로 잡으며, 누구도 혼자서 제시할 수 없는 다양한 정보들을 제공하고 여러 의견들을 결합해, 이전에 고려되지 않았던 새로운 해결책을 창출한다.

뛰어난 해법 외에도 팀은 결정을 이행할 헌신을 유도할 수 있다. 어떤 결정에 대해 헌신을 약속한 직원들은, 결정의 이행을 훼손하려는 시도에 저항하고 기꺼이 다른 사람들의 이행을 돕는다. 자신들의 결정이 지닌 가치를 다른 사람들에게 설득함에 따라, 그들은 그 결정에 대한 내적인 헌신을 강화하게 된다.

관리자들은 순진한 정보처리자들이 아니다. 그들은 고정관념에서 빠져나와 여러 기준을 이용할 수 있고, 추가적이고 모순되는 정보를 찾을 수 있다. 잘 관리되는 팀은 신제품 개발과 서비스 전달 시스템을 만든다. 팀은 급속한 변화에 응답할 조직을 위한 매우 실제적인 방식이다.

하지만 한편으로 팀은 군중심리와 같은 잘못된 감정 공유에 휩싸여 옳은 의사결정을 내리지 못하게 하는 함정도 갖고 있다. 직원들을 하나의 팀으로 편성하는 것이 반드시 효과적인 결정을 가져오지는 못한다. 따라서 팀이 문제를 철저하게 분석하고 해결책을 얻기 위해서는, 건설적인 토론의 기술과 절차를 반드시 배워야 한다.

토론의 가치

토론을 피하면 커다란 파국에 이를 수 있다. 존 F. 케네디 대통령과 그의 고문들은 외교 전문가들에게 쿠바 침공에 관한 생각을 말하지 않도록 압력을 가했다. 그러나 픽스만 침공 사건은 완전 실패로 끝나 리더십의 허점이 노출되었다. 이 경험으로부터 케네디는 쿠바 미사일 위기를 토론에 붙이기로 결정했고, 이는 그의 위대한 업적으로 남아 있다.

토론을 가로막은 또 하나의 예는 1986년 우주왕복선 챌린저호의 참사로 이어졌다. 엔지니어들과 관리자들은 추운 날씨에 발사되는 챌린저호의 안전성에 관해 아무런 의문도 제기하지 않았고 그에 대해 토론하지도 않았다. 결국 이륙 몇 초 만에 폭발하는 참사를 낳았으며, 미국의 우주 개발 노력에 큰 상처를 남겼다. 반대 의견을 논의하지 않아 발생한 불행한 결과는 여객기 추락 사고에서도 자주 발견된다. 승무원들은 기체 결함을 발견해도 기장의 명령에 이의를 제기하는 데 주저한다.

조직도 마찬가지다. 직원들은 흔히 마음속 깊은 곳의 의견과 우려를 그들의 상사와 직접적으로 토론하는 것을 피하고 비생산적인 방

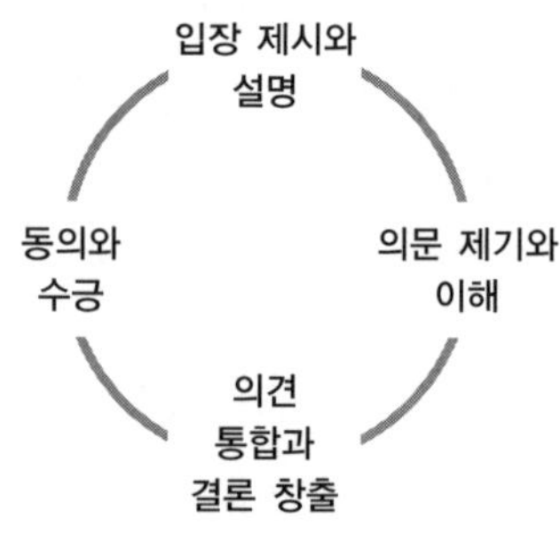

〈그림 10-1〉 건설적인 토론

법으로 계속 근무한다. 관리자들은 표면적으로는 동의하는 척하면서 정보를 보류하고, 부적절한 결정이라도 이의를 제기하지 않는 것이 현명하다고 생각한다.

직원들이 아이디어와 의견들을 많이 갖고 있는 조직은 비즈니스에 유리한 위치에 있다. 그러나 단순히 열린 토론이 모든 결정에 유용한 것은 아니다. 건설적인 토론의 과정은 따로 있다. 조직에 이익을 주는 것은 바로 이러한 건설적 토론이다(〈그림 10-1〉 참조).

건설적인 토론의 과정

협력적인 관계를 개발하는 것은 건설적 토론을 위한 첫 단계다. 리더와 직원들은 문제를 논의하기 위해 자신들의 관점을 이용하고, 효과적인 해결책을 창출하기 위한 기술을 가져야 한다. 협력적 관계와 건설적 토론 속에서 사람들은 자신의 입장을 제시하고, 반대 견해를 이해하며, 대조되는 아이디어들을 결합하고, 상호 노력의 가치가 있는 합의에 도달한다.

자신의 입장을 진술하고 설명하라

서로 의견이 맞지 않으면 각자의 입장과 견해를 진술하고 설명한다. 새로운 정보를 공유하고, 아이디어와 그 정당성을 제시한다. 토론이 보다 정교해짐에 따라 그들은 서로의 입장을 보다 충분히 이해할 수 있다. 흔히 직원들은 자신의 의견을 높이 평가하고, 자신의 입장이 우수하다고 가정하며, 자신의 아이디어가 옳으므로, 그것이 받아들여지도록 증명하고 싶어 한다.

토론을 통해 참여한 모든 직원들의 의견과 아이디어가 공개된다. 낡은 정보는 버려지며 새롭지만 검증되지 않은 정보는 논쟁의 도마 위에 오른다. 이런 과정을 거쳐 보다 많은 인정을 받은 의견이 최종적으로 살아남는다.

반대 의견에 의문을 표하고 이해하라

반대 의견과 입장이 쇄도하면, 사람들은 각자의 주장을 반박한다. 그들은 토론을 통해 상대의 약점과 강점을 지적한다. 그들은 반론과 재반론을 제시하면서 각자의 입장을 다듬어나가지만, 스스로의 지식과 정당성에도 조금씩 의문을 가지게 된다. 자신의 입장과 다른 사람들의 입장이 논리적·인식론적 갈등을 야기하며, 이는 각자의 입장이 그들이 원래 생각했던 것만큼 유용하고 합리적인지 따져보게 한다. 그리하여 자신이 제시한 의견의 유효성을 확신하지 못하게 될 수도 있다.

이러한 갈등과 더불어 그들은 활발히 새로운 정보를 탐색한다. 보다 최근의 자료를 취합하고 다른 사람과 그 자료를 나누면서 또 다른 정보를 손에 넣는다. 그리고 토론이 무르익음에 따라 사람들은 서로의 입장을 재고하고 숙고함으로써 자신과 반대의 의견을 철저히 이해할 수 있게 된다. 반대 의견에 대한 의문과 이해는 보다 나은 결론을 도출하기 위한 변증법적 과정을 돕는다.

의견을 통합하고 결론을 창출하라

이제 토론 참가자들은 해당 의견들에 관해 마음을 열고 지식을 갖추게 된다. 그들은 다수의 관점으로 의견에 접근하고 더 이상 자신의 견해에 집착하지 않는다. 결정을 내릴 때 사람들은 일반적으로 결론에 이르기 위해 귀납적 사유를 이용한다. 또한 결론을 수정하거나 개선할 수 있는 새로운 정보와 아이디어가 있을 수 있으므로 이 결론은 임시적으로만 유지된다.

건설적인 토론과 더불어 의사결정자는 다른 아이디어와 사실을 결합하고 새로운 입장에 선다. 그들은 여러 아이디어를 통합할 새로운 양식과 방식을 감지한다. 그리고 다른 사람들의 정보와 사유를 통합하고, 새로운 태도와 판단을 형성한다.

동의하고 악수하라

이러한 토론 태도는 훌륭하고 혁신적인 해결 및 동의로 귀결된다. 토론과 충돌은 이전에 고려하지 않았던 새로운 입장을 낳는다. 이 입장은 여러 사람들의 주장과 견해를 우아한 방법으로 결합한다. 토론은 직원들이 보다 적절하게 사유하고 문제에 대한 깊은 이해를 얻도록 권장한다. 다양한 의견은 창의성을 자극한다.

토론은 직원들이 결정을 받아들이고 열정을 느끼는 데 필수적인 도구다. 토론을 통해 직원들은 이익을 얻었다고 느낀다. 그들은 흥분을 즐기고, 도전적인 갈등에 의해 경각심을 가지며, 긍정적인 태도를 키우게 된다. 그리고 새로운 합의와 입장에 수긍한다. 왜냐하면 스스로의 이익과 입장에 그것이 어떻게 연동되는지 그리고 그것이 그들의 원래 입장보다 우월함을 이해하기 때문이다.

협력적인 토론은 또한 그룹의 입장에 대한 열의를 강화하는 동지애를 촉진한다. 직원들은 자신의 의견을 충분히 밝히고, 서로의 입장을 들으면서 이견이 주는 흥분을 즐긴다. 그들은 자신에 대해 그리고 팀 멤버들에 대해 좋은 기분을 느끼게 된다.

문제 해결을 위한 협력적인 갈등이 제공하는 보상은 크다. 어느 입장이 옳다거나, 어느 한 입장이 채택되어야만 함을 증명하는 것 이상이다. 건설적인 토론은 지적인 자극을 주고, 효과적인 해결책을 낳으며, 관계를 강화시킨다.

지원팀의 이용

흔히 리더는 모든 사람들에게 그들의 마음을 자유롭게 말할 것을 부탁함으로써 토론을 촉진한다. 지원팀을 구성해 그들에게 다른 입장을 할당하는 것은, 문제를 분석하고 대안을 평가할 협력적이고 건설적인 토론을 개발하는 데 뛰어난 방법이다. 주요 단계는 〈그림 10-2〉와 같다.

1단계 : 광범위하게 조사하는 데 필요한 시간과 자원을 충분히 보장할 만큼 중요한 문제를 식별해낸다. 조직은 다른 회사를 인수할지 또는 새로운 공장을 짓거나 기존 공장을 개조할지를 결정하기 위한 지원팀을 이용해왔다. 단순하고 중요하지 않은 문제들은 분석의 가치가 없으며, 중요한 문제에 할당되어야 할 시간과 에너지를 소모시킨다. 중요하지 않

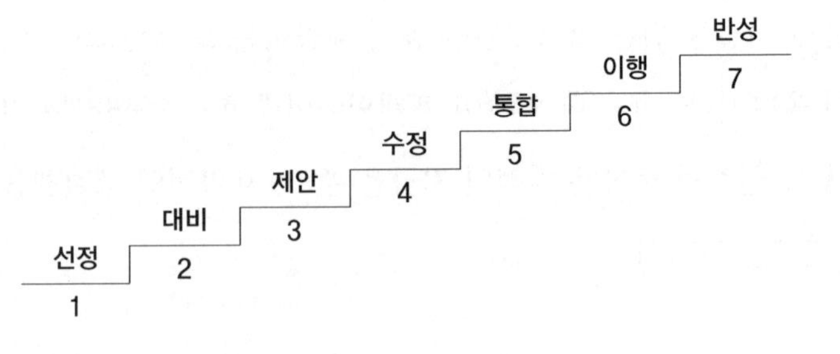

〈그림 10-2〉 지원팀

은 문제에 집중하는 것은 팀을 도덕적으로 해이하게 만들 수 있고, 진행을 방해할 수 있다.

2단계 : 팀이 구성되고 각각의 팀에 주요 대안이 할당된다. 팀은 그들의 대안을 지원하는 사실, 정보, 징후, 이유를 구성할 시간과 자원을 지원 받는다. 각 팀들은 그들의 입장과 주장을 어떻게 제시할 것인지 계획한다. 그들의 목표는 그들의 입장을 관철함으로써 토론에 승리하는 것이 아니라, 그들의 입장이 신중하게 고려되도록 자신들의 주장을 주도면밀하고 철저하게 전달하는 것이다.

3단계 : 팀은 그들의 주장과 입장을 충분히 그리고 설득력 있게 제시한다. 자유로운 토론을 통해 그들은 자신들의 입장을 세우고 옹호하며, 반박과 반대 주장으로부터 방어한다. 그들은 노트에 기록하고 부적절한 사실과 추론에 도전한다.

4단계 : 팀은 마음을 연 채 서로의 입장을 제시한다. 그들은 서로의 입장과 주장을 재진술함으로써 상대의 말에 충분한 주의를 기울였음을 입증한다. 토론을 통해 그들은 자신들의 목적이 그룹 전체가 수행 가능한 강력한 입장을 개발하는 데 있음을 기억한다.

5단계 : 팀은 총체적인 결정을 위해 함께 노력한다. 하위 집단은 그들에게 할당된 입장 표명을 중지하고, 확인된 사실과 주장을 이용해 이상적인 실천 과정에 대한 전체적인 동의에 이른다. 그들은 다른 직원들이 보다 강력하거나 보다 큰 목소리로 주장해서가 아닌, 논리와 증거에 기초해 마음을 바꾼다. 결정은 공동의 판단을 반영한다.

6단계 : 팀은 결정과 수행을 위해 리더들과 다른 직원들에게 접근한다. 조직 속에서 결정을 하는 과정은 옳은 대답을 얻는 것 이상이다. 결정은 퍼즐이 아니다. 그것들은 일과 관리의 일상적 부분이다. 도출된 해결책은 받아들여져야 하고, 실행되어야만 하며, 그 영향이 평가되고, 새로운 문제로 확인되어야 한다.

7단계 : 팀은 결정을 위한 갈등을 반영한다. 자신들의 입장을 관철함으로써 지배하거나 승리하려는 전형적인 관습으로 되돌아갈 유혹이 항상 산재해 있음을 명심하라. 팀원들은 그들이 옳고 남들이 틀렸음을 입증하기 위해 논쟁을 벌인다고 쉽게 믿는다. 하지만 그들은 스스로에게 '중요한 것은 누가 옳은지가 아니라, 팀 전체가 결국 옳아야 한다'는 것임을 상기시켜야만 한다.

문제와 상황에 적합하도록 지원팀은 유연하게 그리고 효율적으로 이용되어야 한다. 가령 새로운 제품 라인에 대한 투자 여부 결정이 내려지기 전에 충분한 조사와 토론이 선행되어야 한다. 그러나 지원팀은 직원들이 중요한 문제에 대해 생각하거나 비교적 중요하지 않은 문제 하나를 해결할 수 있도록, 회의 중 20분 동안 시간을 낼 수 있다. 예를 들면 정기적인 경영자 회의에서 회사가 경쟁자에 의해 가격인하를 따라야 하는지 직원들에게 곧바로 묻기보다는, 지원팀을 토론과 아이디어를 생성하고 그룹의 결정을 구하는 데 이용할 수 있다.

리더 혼자서 어려운 결정을 한다는 전통적인 개념은 점점 힘을 잃고 있다. 리더는 혼자 따로 떨어져 있지 않고 팀 의사결정 과정에 참가해야 한다. 그리고 조직 내외부의 직원들이 그들의 견해를 표현하고, 문제점을 분석하며, 많은 상이한 관점에 대응하는 해결책을 강구해낼 수 있도록 지원해야 한다.

변화의 압력에서 효과적인 문제 해결사가 되기 위해 BPA의 존슨과 다른 리더들 그리고 직원들은 '모순되는 의견은 제거되어야 한다'는 낡은 관념을 벗어던졌다. 그리고 그들은 옳았다. 사람들은 다양한 견해를 이용할 수 있음을 확신했기 때문에 가능한 일이었다.

11장에서는 갈등이 조직의 긍정적인 힘이 될 수 있으며, 리더가 갈등관리를 도울 수 있는 방법에 대해 서술한다.

11. 갈등관리

우리가 처음으로 품질관리를 시작했을 때, 두려움이 가장 큰 걸림돌이었다. 이 문제가 없는 기업은 미국 내에 존재하지 않았을 것이다. 회사가 품질향상 운동에 참여하지 않는다면 이러한 두려움은 극도로 커진다. 이것이 회사를 운영하는 데 있어 우리가 늘 마주하던 방식이다. 일반적인 태도는 '내 방식으로 하든가, 아니면…' 이었다.

존 월러스, '월러스' 사의 CEO

1990년 말콤 볼드리지 국가품질상 수상 소감 중에서

그러나 상호 존중과 권력의 가치, 협력적 관계, 개방성 그리고 건설적으로 토론하는 것에 대한 강조는 바람직하게 보일 수도 있지만 너무 앞선 주장일 수도 있다. 현실은 녹록치 않기 때문이다. 예컨대 구성원 서로가 적대적인 조직이라면 어떻게 사람들이 건설적인 토론에 참여할 수 있을까? 생산팀은 기획팀이 거만하고 폐쇄적이라 생각한다. 기획팀은 생산팀이 너무 경쟁적이고 공격적이라 여긴다. 직원들은 리더가 너무 앞서간다고 생각한다. 리더는 직원들이 너무 수동적이라고 못마땅해 한다.

바로 이러한 편견들이 비효율적인 갈등관리의 결과다. 생산팀 직원들은 기획팀이 거만하다고 생각했는데, 사실 그 이유는 그들이 생산팀의 프로세스를 무시하고 기획팀의 솔루션을 억지로 적용하려고 했기 때문이다. 반면 기획팀 직원들은 생산팀을 공격적이라고 생각했는데, 그들이 자신들의 요구만 주장하고 다른 팀들을 무시하기 때문이다. 직원들이 그들의 리더가 너무 앞서간다고 생각한 이유는, 그가 직원들의 관심에 대한 직접적인 답변을 주지 않았기 때문이다. 리더가 직원들을 수동적이라고 여긴 까닭은, 그들이 불평은 하지 않지만 자신의 지시를 잘 따르지 않았기 때문이다.

이러한 부정적 태도와 적의를 줄일 방법은 직원들 스스로 그들의 갈등을 공개적으로 관리하고, 서로가 더 효과적일 수 있도록 돕는 통합된 해결책을 강구할 때 비로소 찾아진다. 생산팀의 견해를 기획팀이 시스템 디자인에 참고한다면 그들은 거만하게 보이지 않을 것이다. 또한 무시하지 않고 대화했다면 생산팀 직원들이 공격적으로 보이는 일은 없었을 것이다.

갈등을 직접적으로 그리고 건설적으로 논의하는 리더와 직원들은 서로를 열린 마음의 유능한 사람들로 보기 시작한다. 갈등관리를 통해 그들은 협력적인 인간관계를 발전시키고 유지할 수 있다.

갈등관리의 필연적 이유

리더와 직원들은 선택권을 가진다. 그들이 갈등을 관리하거나 갈등이 그들을 관리할 것이다. 너무 많은 조직이 갈등을 피하는 데만 정신을 빼앗겨 결국 걱정에 휩싸인다. 그럼으로써 그들에게는 즉각적인 과제 수행을 방해하는 갈등 처리에 필요한 에너지만 남는다. 걱정거리가 여전히 남아 있을 뿐 아니라, 불평거리를 다룰 합리적인 방식도 찾지 못한다. 그렇게 그들은 자신의 감정을 숨기기 위해 노력하고, 팀원들이 너무 완강하게 저항하거나 서로를 분열시키는 문제들은 관심 밖에 두게 된다.

리더들은 조직이 '성공하기 위해선 현실을 마주해야 한다' 는 말을 많이 듣는다. 갈등이 바로 현실을 마주하는 수단이다. 갈등을 통해 조직은 그들의 고객과 관계를 유지할 수 있다. 갈등은 문제를 식별하고 그것들을 분석할 동기를 만들며 해결책을 강구할 매개체를 제공한다. 합의와 단결 그리고 정의에 도달할 수단인 것이다. 따라서 갈등은 문제의 일부가 아니라 해결의 일부다.

그럼에도 불구하고 '갈등을 피하라' 는 주장은 강한 호소력을 지니고 있다. 그런데 그들에게 묻고 싶다. 갈등이 스스로 없어지는가? 아무리 피해도 갈등은 그대로 남아 있다. 잠깐 자리를 옮기더라도 이내 다시 찾아온다.

그리고 그들이 간과하고 있는 사실이 있다. 갈등을 피하려고 노력하는 것이 오히려 갈등의 고조를 야기한다는 점이다. 일단 긴장과 압력이 형성되면 성난 말들이 오가며, '내가 옳고 네가 그르다'는 식의 이전투구가 시작된다. 갈등에 대한 이런 식의 흑백논리는 부담과 의심을 깊게 하고, 그들을 다시 갈등을 피하려는 태도로 몰아간다. 때문에 갈등을 피하는 것은 좋은 대처 방법이 아니다.

갈등관리가 필요한 경우는 직원들이 거만하고 공격적이며 소극적일 때만은 아니다. 인간관계는 정지된 상태로 있지 않다. 노력하지 않으면 농도가 옅어진다. 서로에 대한 신뢰는 계약이 아니기 때문에 언제든지 깨질 수 있는 것이다.

심리학자 커트 레윈(Kurt Lewin)은 인간관계의 현 상태를 정반대의 방향으로 비집고 들어가는 힘의 밸런스로써 분석했다. 성취감을 공유하고 저녁시간을 함께 보내는 것도 좋은 일이지만, 서로 반대되는 의견을 교환하면서 좀 더 나은 결론을 도출해내는 것도 굳은 단결심을 가져온다.

물론 인간관계를 잠식할 세력은 항상 있다. 다른 사람이 정말로 걱정할지에 대한 의심, 의도하지 않은 모욕, 프로젝트의 실패는 직원들을 분열시킨다. 갈등관리는 직원들이 파괴적인 힘을 통제하고 건설적인 합의를 구축하도록 돕는다.

조화를 통해 갈등을 피할 수 있다는 가정은 비현실적이고 비실용적이다. 갈등을 관리하는 것은 걱정과 토론이 필연적이라는 현실 위에서 이루어진다. 그래서 오해와 불신이 생기기도 한다. 그러나 갈등을 관리하는 것은 변화와 개선의 희망을 제공하고, 우리가 장래의 딜레마를 다룰 수 있으리라는 자신감을 준다는 데서 바람직하다.

갈등에 대한 긍정적 태도

갈등관리는 오늘날 요구되는 리더십이 리더에 대한 전통적인 기대를 어떻게 넘어서는지 잘 보여준다. 리더는 갈등을 최소화하고 빨리 제거하는 것이 그들의 결정적인 역할이라고 생각했다. 그들의 임무는 조화롭고 효율적인 조직을 만드는 일이었다. 그들은 어떤 갈등에 대해서도 조직을 원래의 효율적인 상태로 되돌릴 신속한 해결책을 강구해야 했다. 지금의 리더들은 팀의 시너지 효과를 진작하고 직원들이 의사결정 과정에서 반대 견해를 가져보도록 권한다. 그들은 문제 해결과 혁신을 위해 걱정과 불평 등의 갈등을 이용한다.

갈등을 관리하는 것은 온화하지만 냉정한 리더십이다. 갈등에 대한 긍정적인 태도는 전통적인 관념들에 도전하고 새로운 가치의 개발을 요구한다. 리더는 재판관이 아니라, 직원들과 더불어 문제를 공개적으로 논의하고 해결책을 강구하도록 돕는 중재자다. 직원들은 그들의 리더를 자신들 편으로 끌어들이려고 애쓰기보다는 서로를 정직하게 마주하고, 서로의 감정과 입장을 열린 마음으로 고려하며, 자신들이 어떻게 변해야 할지 생각해야 한다.

갈등에 대해 긍정적인 조직이 되는 것이 어렵더라도, 명령과 통제 기반 시스템으로의 회귀는 이제 불가능할 것이다. 직원들은 전제적인 갈등 해결방식을 더 이상 받아들이고 싶어 하지 않는다. 그들은 자신들의 생각과 감정을 표현하고 존중 받기를 바란다. 조직을 걱정하기 전에 좋아할 수 있기를 원하는 것이다.

노동인구가 점점 다양하게 구성됨에 따라 갈등도 증가하고 있다. 그렇지만 갈등을 보다 효과적으로 관리할 방법을 배우는 것 외에는 어떤 현실적인 대안도 없다. 협력적인 인간관계를 개발하고 충분히 소통하며, 감정을 관리하고 해결책을 확보하기 위해 반대 견해를 다루는 것이 건설적인 갈등관리에 도움이 된다.

갈등을 관리하는 것은 하나의 시험이다. 잘 다루어지면 인간관계와 능력을 강화한다. 그러나 잘못 다루면 불신과 소통 부재를 야기하며, 이는 강력하고 협력적인 관계를 망가뜨린다.

협력적인 갈등 이론

갈등에 관한 태도와 접근법을 진단하고, 갈등관리에 유용한 이론이 있다. 그러나 불행히도 직원들은 오도된 갈등 이론 속에 파묻혀 있는 경우가 많다.

갈등의 재정의

갈등에 관한 이해를 가장 많이 방해하는 고정관념은 '직원들의 이해관계가 서로 상충하기 때문에 갈등이 발생한다'는 것이다. 갈등은 직원들이 서로 대항하는 것을 의미한다. 어느 한 사람이 원하는 것과 다른 사람이 원하는 것은 양립할 수 없다. 그들의 목표는 경쟁적이다. 어느 한 사람이 얻으면 다른 한 사람은 잃는다. 그래서 결국 사람

협력적인 갈등으로 얻게 되는 이익

- **문제를 확인할 수 있다.** 갈등을 논의하면 경쟁적인 인간관계, 낮은 품질, 과잉 비용, 부정을 비롯해, 기타 효율에 장애가 되는 요소들을 확인하게 된다.

- **보다 나은 해결책을 찾을 수 있다.** 반대 견해를 토론함으로써 문제를 분석하고, 여러 가지 정보와 통찰을 검색하며, 직원들의 관점에 대응하는 해결책을 강구하기 위해 아이디어들을 통합하게 된다.

- **생산성이 향상된다.** 갈등관리는 하릴없이 빈둥거리거나 똑같은 일을 다시 하는 등의 헛된 낭비를 줄이고 자원을 효율적으로 사용하고 관리할 수 있다.

- **창의성을 자극한다.** 다른 사람들의 의견을 들음으로써 자신의 견해를 더 잘 이해하게 된다. 대안을 탐구하고 여러 관점을 통합함에 따라 그들은 보다 창조적이 된다.

- **변화와 혁신을 관리할 수 있다.** 갈등은 시대에 뒤떨어지는 절차와 과제, 구조에 도전하고 변화의 열정을 낳는다.

- **걱정을 덜게 된다.** 직원들은 토론과 문제 해결을 통해 그들의 긴장과 스트레스를 해소한다. 그들은 함께 어려움에 대처함으로써, 열린 인간관계를 확신하게 된다.

- **개인적인 발전을 돕는다.** 리더와 직원들은 그들의 스타일이 다른 직원들에게 영향을 미치는 방법과 자신들이 계발해야 할 필요가 있는 능력들을 알게 된다.

- **자기수용을 강화한다.** 감정을 표현하는 것은 직원들이 스스로를 받아들이고 존중하도록 돕는다. 다른 사람들이 자신의 말을 듣고 감정에 응답하는 것은 자긍심을 키워준다.

- **삶에 의욕이 생긴다.** 갈등이 주는 흥분과 각성 그리고 참여를 즐기게 되면 평범한 일상 속에서 스릴을 느낄 수 있다. 이는 사람들에게 인간관계의 복잡성을 검토하고 평가할 것을 요청한다.

들은 타협점에 이른다. 무엇을 얻기 위해서는 다른 무엇을 단념하겠다는 타협이 그것이다.

그러나 한 가지 매우 유용한 정의는 '갈등이 양립 불가능한 행동을 포함한다'는 것이다. 가령 어떤 사람이 상대방의 일에 간섭하고 방해하여 그의 행동을 덜 효과적으로 만들 수 있다. 논쟁 역시 다른 대안을 제시함으로써 결정에 이르는 것을 방해하는 갈등의 한 종류다. 양립 가능성이 없는 목표보다 활동의 관점에서 갈등을 정의하는 것이 다소 학술적으로 보일지도 모르지만, 이는 폭넓고 실제적인 암시를 제공한다.

양립 가능하고 협력적인 이해관계 속의 직원들도 그들의 공통 과제를 달성하고 보상을 분배하는 과정에서 충돌할 수 있다. 이 또한 갈등이다. 어떤 직원들은 신제품 개발로 회사의 수익을 높이고자 하지만, 다른 직원들은 기존 제품을 다시 디자인해서 시장에 내놓고 싶어 한다. 그들은 다른 직원들이 충분히 주의 깊게 자신들의 의견을 듣지 않아서 초조해 할 수도 있다.

사실 조직 내 대다수의 갈등은 직원들이 협력적인 이해관계를 가질 때 발생한다. 갈등이 반대의 이해관계에 의해 발생한다는 가정은 갈등을 '누구의 이해가 지배할 것인지 혹은 누구의 이해가 복종될 것인지를 결정하는 투쟁'의 관점을 낳는다. 하지만 협력적인 목표의 가정은 갈등을 상호 이익을 위한 일반적인 문제로 본다. 그리고 그것은 다시 '갈등은 건설적이기 때문에 사람들의 갈등관리 능력도 개선될 것'이라는 인식에 기여한다.

정직, 갈등을 관리하는 최고의 가치

만일 리더들이 직원들의 말에 귀를 기울이고 문제 해결을 지원하며 과제 수행에 필요한 지원을 아끼지 않는다면, 그들의 노력은 정당화될 것이다. 반대로 그들이 핑계와 보류, 무관심 등으로 일관하면 직원들은 조직에 대한 애정을 거두어드리려고 할 것이다.

직원들은 리더들의 정직함을 원한다. 또한 리더들은 직원들의 의견과 아이디어가 비록 흔하고 참신하지 않아도 반드시 관심을 보여야 한다. 직원들은 조직의 가장 소중한 존재들이며, 언제 직면할지 모를 위기를 극복하도록 돕는 최고의 아군이기 때문이다.

협력적인 접근

협력적인 갈등 이론은 강력하다. 인간관계와 그것을 보완하는 방법들을 제안하기 때문이다. 직원들이 목표를 협력적이라고 믿으면 그들은 서로를 고무하고 서로 유능할 수 있도록 돕는다. 그런 다음 그들은 서로의 아이디어를 결합해 유익한 해결책을 찾기 위해 준비한다. 그렇게 그들은 과제를 수행하고 자신들의 인간관계를 강화하기 위해 갈등을 이용한다.

그간의 많은 연구는 협력적인 갈등이 직원들의 관계를 강화하고 의견 일치에 이르게 한다는 사실을 확인시켜주었다. 협력적인 갈등은 직원들의 요구와 업무상의 요구를 통합하는 실질적인 방식이다 (〈그림 11–1〉 참조).

〈그림 11-1〉 협력적인 갈등 이론

반면 경쟁적인 목표는 직원들이 다른 직원들을 희생시켜 각자의 이익만을 도모하게 한다. 또한 서로를 방해할 것이라는 의심을 생기게 한다. 그들의 불신은 정보와 자원의 교류를 제한하고 소통을 왜곡하며 직접적인 토론을 피하게 만든다. 토론이 강요되는 상황이라면 오로지 이기는 것만을 추구하게 된다. 게다가 갈등 증가와 함께 나타나는 회피현상은 생산성을 저해하고 스트레스를 높이고 도덕심을 낮춘다(〈그림 11-2〉 참조).

경쟁적인 목표는 갈등관리를 어렵게 하고 서로가 사기를 꺾는 싸움에 공헌한다. 이 경우 직원들은 각자의 이익 추구로 인해 상호 긴장이 발생할 것이라고 생각한다. 그들은 다른 사람들이 자신들의 감정에 흥미가 있을지 걱정하고 비웃음 받을까봐 두려워한다. 그리고 그들을 이길 수 있는 리더나 다른 힘 있는 직원들과 갈등을 피하려 한다.

만일 그들이 본성에 따르기로 결심하게 되면 대개는 갈등을 확대

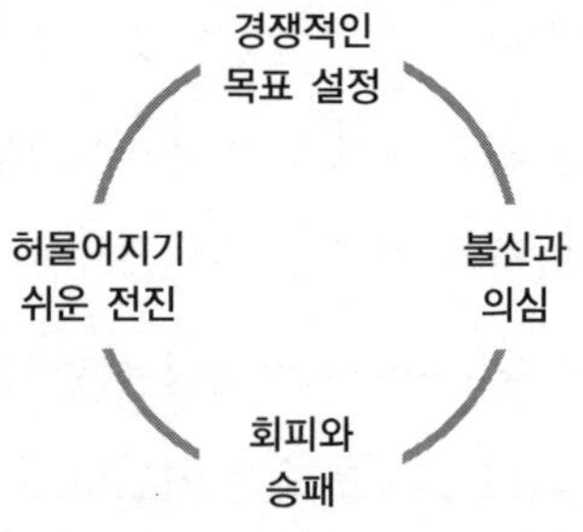

〈그림 11-2〉 경쟁적인 갈등 이론

시키는 거친 방법들을 이용한다. 다행히 그들이 갈등을 피해서 비록 단기적으로 이겼다고 생각하더라도 결국 그들은 지게 되어 있다. 고작 그들의 머릿속에는 '그래도 다른 사람이 더 많이 잃었을 것'이라는 자기합리화만 남게 되는 것이다.

갈등관리는 선택의 문제

갈등관리의 성공은 현명한 선택을 요구한다. 하나를 선택해야 하기에 중요하지 않은 일부 갈등은 무시해야 한다. 자신에게 중요하지는 않지만 다른 직원들에게 중요한 문제를 제안하는 행동은 매우 바람직할 수 있다. 또한 갈등관리를 위해 토론을 하거나 고민할 시간적 여유가 없을 경우, 일부 갈등들은 회피할 필요가 있다.

서로 이해 가능한 협력적인 갈등은 현명한 선택을 만드는 것을 돕는다. 생산성과 인간관계를 개선할 수 있는 갈등관리 방식이 있다. 협력적인 갈등에 관한 지식은 승부적 관점의 대안을 제시하며 경쟁적인 협상을 보다 분명하게 이해할 수 있게 한다. 모든 갈등 협상이 유사하지는 않다. 승부를 내야 하는 협상은 협력적인 것과는 다른 결과를 보인다. 성숙한 리더들은 조직과 비즈니스 세계에서 '가는 법이 있으면 오는 법'이 있는 협력적인 접근이 훨씬 유용함을 알고 있다.

패자를 정하는 것으로 갈등을 해결하는 방식은 적을 만들 뿐 아니라, 도달된 합의마저 그 의미를 축소시킨다. 패자는 승자의 합의를 원점으로 되돌리기 위해 호시탐탐 기회를 엿보기 때문이다. 샤르트르는 다음과 같이 말했다.

"당신이 승리에 관한 세부 사항을 알게 되면, 승리와 패배를 구별하는 것이 어렵다는 사실을 깨닫게 된다."

이제껏 경쟁이 효과적이었던 조직적인 상황은 발견되지 않았다. 갈등을 해결할 협상은 '당신과 상대방이 무엇을 원하는지 제대로 알고, 양자 모두 얻을 수 있는 방법을 찾는 일'이 되어야 한다.

협력적인 갈등관리의 과정

생산적으로 갈등을 해결하는 것은 협력적인 갈등에 관한 지식뿐 아니라 지속성과 정교한 기술, 발명의 재능을 요구한다. 이 국면은 건설적인 토론의 과정과 거의 유사하다.

자신의 입장을 진술하고 설명하라

협상은 어느 한 편이 상호 이익을 위해 해결하고 싶은 갈등이 있음을 상대방에게 전달할 때 시작된다. 갈등의 대상자들은 마주 앉아 해당 갈등을 식별하고 정의한다. 각자 상대방의 행동들을 진술하고, 왜 그것이 자신을 간섭하고 신경을 곤두세우는지 설명한다. 이때 비난하고 평가하기보다는 각자의 인식과 감정을 전달해야 한다. 그들은 상대방의 감정과 신념에 대한 직접적인 정보를 요구한다. 갈등을 승부를 결정하는 투쟁으로 보지 말고 해결해야 할 상호 문제로 정의하라. 상호 문제를 해결하면 아무도 손실을 보지 않는다.

요구와 감정, 목표에 집중하는 것은 필수적이지만, 자신의 입장만을 강요해서는 안 된다. 협력적인 리더들은 그들이 제시하는 해결책이 바람직한 이유 그리고 어떻게 그것이 그들의 요구를 달성하고 관계를 강화해주는지 증명한다. 그들은 입장과 제안이 양립 불가능하다고 미리 재단하지 않는다. 양측은 모두 욕구 실현을 추구하고 갈등 해결에 열의를 가지면서 해결책을 모색한다. 그들은 갈등을 계속 유지하는 것보다 협상을 통해 얻는 것이 더 많다는 사실을 알고 있다.

반대 의견에 의문을 표하고 이해하라

각자가 그들의 입장을 상세히 설명하는 것과 더불어, 그들은 각자의 이해관계와 감정에 대해 알기 위해 서로의 요구를 더 많이 듣는다. 그들은 자신들의 제안이 어떻게 양측의 요구를 충족할 수 있을지 논의한다. 상대방이 제시하는 해결책을 비평하고 그 부적절함을 지적한다.

그들은 입장과 제안 뒤에 있는 동기를 파악하기 위해 '왜' 라고 묻는다. 그러고 나면 동료의 개인적이고 고유한 견해와 마주해 그 차이점과 유사성을 확인하는 데 갈등의 이점이 있음을 깨닫게 된다. 상호간의 유익한 동의를 위해 리더는 자기 자신과 상대방의 견해에 대한 정확한 평가를 유지해야 한다.

하지만 이러한 이해를 방해하는 장벽이 있다. 우리는 다른 사람들의 동기와 갈등에 대한 그들의 감정적 강도를 잘못 판단할 수 있다. 우리는 서로의 차이를 과대평가할 수 있고 유사성을 과소평가할 수도 있다. 더욱이 갈등을 겪는 직원들은 흔히 그들이 상대를 이해할 수 없다고 느끼고, 보다 강력한 용어로 그들의 주장을 반복하는 경향이 있다. 때문에 그를 이해하려고 노력하고 있음을 보여줘야 한다. 그러면 그도 역시 주장의 반복을 멈추고 상대방의 말을 더 많이 들으려 하게 된다. 그렇게 되면 양측은 유효한 해결책을 만들 수 있는 좋은 위치를 찾은 것이다.

의견을 통합하고 결론을 창출하라

열린 토론을 통해 사람들은 갈등에 대한 이해와 공유를 향해 나아간다. 그러나 해결책을 만드는 일은 여전히 어렵다. 아마도 가장 일반적인 실수는, 마치 그것이 자신의 요구를 만족시킬 수 있는 유일한 해결책인 것처럼 의견을 고집하는 행위다. 그렇게 양측이 각자의 입장에 집착함에 따라 문제는 '나의 방식 또는 당신의 방식'으로 양분된다.

어느 한쪽이 많이 가질수록 다른 한쪽은 적게 가지는 '고정된 파이' 식의 가정도 더 나은 해결책을 이끌어내는 데 방해가 된다. 하지만 장기적으로 볼 때 크기가 고정된 파이는 좀처럼 나타나지 않는다. 예를 들어 경영진과 노동자는 임금협상 타결에서 경쟁적인 이해관계를 가지고 있지만, 비용절감과 품질개선을 통해 양쪽 모두 이익을 얻는다. 또한 경영진과 노동자는 조직에 대한 충성도를 높일 공정한 임금을 원한다. 일반적으로 한쪽이 많이 가지면 다른 쪽도 많이 갖게된다.

성숙하지 못한 감정도 대안을 만드는 것을 방해한다. 일부 직원들은 다른 사람들이 제안하는 모든 아이디어를 무조건 비판하려는 준비가 되어 있다.

대안을 만들고 장애를 극복하기 위해, 리더들은 브레인스토밍을 하고 그들이 할 수 있는 만큼의 의견을 제시한다. 아이디어가 많을수록 보다 좋은 결론이 선택될 수 있다. 나중에 그들은 상호 이익을 촉진하는 정도를 기준으로 이 아이디어들을 평가한다.

동의하고 악수하라

동의는 양측의 중요하고 적절한 이해관계를 충족한다. 또한 진심어린 동의는 그들의 상호 요구를 만족하고, 그동안 반대에 있었던 관계를 재조정하게 한다. 리더는 결정을 실행하는 데 있어 유능하고 헌신적이어야 한다. 해결책이 얼마나 훌륭하고 세련된 것인지 간에, 상대방의 도움이 없이는 갈등을 풀 수 없다. 동의는 원만한 갈등 해결을 돕고 장래의 협력을 고취하도록 주선한다.

갈등은 객관적인 기준을 기초로 해결되어야 한다. 제안은 공평과 효율, 팀의 가치와 과학적인 메리트의 기준에 따라 평가된다. 동의는 갈등이 끝났음을 의미하고, 사람들이 향후 어떻게 행동하는지 기술하며, 만일 동의에 부응하지 않으면 어떤 벌칙이 주어지는지 명시하고, 관계를 개선할 추가적 단계가 착수될 수 있는지 검토할 시기를 결정한다. 만일 현재의 해결책이 효과가 없다고 판명되면 협상을 재개할 준비를 해야 한다. 그들의 협상은 양측이 모두 원하는 것을 얻을 때 성공적으로 마무리될 것이다.

반성하고 배워라

사람들은 그들이 갈등에 어떻게 접근했는지 그리고 그들의 관계에 관해 배우기 위해 협상 결과를 반성한다. 갈등을 완벽하게 관리할 수 있어야 한다는 편집증을 버리면 민감도와 능력을 개선할 수 있다. 서로에게 피드백을 요구하고 제공하며 또한 필요한 지원을 요청한다. 서로의 성공을 축하하고 단점을 보강할 계획을 세운다. 갈등관리를 배우는 것이 어떻게 협력으로 이끄는지 이해한다.

갈등관리 매뉴얼

■ **협력적 환경을 조성하라**

- 협력적으로 일하기 위해서는 갈등관리가 필요하다는 현실적인 태도를 가져라.
- 갈등을 다루기 위해 함께 노력하는 데 초점을 맞추어라.
- 상호 승리의 해결책을 구하라.
- 갈등을 계속될 경우의 손실과 그것을 해결할 때의 이익을 계산하라.

■ **자신의 입장을 진술하고 설명하라**

- 갈등을 논의할 시간과 장소를 미리 정해놓아라.
- 각자 입장의 동기가 되는 아이디어와 감정을 확인하라.
- 문제에는 엄격하고 사람에게는 부드러워라.

■ **반대 의견에 의문을 표하고 이해하라**

- 의문을 철저하게 조사하고 질문하라.
- 스스로를 상대방의 입장에 서 보라.
- 반대 의견에 동의하지 않더라도 존경과 수용의 입장을 보여라.
- 내가 하기 싫은 것은 다른 사람도 하기 싫다는 갈등의 황금률을 따르라.

■ **의견을 통합하고 결론을 창출하라**

- 함께 문제를 정의하라.
- 상호 만족을 추구하는 것은 확실하지만, 추구하는 방법은 탄력적이어야 한다.
- 브레인스토밍을 활용하라.

■ **동의하고 악수하라**

- 다른 사람의 의견에 동의하라.
- 그 동의를 재확인하라.

- **반성하고 배워라**
  - 서로에게 피드백과 지원을 제공하라.
  - 축하하라.

- **갈등관리에서 피해야 할 함정들**
  - 갈등을 누군가의 탓으로 돌려야 하는 문제로 간주하는 것.
  - 모든 갈등을 승리를 위한 싸움으로 가정하는 것.
  - 단지 자신이 원하는 것에만 집중하는 것.
  - 갈등을 '나의 방식 혹은 당신의 방식'으로 양분하는 것.
  - 갈등 해결이 자신만의 책임이라 가정하는 것.
  - 갈등 해결이 상대방의 책임이라 가정하는 것.
  - 더 큰 소리로 자신의 주장을 반복하는 것.
  - 상대방을 놀라게 하고 압도하는 것.
  - 상대방에게 타격을 가하고 도망가는 것.
  - 비난과 함께 모든 사소한 것들을 들먹이는 것.
  - 듣는 척하는 것.
  - 단지 자신의 입장을 강화하기 위해 다른 직원들의 주장을 이용하는 것.
  - 크기가 고정된 파이로 가정하는 것.
  - 자신의 방식과 성공을 같다고 보는 것.

갈등 조정의 기술

리더는 직원들 사이에서 발생하는 갈등의 중재자 역할을 맡는다. 최근의 한 조사에 의하면 미국 내 1천여 곳의 기업들 중 1백여 곳의 임원들은 직원들의 갈등 문제를 다루는 데 많은 노력과 시간을 보낸다. 경영진은 직원들의 갈등과 그것이 초래하는 어려움을 중재하는 데 그들의 시간 중 약 9.2퍼센트를 사용하였다. 갈등을 무마하려고 노력하는 것에 더 많은 시간을 사용했을 수도 있다.

이를 위해 중재자는 많은 특정한 전략들을 갖고 있다. 협력적 갈등은 리더와 직원들이 갈등관리를 현명하게 할 수 있도록 2가지 방식을 제시한다.

하나는 갈등의 당사자들이 협력적 분위기를 창출하고, 그 속에서 그들이 긍정적으로 연관된 목표를 가진다는 사실을 이해하는 것이다. 또 하나는 그들이 협력적인 협상 전략을 배우도록 돕는 것과 관련이 있다.

협력적인 목표 인식

지속적이고 해결이 어려운 갈등 속에서 사람들은 보통 그들의 협력적인 이해관계를 포기하고 경쟁적인 이해관계를 추구한다. 그들은 누가 싸움에서 이길 것인지와 누가 더 중요하게 대우 받아야 하는지를 놓고 싸운다. 하지만 실제 비즈니스 세계에서는 그들 각자가 자신의 업무 수행을 위해 상대방의 능력을 요구한다. 그들은 유능하고 업무에 있어 성공적이라고 느끼기 위해 서로의 존경을 원한다.

그리고 리더 없이는 갈등을 효과적으로 관리할 수 없다는 사실이 그들의 협력적인 목표를 강화하게 된다. 결국 직원들 각각은 갈등을 관리하는 방법을 배우기 위해 상대방의 도움을 요청한다. 그들 모두는 현재와 다른 갈등을 다루는 것을 배움으로써 얻을 것이 많다. 갈등관리를 위한 그들의 공통적인 필요는 그들이 협력하도록 묶는다.

갈등 당사자들에게 그들의 협력적인 목표를 상기시키는 것뿐만 아니라, 중재자는 그들로 하여금 자신들의 목표를 평가하고 서로에게 의존하는 방법을 보여줌으로써 협력적인 분위기를 강화할 수 있다. 그렇게 되면 갈등 당사자들은 당면한 갈등에 대한 논의를 중단하고 그들의 인간관계를 검토한다.

중재자로서의 리더는 갈등 당사자들에게 보다 협력적인 상호 의존에 집중하도록 하고 당면한 갈등 토론을 미루도록 부탁한다. 하지만 그것은 갈등의 논의를 피하는 게 아니라 준비하는 것이다. 리더는 협력적인 목표와 인간관계를 강화하기 위해 현재의 갈등을 어떻게 이용할 수 있는지 논의할 것을 부탁 받는다.

협력적인 협상 전략 교육

협력적인 분위기는 생산적인 갈등관리를 용이하게 하지만 그것을 해결해주지는 않는다. 당사자들은 여전히 해결 방법을 연구해야 한다. 협력적인 협상 전략을 가르치는 일은, 당사자들이 당면한 특정한 문제를 다루고 경쟁적인 감정을 완화하는 데 도움이 된다.

지금까지 우리는 협력적인 관계를 만드는 기술, 다른 사람들의 견해를 이해하는 방법, 의견을 제시하고 결정을 내리는 과정에 대해 살펴보았다. 리더는 이러한 전략을 모델화하고 당사자들에게 그것들을 사용해보도록 권유한다. 당사자들 또한 갈등 전략을 함께 공부하고 논의한다.

1. 갈등 당사자들은 협력적인 갈등 전략에 대한 설명을 읽고 함께
   전략을 논의한다.

2. 그들은 각자의 행동이 어떻게 '보이는지' 그리고 자신들의 이해
   를 보다 구체적이고 특정 짓게 만드는 행동이 어떻게 '들리는
   지' 식별한다.

3. 그들은 각자가 생각하기에 자신들에게 유용할 것이라고 판단되
   는 행동을 확인한다.

4. 그들은 당면한 갈등을 다루면서 이 전략들을 이용할지의 여부에
   대한 동의에 도달하기 위해 토론한다.

5. 각 과정의 끝에서 그들은 이러한 협력적인 갈등 전략을 어느 정
   도 이용했는지 검토한다. 리더는 그들이 이 전략을 보다 적절하
   게 그리고 자주 이용할 수 있도록 고무한다.

만일 시의적절하고 시간과 자원이 충분하다면, 리더는 갈등 당사
자들을 위한 훈련 프로그램을 제공할 수 있다. 그러면 그들은 협력적
인 갈등관리 기술과 그것의 본질을 이해할 수 있고, 협력적인 갈등관
리의 행동 과학적 모델을 관찰할 수 있으며, 이러한 접근법들의 효율
과 이용을 논의할 수 있다. 또한 협력적인 협상을 조율하는 역할을
맡을 수 있고, 지속적인 학습을 위한 피드백과 지원을 제공할 수 있
게 된다.

반성과 학습

리더는 사람들이 장래의 갈등을 다룰 기술을 학습하도록 독려한다. 그러나 당면한 문제를 처리해야 할 압력과 공유되는 틀의 부족은 이러한 학습을 방해한다. 협력적인 갈등관리 이론은 중재자와 갈등 당사자들에게 공통적인 이해를 제공한다. 그 다음 그들은 각자의 차이를 논의하기 위해 어떻게 노력해야 하는지 이해하고 서로에게 피드백과 지원을 줌으로써, 현재와 장래의 갈등을 다루는 기술을 개선할 수 있다.

중재, 협상의 현실적 대안

중재(arbitration)는 협상의 현실적 대안이다. 대부분의 리더들은 갈등을 다룰 때에 흔히 비공식적 중재에 의존한다. 리더들의 관점에서 중재는 조정(mediation)보다 효율적이며, 그들이 문제를 해결하고 결정하는 사람들이라는 자신의 역할에 대한 가치관과 부합한다. 하지만 이 비공식적인 중재는 보통 함축적이고 별로 효과가 없는 방법으로 수행된다.

중재자는 반대 입장과 문제에 정통하고 모든 증거를 조사하는 공평한 역할을 취해야 한다. 그런 다음 그는 갈등이 해결될 방법에 대한 자신의 의견을 제시한다. 그 과정은 아래와 같다.

1. 갈등 당사자들은 그들의 주장을 설명할 기회를 가지고 난 뒤, 양측 모두 중재자의 결정에 따라 행동할 것을 동의한다.

2. 양측은 그들의 입장을 설명한다. 그리고 각자가 바라는 갈등 해결 방법을 제안한다.

3. 양측은 그들의 입장과 그 증거를 제시한다. 이때 각자 자신의 주장을 펼칠 균등한 기회가 주어져야 한다.

4. 양측은 상대의 주장과 증거를 논박하고 반대 근거를 제시한다. 사실과 논리에 의거해 중재자를 설득하려고 노력한다.

5. 양측은 최종 진술을 한다.

6. 중재인은 이를 종합해 결정을 내리고 그 이유를 제시한다.

중재는 자발적인 행위다. 갈등 당사자들은 중재인에게 동의위반 시 징계방식을 결정할 것을 요청하고, 그의 결정에 따르는 데 동의한다. 그러나 조직 내의 직원들은 전형적으로 상사에 의한 비공식적 중재에 따라야 한다고 생각한다. 전통적인 계층 구조는 관리자들에 분쟁을 타결하고, 부드러운 협력 상태를 유지할 권한을 준다. 사실 갈등을 윗선으로 전달하는 것은, 조직에서 갈등을 다루는 가장 인기 있는 방식이다.

그렇지만 관리자들은 좀처럼 효과적으로 중재할 준비를 하고 있지 못하다. 선입견에 휘둘리지는 않지만, 갈등 당사자들과 그들의 갈등에 대해 강한 편견을 갖고 있다. 때문에 중재를 진행할 시간이 없다고 생각하면서, 흔히 한쪽의 주장만 듣고 결정을 내려 바람직한 중재

과정을 무시한다. 더욱이 양측이 각자의 입장을 준비하고 논쟁하는 것을 시간 낭비로 간주한다.

직원들도 마찬가지다. 준비가 되어 있지 않다. 분노하면서도, 해결이 왜 필요한지 그리고 어떤 해결이 필요한지 모른다. 안다고 해도 그들의 입장을 깨끗이 정리해서 문서화하거나, 관리자들과 그것을 논의하는 데 당황해 할 수 있다. 그들은 자신들의 입장에 집착하고, 그것이 받아들여지지 않을 때 패배했다고 느끼며, 관리자들이 불공평하다고 비난하면서 일을 그만둔다.

보통 중재는 과도하게 쓰이며 조정은 너무 간과된다. 둘 다 서투른 해법과 약해진 인간관계로 귀결될 수 있지만, 협력적인 중재는 서로의 관점을 제시하고 이해하며 새로운 대안을 만들 기회를 보다 많이 허락한다. 중재는 또한 갈등관리의 복잡한 기술을 연습하고 배울 기회를 제공한다.

갈등의 긍정적 태도

갈등에 대한 긍정적인 태도는 갈등이 필연적으로 경쟁적이라는 오래된 관념을 버릴 것을 요구한다. 직원들은 '강한' 팀원을 공격적이고 끈질기며 거만하고 승부에 집착하는 사람으로 본다. 반면 '약한' 팀원은 너무 소극적이고 깨지기 쉬우며 갈등을 견디지 못하는 사람으로 치부한다. 비록 그들이 직접적이고 효과적으로 문제와 서로 간의 차이를 다루고 싶어 하지만, 다른 사람들이 승리와 회피에 집중한다고도 생각한다. 이러한 부정적 태도는 생산적인 갈등을 매우 어렵게 만든다. 갈등관리를 배우는 것은 갈등 당사자들이 마음을 바꾸지 않는 경우에도 유용하지만, 서로 함께 배울 때 가장 강력한 효과가 나온다.

갈등 당사자들은 갈등을 경쟁적인 것으로 보는 태도를 버리고, 협력적인 갈등관리가 가능한 팀과 조직을 만들기 위해 힘을 합칠 수 있다. 그리고 협력적인 갈등의 이익과 파괴적인 갈등의 불이익을 논의함으로써, 그들이 갈등 능력을 개선하는 데 노력해야만 한다는 것을 상기시킬 수 있다. 그러면 그들은 협력적인 갈등관리가 어떻게 해서 '갈등이 이해관계의 투쟁이라는 관점에 대한 대안'이 될 수 있는지 이해할 수 있게 된다.

사람들은 그들의 갈등을 공개적·협력적으로 관리하는 것을 약속할 수 있다. 그들은 자신들의 일 처리 방법을 하룻밤 사이에 바꿀 수는 없지만, 갈등을 관리하는 협력적인 방법을 배울 동기가 있음을 전달할 수는 있다. 이러한 방식으로 직원들은 서로를 공격적이거나 소극적으로 보는 태도에서 탈피해, 각자가 차이를 효과적으로 관리하고 싶어 하는 열린 마음을 가진 사람들이라고 믿게 된다.

이제 그들은 이러한 인식을 행동으로 옮김으로써, 공동의 가치와 절차 그리고 기술을 익혀야 한다. 팀은 갈등을 논의하는 방법을 인식하고, 여러 보상을 설정하며, 협력적 갈등관리를 돕는 훈련 과정에 착수한다. 그렇게 자신들의 속마음을 드러내고, 다른 사람들의 의견에 동의하지 않을 권리가 있다는 데도 동의한다.

리더와 직원들이 더불어 갈등관리를 배우는 것은 현명하고 실용적

인 투자다. 12장에서 살펴보겠지만, 그러한 학습은 동기부여와 자기
관리에 핵심적 요소로 작용한다.

12. 자율팀의 구축

독재자는 협력을 거부하고, 병적으로 라이벌을 두려워한다. 그는 모든 우월함을 억제하고, 뛰어난 사람들을 버리며, 교육과 계몽을 금지하고, 시민운동을 통제해 그들을 영구적 예속시키며, 사람들을 노예적 삶과 공포에 익숙해지게 만든다.

아리스토텔레스, 철학자

조직의 시스템은 복잡한 계층적 구조에서 스스로 관리하는 팀 조직 쪽으로 변화해왔다. 우리는 살아남기 위해 새로운 업무방식을 강구해야 하고, 거칠고 엄격한 시장 환경에 대응해야 함을 깨닫는다. 단지 좀 더 열심히 일하기보다 우리는 보다 참신하게 일할 방법과 비용절감을 모색해야 한다. 그리고 고객들에게 제공하는 서비스를 개선해야 한다.

우리가 이 책에서 계속 강조하는 핵심은 협력적인 팀워크와 갈등관리다. 직원들은 팀워크를 통해 문제를 확인하고 해결하며, 다른 사람들과 더불어 해결책을 찾아야 한다. 하지만 다른 조직들과 마찬가지로 우리의 경험은 자율적인 팀이 되는 과정은 즐겁고 자유롭지만, 동시에 어려운 갈등으로 가득 차 있음을 알고 있다.

조직을 변화시키는 일에는 부담이 추가된다. 사람들은 여전히 그들의 과제를 수행하고, 필연적인 위기를 관리하면서, 동시에 새로운 방식으로 일하는 법을 배워야 한다. 물론 새로운 업무방식을 익히는 과정에서 시행착오가 있을 것이다. 이것들은 확인되어야 하고 수정되어야 한다.

자율은 특히 도전적인데, 그 이유는 직원들이 그저 많은 책임을 감수해야 할 뿐 아니라 퇴보를 관찰하고 앞장서서 이를 바로 잡아야 하기 때문이다. 그들은 동료의 진보를 도와야 하며, 갈등에 대해 긍정적 태도를 가진 인간관계를 진작해야 한다. 팀원의 결정이 단지 임시변통에 불과하다고 의심의 눈으로 보기보다는, 다른 사람들이 각자의 일을 하게 만드는 것으로 생각해야 한다.

어떤 직원들은 자율에 따르는 보상을 알 수 없었기 때문에 회사를 그만두었다. 직업안정성과 임금삭감이 없다는 보증에도 불구하고, 그들은 자신의 힘과 지위의 상실이 보이는 제안을 받아들일 수 없었다. 일부는 그들이 각자의 업무에 대해서만 걱정하고, 상사가 제공해주는 안전망에 의지할 수 있었던 '그 좋았던 시절'을 그리워했다.

리더들 또한 변화의 준비가 되어 있어야 했다. 그들은 팀워크 기술을 훈련하고 발전시켰다. 리더들은 심지어 실수를 저지른 직원들에게 책임을 물을 때에도, 그들의 이니셔티브를 조장하고 지지하는 법을 배워야 했다. 또한 조직의 비전과 목표를 명확히 전달하기 위해서 더 많은 작업이 필요했다. 아울러 조직은 그들이 걸어온 방향을 재고하고, 목표를 달성할 신뢰와 자원을 개발해야 했다.

성과평가와 보상제도는 협력적인 자율팀을 고무하도록 수정되고 있다. 결정권을 차지하기 위한 갈등은 계속된다. 팀이 자체적으로 결정할 사안에는 무엇이 있는가? 다른 팀과 논의해 결정할 문제는 어떤 것이 있는가? 공교롭게도 스스로 관리하는 팀을 창출하기 위한 명쾌한 계획이나 청사진은 존재하지 않는다. 자율팀으로 변화하는 것은 리더와 직원들이 함께 생산적으로 일하는 데 필요한 심리학적인 지식과 기교와 같은 요소들을 요구한다.

자율팀의 잠재력

많은 조직에서 자율팀을 이용하고 있다. 〈포춘〉이 선정한 1천 곳의 기업들 중 거의 절반이 자율팀을 이용하고 있으며, 나머지 기업들도 그것을 강화할 예정이라고 발표했다.

자율팀에는 일상적 업무를 결정할 상당한 권한이 위임된다. 업무 방식, 휴식, 채용, 교육 등을 스스로 결정할 수 있다. 그리고 자율팀의 구성원들은 과제 수행에 필요한 다양한 기술에 관해 피드백을 받을 수 있다.

최소한의 업무지시는 자율팀이 가진 기본 원칙이다. 조직은 외부의 감독 없이 팀원들이 보다 효과적으로 일하고 각자의 내적 문제를 감당할 것을 요구한다. 감독이 없다는 것은 그만큼 간섭 받지 않음을 뜻하기 때문에 이 시스템은 본질적으로 만족감을 제공한다. 또한 보다 많은 주인의식과 자부심을 갖게 한다. 그래서 기대되는 결과는 스트레스 감소와 생산성 향상 그리고 낮은 이직률이다.

자율적인 방식과 전통적 방식

텍사스인스트루먼트와 제록스 등의 성공적인 조직들은 자율팀에 대한 그들의 투자가 충분히 가치 있었다고 말한다. 각자의 우선 사항을 결정하고 나누며 그들의 능력을 계발시킬 책임을 가진 팀들은, 조직적인 과제와 문제를 다루고 직원들의 참여와 열의를 이끌어낼 수 있는 것으로 판명되었다.

월, 켐프, 잭슨, 클레그 같은 학자들은 영국의 제과 회사들을 분석한 결과, 자율팀의 직원들이 업무만족도나 기타 부분에서 월등히 높았음을 발견했다. 이 팀들은 12명의 팀원으로 일하도록 기획되었다. 12명이 캔디를 생산하는 모든 작업을 수행한다. 그들은 서로 논의해서 작업량을 할당하고, 생산 목표를 달성하며, 품질과 건강 기준을 충족시켰다. 또한 사내 정보 시스템에 자신들의 생산 자료를 기록하고, 원자재를 주문 및 수령하고, 제품을 출고했다. 게다가 채용과정에 참여하고 새로 들어온 직원들을 훈련시켰다. 물론 이 모든 것은 팀 스스로 수행했다. 감독자는 처음부터 없었다.

그 결과 회사 내 다른 팀들과 비교해 자율팀의 생산성과 업무 개선도가 훨씬 높았다. 회사 또한 높은 연봉을 주고 별도의 감독자를 고용할 필요가 없었기 때문에 도움이 되었다. 하지만 이 자율팀은 조직에서의 열의와 이직률 감소에는 이바지하지 않았다. 오히려 이직률이 더 높았다.

또 다른 연구는 자율팀이 직원들의 태도와 행동에 긍정적인 영향을 끼침을 확인해준다. 경영학자인 코헨과 레드포드는 한 전화 회사의 50개 자율팀과 기존 방식의 다른 50개 팀을 신중하게 비교했다. 그리고 자율팀에 전통적 방식의 팀보다 높은 점수를 주었다. 관리자들도 자율팀이 기존 방식의 팀보다 더 효과적이라고 평가했다.

그러나 자율팀이 생산성을 개선하긴 하지만 관리자들의 스트레스도 늘린다. 조사 결과 이는 '바로 이런 방식'의 자율팀을 운영할 수 없기 때문에 발생한 결과였다. 다시 말해 저마다 자율팀을 표방하지만 서로 유사할 뿐이며, 완벽한 자율팀의 모델을 결정할 수 없기 때문이다. 자율팀은 많은 잠재력을 갖고 있지만, 만병통치약이나 필연적인 해결책은 아니다. 적절한 활용법과 관리방식이 필요하다.

자기관리 능력

사람들에게 자신의 팀을 관리하도록 자유를 주는 것이, 그들이 효과적으로 작업을 수행할 수 있음을 보증하지는 않는다. 관리자들과 마찬가지로 직원들 역시 그들 자신을 관리하며, 팀으로서 효과적으로 일하는 데 필요한 격려와 안내, 피드백과 다른 지원들을 요구한다. 부실하게 운영되는 자율팀은 개별적인 창의성과 자발성을 잠식할 수 있다. 사람들은 스스로를 관리할 기술을 개발해야 한다.

자율팀이 효과적으로 운영되기 위해서는 협력적인 목표와 건설적 토론이 필요하다. 미국 중서부의 한 제조 공장은 5년 동안 자율팀 시스템을 운영했는데, 그들 팀을 분석하는 데 있어서 협조 이론을 이용하였다. 연구에 참여했던 65개 팀 540명의 직원들은 도색과 조립, 배선 작업을 수행했다. 팀은 스케줄 관리와 안전점검, 비용처리, 구매 결정, 품질관리에 대해 책임이 있었다. 그리고 모든 팀은 각 팀의 리더들에 의해 주도되는 주간회의 시간을 가졌다.

협력적인 목표가 특징인 팀들은 그들 사이의 반대 의견을 공개적으로 그리고 기술적으로 논의했다. 협력적인 목표와 건설적인 주장을 가진 팀들은, 경쟁적이고 갈등에 대한 공개적 토론이 적은 팀들보다 생산적이고 혁신적이라고 평가 받았다.

자율팀의 팀원들은 각자가 리더가 되어야 한다. 그들은 서로가 어떻게 협력하고 상호 의존하는지 알기 위해 노력해야 한다. 양방향 소통 기술과 열정적인 평가관리는 구성원의 자기관리 능력에 공헌한다. 팀원들은 그들의 반대 의견을 공개적으로 논의하고, 그들의 갈등을 기교적으로 관리할 필요가 있다.

이제부터는 자율팀이 어떻게 다른 그룹들과 함께 일하고, 적절한 책임에 관해 협의하며, 도전에 맞서면서 책임감을 유지하는지에 관해 살펴본다.

상호 의존 관계에서의 자율

자율팀을 효과적으로 만드는 데 있어서 주요한 딜레마는, 비록 그들이 자율적이고 자치적인 팀으로 불리지만 조직에 매우 의존하고 있다는 점이다. 효과적인 자율팀을 만들기 위해서 조직은 그들의 가치와 보상제도를 개선해야 한다.

자율은 팀이 각자의 방향을 결정하고 많은 자치권을 행사함을 의미한다. 그들에게는 각자의 운명을 감당한다는 의무감이 있고, 자발적 결정과 성공의 보상을 함께 나누며, 실패에 대한 책임이 있다고 느낀다. 직원들은 그들이 변화를 이끌어낼 수 있다고 생각한다. 그럼에도 불구하고 자율팀이 단지 '그들의 일만' 할 수는 없다. 조직은 상호 의존한다. 자율적 방향의 결정은 상호 간에 지지하는 인간관계를 요구한다.

자기관리 방식의 옹호자는 자율의 자유가 무척 동기부여적임을 주장한다. 사람들은 반복적인 작업의 지루함과 지시를 받는 일상에서 벗어나고 싶어 한다. 그들은 각자의 업무에 관한 그리고 자신들이 일하는 방식에 대한 결정의 가치를 발견하고 자기유효성의 기회를 환영한다.

그러나 스스로 관리할 자율이 사람들로 하여금 그들의 노력이 '성공과 직접적으로 연결될 것'이라는 사실을 믿게 할 수는 없다. 그들 스스로 상당한 영향력을 행사할 것을 믿는 사람들은 별로 없다. 다른 사람들이 필요한 정보를 가지고 있지 않거나 자신들과 공유하려 들지 않을 거라 생각하면, 그들은 힘을 얻지 못한다. 더욱이 다른 사람들이 책임과 협력을 피하고 이기적으로 행동한다고 생각하면, 그들은 자신들의 노력이 헛될 거라는 결론을 쉽게 내리고 만다.

직원들은 그들의 목표가 가치 있고 중요하며, 그들이 그것들을 달성할 능력이 있다는 확신을 갖길 원한다. 또한 그들의 업무가 고객에게 중요하고, 그들이 작업을 수행하는 데 필요한 지원을 받을지의 여부도 알고 싶어 한다.

조직 내의 상호 의존에 대한 인식은 자율팀의 개발을 강조한다. 팀은 개인의 열정과 능력을 협력적이고 효과적으로 결합하는 것에 의해 목표를 달성할 수 있음을 믿게 될 것이다. 그렇다고 팀에 보다 많이 자유를 주는 것이 '할 수 있다'는 그들의 확신에 직접적으로 기여하지는 않는다.

자율은 리더와 직원들의 결합된 노력을 요구한다. 리더는 직원들로 하여금 그들에게 성공에 필요한 능력이 있다고 확신하게끔 도와야 한다. 리더들이 그들의 권한을 포기하고 방해가 되지 않도록 자리를 피해야 한다는 생각은 고정관념이다. 현실은 자율을 위해서 리더들이 지속적으로 개인 및 팀과 협동해야 한다고 말한다.

자율팀으로의 변화는 신뢰할 수 있는 경영진의 지원을 필요로 한다. 리더와 사람들은 자율방식을 만드는 데 자신과 열의가 있어야만 한다. 리더는 팀이 노력을 인정받고 그들의 과제를 성공적으로 완수할 수 있도록 할 수 있는 모든 지원을 아끼지 말아야 한다.

책임의 교환

자율적 방향 결정은 팀이 각자의 성공에 대해 책임을 져야 한다는 것을 의미한다. 리더가 직원들에게 툭 던져줄 수 있는 것도 아니며, 직원들도 공을 받듯이 넘겨받을 수 있는 것도 아니다. 지속적인 협의와 대화를 통해서만 가능하다.

전통적으로 관리자들은 직원들을 그들의 도구로 생각했다. 무엇을 어떻게 할 것인지 결정한 다음 직원들에게 그 결정을 수행하도록 지시했고 직원들은 순종했다. 직원들을 관찰함으로써 그들은 보다 완전한 지시를 내려야 했는지의 여부를 알 수 있었다. 관리자들은 업무를 점검하고, 사람들이 뜻밖의 상황에 어떻게 대처해야 하는지 알려주었다. 그들에게는 '세세한 점까지 관리할' 책임이 있었다.

자율팀의 리더들은 직원들이 자신들의 과제가 조직이 목표와 어떻게 부합하는지 이해할 수 있도록 도와야 한다. 또한 프로젝트의 올바른 마무리에 관해, 그리고 그것이 다른 개인들과 팀의 업무를 보완하는 방식을 제시해야 한다. 목표에 대한 직원들의 명료한 이해 없이는 상황에 적응할 수 없고 각자의 창의성을 효과적으로 발휘할 수 없다.

리더들은 또한 직원들 스스로 그들의 과제에 헌신하도록 독려해야 하며, 그 과제를 달성했을 때의 가치를 이해하도록 도와야 한다. 필요한 작업이 수행되고 있는지 점검하지 않고서는 안심할 수 없다. 하지만 리더들은 직원들의 자발성을 신뢰하고 그들 스스로 잘할 수 있도록 협력해야 한다.

직원들 역시 자율성에 따르는 책임을 감당해야 한다. 그리고 리더들에게 믿음을 보여줘야 한다. 예전까지만 해도 직원들은 각자의 업무에 집중하고 상사에게서 피드백을 얻었다. 만일 일이 제대로 되지 않더라도 언제든지 상사가 그것을 바로 잡아줄 거라고 안심할 수 있었다. 그러나 자율팀의 직원들은 장기적인 관점을 취해야 한다. 자신들의 업무가 다른 사람들을 어떻게 돕는지 알아야 하고, 회사의 비전이 무엇인지 이해해야 하며, 그들 스스로 과제를 완수할 수 있음을 확신해야 한다. 아울러 상사로부터 즉각적인 피드백이 없을 수도 있음을 염두에 둬야 한다.

책임감을 고무하기 위해 리더와 직원들이 취할 수 있는 방법들은 다음과 같다.

1. 리더와 직원들은 그들의 팀 과제가 조직의 경영 전략을 어떻게 기여할지 논의한다. 직원들은 경영진이 자신들의 성공을 바란다는 사실을 알고 있다.

2. 리더는 인원과 예산의 할당에 있어서 자율팀의 중요성에 관해 설명한다. 팀원들은 스스로 성공을 위한 개인적인 능력과 정보, 지식을 갖추고 있다고 생각한다. 그들은 협력에 필요한 기술이 있으며, 정말로 필요한 자원을 얻기 위해 언제든지 협의할 수 있다고 확신한다.

3. 직원들은 그들의 이전의 성취 경험에 대해 논의하고, 개인적인 역량을 공개한다. 그리고 팀을 위해 그 역량을 활용했던 방식을

파악한다. 과제 수행에 요구되는 자원에 관한 예비 평가를 통해, 팀은 기술과 자원을 어떻게 적용할 수 있는지 확인한다.

4. 직원들은 각 분야별 최신 기술을 배우고 관련 서적을 읽어 아이디어를 논의한다. 학습과 토론은 갈등과 기타 문제들을 다루는 솜씨를 개발하는 데 도움이 된다.

5. 정기적인 회의와 효율적인 네트워킹 시스템은 팀원들 사이의 정보 교환을 돕는다.

책임감 유지의 방법

자율은 책임감과 성공에 대한 칭찬 이상의 것이다. 직원들은 그들 자신의 단점과 실패에 관한 책임감을 유지해야 한다. 그들은 자신들의 문제를 해결하기 위해 리더십을 발휘할 필요가 있다. 비록 리더들이 세세한 점을 관리하지는 않지만, 그들은 직원들이 충분히 생산적인 결과를 창출해낼 것이라고 기대한다. 기대치를 달성하지 못했을 경우, 팀원들이 얼굴을 맞대고 논의하는 것도 필수적이다.

협력은 대면을 요구한다. 협력 속에서 팀원들은 서로가 열심히 할 것을 바란다. 왜냐하면 그들 모두가 팀의 협력적인 목표를 달성하는 데 공헌하기 때문이다. 자기에게 주어진 일을 잘 할수록 다른 직원들도 각자의 업무를 더 잘 수행하게 된다. 팀원들은 각자의 노력을 서로 지지하고 칭찬한다. 또한 어느 한 사람이 뒤쳐지게 되면 다른 직원들이 나서서 그를 돕는다.

이러한 대면은 협력적인 공동의 선을 고무한다. 효과적인 대면을 통해 리더와 직원들은 적절한 방식으로 자신들에게 할당된 과제에 대해 책임감을 느끼도록 만든다. 그렇다고 그들이 스스로의 의지를 강제하지는 않는다. 서로의 성공을 바라고, 그럴 수 있도록 서로 도울 뿐이다.

협력적인 관계는 대면 기회를 긍정적으로 활용한다. 경쟁적인 환경 속의 직원들은 그들의 경쟁자가 업무 수행에 실패할수록 자신이 '승리'한 것처럼 느낀다. 협력 속에서 직원들은 서로의 효과적인 업무 수행에 관심을 가진다. 경쟁보다 협력을 지향하는 조직의 직원들은 서로의 어려움에 대해서 허심탄회하게 논의할 것이다. 진실한 동료와 우호적인 상사는 일이 잘못되었을 때, 그것을 지적해주고 서로 나아갈 수 있도록 노력하는 사람이다.

개인의 책임이 팀의 책임

비록 비난은 하지 않더라도, 팀은 개별적인 팀원들의 책임감을 유지한다. 분업과 기능이 할당됨과 동시에 책임 역시 할당된다. 팀은 개인과 협력해 장애물을 제거하고, 성공에 필요한 자원을 제공할 책임을 공유한다. 흔히 개인들은 지지 받지 못하거나 적절한 지시를 받지 못하면 업무를 수행하지 않았다. 그러나 팀에 도움이 되지 않는 개인들은 향후 보상에서 배제될 위험을 감수해야 한다.

각각의 팀원들은 각자의 활동에 대해 보고하고, 자신의 개인적인 책임을 명백히 보여야 한다. 개별적인 성과는 그에게 기대된 역할과 할당된 업무 그리고 팀에 대한 기여도에 의해 결정된다. 자신의 몫을 완수한 개인은 팀의 인정을 받는다. 그리고 팀은 그들의 의무를 이행하지 않는 개인에게 업무 수행을 고무하거나 경고 또는 징계를 할 수 있다. 만약 어려운 문제에 대처해야 하는 상황이라면 의사결정을 조정하는 과정에 그들의 리더를 참여시킬 수 있다.

협력적인 팀워크는 모든 직원이 보상은 받되 처벌은 받지 않는 것을 의미하지는 않는다. 관리자들은 비생산적인 팀을 대면할 필요가 있다. 만일 그 팀이 계속 비생산적이면 약간의 벌칙을 활용할 수 있다. 이때 관리자들은 몇몇을 비난하기보다는 팀 전체가 책임을 지도록 한다.

효과적인 대면

효과적인 대면은 각각 성공할 수 있는 상황을 요구한다. 설사 대면하는 직원들이 그렇지 않더라도, 협력적인 목표에 집중해야 한다.

리더는 개인에게 각자의 과제가 중요한 이유 그리고 팀의 성공을 위해 팀원들이 각자의 과제를 어떻게 수행해야 하는지 상기시킨다. 나아가 장애물을 확인하고 각자의 작업을 제때에 완수할 수 있도록 도와준다. 그의 성공을 기대하고 있다는 사실을 확인시켜주고, 성공에 필요한 기술과 다른 지원을 제공한다. 리더는 규율을 지키며, 그들의 협력적인 의도를 탈선하거나 불분명하게 하지 않는다. 직원들의 인격을 비난하지 않고, 숨겨진 의도를 의심하지 않는다. 또한 리더는 그들의 다른 기여들을 높이 평가하고, 인격체로서 존중됨을 확인시켜준다.

자발적 조직 문화의 건설

오늘날 많은 조직의 점점 더 많은 직원들은 자발적으로 일하고 있다. 그들은 정보를 입수하고 중요한 과제를 스스로 완수할 수 있도록 최신 기술을 이용한다. 그로 인해 중간 관리자들은 점점 줄고 있으며, 조직의 다운사이징과 경비절감 노력으로 특히 급감하고 있다.

직원들이 그들 스스로를 관리하는 자율 조직 문화를 창조하는 일은 도전이다. 자율은 직원들에게 상당한 동기를 줄 수 있다. 그것은 관료제와 위계제도의 제약으로부터 그들을 해방시킨다. 직원들은 관리자가 세세한 점까지 참견하는 데 분개하고 저항한다. 그들은 자신들의 능력을 계발하고 그들의 가치를 증명하기 위한 도전과 자율을 원한다. 자기관리는 오늘날의 도전을 감당할 린 조직을 만들어낸다.

그럼에도 불구하고 자율 방식의 대담한 미래상을 실현하는 일은 쉽지 않다. 아직 많은 수의 리더들이 변화에 저항한다는 이유로 흔히 비난 받는다. 그들은 여전히 통제의 매력에 탐닉한다. 입으로는 자기관리를 쉽게 말하지만, 정보를 은닉하고 그들의 권한을 다시 찾기 위해 애쓴다. 리더들은 직원들의 과제 수행 능력이 불만족스러울 때 '책임감을 원하면서도 아무것도 책임지려 하지 않는다' 고 불평한다.

자발적 조직이 되는 방법

■ 토대 구축

- 협력적인 목표를 형성하라.
- 양방향 소통을 촉진하라.
- 감정을 표현하고 관리하라.
- 반대 의견을 건설적으로 논의하라.
- 갈등을 생산적으로 관리하라.
- 다른 팀과의 협력적이고 생산적인 인간관계를 개발하라.
- 신뢰할 수 있는 최고경영진의 지지를 보여라.

■ 책임감 부여

- 리더와 직원들은 그들 팀의 과업이 어떻게 조직의 비즈니스 전략을 보완하고 진작할지에 관해 논의한다.
- 직원들은 그들에게 할당된 과제의 목표와 가치를 이해하고 전념한다.
- 팀원들은 그들의 성취 경험과 개인적인 역량을 확인한다.
- 리더와 직원들은 그들의 능력을 향상시킬 공식적 또는 비공식적 학습 방법을 이용한다.
- 직원들은 성공을 위한 권한과 자원에 대한 확신으로 힘을 얻는다.
- 정기적인 회의와 효율적인 네트워킹 시스템은 팀원들 사이의 정보 교환을 돕는다.

■ 책임감 유지

- 직원들 각자는 팀에 대한 자신의 기여를 확인한다.
- 팀은 개별적인 기여와 팀의 성공을 축하한다.
- 리더와 직원들은 받아들일 수 없는 성과를 회피하지 않는다.
- 리더는 직원들 각자가 인격체로서 존중됨을 확인시킨다.
- 리더와 직원들은 견고한 협력적 팀이 되기 위해 대면 기회를 활용한다.

직원들은 도전적 업무를 입에 올리지만, 있음직한 실패를 감당하려고 하지 않는다.

효과적인 자기관리는 단순히 관리자들을 내보내고, 직원들의 책임감을 강조하는 것 이상을 요구한다. 리더들은 단순히 권한을 단념하는 게 아니라, 새로운 종류의 리더십을 발휘할 필요가 있다. 직원들에게 결정을 할 자율을 주는 것이 곧 그들에게 그들 스스로를 관리하는 능력을 주는 것은 아니다. 계층 구조에 맞게 훈련된 리더들과 직원들은 양측 모두 자율적 방향 결정을 위한 준비가 되어 있지 않다.

'할 수 있다'는 모토를 가진 조직은 행동 지향적이다. 실현을 위해서는 행동이 요구된다. 진보를 방해하는 미신적인 관념을 노출하는 데는 지식이 필수적이라는 사실도 별로 인식되지 않는다. 자율적 방향 결정은 직접적인 감독의 결여나 직원들이 자율권을 행사하도록 허용하는 것 이상이다. 왜냐하면 직원들은 조직 내의 다른 개인 및 팀들과 협력해 그들 자신을 관리해야 하기 때문이다.

리더는 사라지는 것이 아닌, 개인 및 팀들이 책임을 받아들이도록 도울 의무가 있다. 리더와 직원들은 그들의 성공을 축하하는 것뿐 아니라, 각자가 책임감을 느끼도록 유지해야 한다. 직원들의 자기결정을 위해서는 자율성을 넘어서는 무언가가 필요하다. 리더와 직원들은 심리적 기교를 배워야 하며, 경험으로써 숙련을 쌓아야 한다.

PART 5

참된 리더가 된다는 것

기득권의 푹신한 의자에 앉아 있으면 잠이 온다.

랄프 왈도 에머슨, 시인이자 사상가

리더와 직원들은 시장의 급속한 변화에 성공적으로 적응하는 법을 배워야 한다. 심리학이 많은 도움을 줄 수 있다. 그것을 통해 사람들이 강력하고, 협동적이며, 갈등에 대해 긍정적으로 대처하는 방법을 익히도록 할 수 있다. 그러면 그들은 새로운 방식을 채택하고, 새로운 기술을 수행하며, 새로운 제품과 서비스를 개발할 수 있게 된다.

13장에서는 직원들이 심리학을 배우고 적용해 그들의 협력적 관계를 강화하는 방식을 살펴본다. 그들은 학습 조직을 창출함으로써 미래의 생산성에 투자한다.

마지막 14장에서는 리더십과 팀워크를 배우는 것이 불확실한 미래에 대처하는 데 어떤 이로움이 있는지 알아본다.

13. 학습 조직 만들기

고양이 꼬리를 잡아보는 사람은 그저 바라만 보는 사람보다 대략 44퍼센트 빨리 배운다.

마크 트웨인, 작가

2장에서 언급한 존슨빌푸드의 랄프 스트레이어과 같은 리더들은 리더십을 가르치는 것이 스스로 좋은 리더가 되는 데 도움이 된다는 사실을 알고 있었다.

로즈매리 그레코(Rosemarie Greco)는 필라델피아에 있는 피델리티 은행(Fidelity Bank)에서 비서 일을 시작했을 때만 해도, 자신이 은행에서 가르치는 일을 할 수 있으리라는 생각은 전혀 하지 못했다. 그녀는 가치를 전달하고 지식을 나누는 방법을 가르치는 것이, 직원들로 하여금 회사 내 공동의 문화를 만들고 변화하는 시장에 대처할 수 있는 데 큰 도움이 된다는 것을 발견했다.

비서로서 첫 3개월 동안 그녀는 서류철을 묶는 방법을 비롯해 자신이 처리해야 할 은행 업무를 모두 익혔다. 당시 은행에는 어떠한 형식적인 훈련 프로그램도 없었기 때문에, 그녀는 자기가 만든 노트를 활용해 신입사원들을 교육하겠다고 자원했다. 그녀는 신입사원들을 교육하고 보상을 받았다. 자신보다 급여가 두 배나 많은 남자들을 가르쳤지만 개의치 않았다.

어느 날 학교 교사 자리를 제의 받았을 때 그녀는 은행을 그만두려고 했다. 그러자 피델리티의 부사장은 그녀가 가르치는 일을 계속 맡아야 한다면서 급여를 대폭 인상해주었다. 또한 피델리티는 그녀가 정식 교육학 학위를 받을 수 있도록 지원했다.

2년 뒤 그녀는 은행에 필요한 교육 프로그램을 정리한 서류를 상사에게 제출했다. 그리고 직접적인 답변을 듣지 못한 상황에서, 최고경영진이 그녀가 제안한 아이디어 중 일부를 도입하기로 결정했을 때 깜짝 놀랐다. 자신의 아이디어가 상사의 이름으로 채택되었기 때문이다. 그 상사는 "이름을 도용한 것은 인정하지만, 어차피 경영진이 평직원의 아이디어를 채택할 리는 없지 않느냐"면서 "어찌됐건 바라던 게 실행되었으니 잘된 게 아니냐"고 말했다. 그레코는 무척 혼란스러웠고 충격을 받았으며 화가 났다.

졸업 후 그녀는 창구 직원들을 교육하는 일을 맡게 되었다. 교육용 소책자를 만들기 위해 그녀는 먼저 회계와 전산 오퍼레이터, 창구 업무를 배우기로 했다. 공부를 하면서 그녀는 창구 직원들이 자신들의 업무가 얼마나 중요한지 이해 못하고 있음을 발견했다. 그래서 그녀는 각각의 업무와 영역이 얼마나 상호 의존적인지 보여주는 비디오 교재를 만들었다. 그녀가 만든 소책자와 비디오는 직원 이직률을 회사가 감당할 수 있는 수준으로 줄이는 데 도움을 주었다.

그동안 몇 군데 인사이동을 거치면서 그녀는 이제 인적자원 부서의 책임자가 되어 있었다. 그녀는 기업 문화를 변화시키기 위해 신속하게 움직였다. 그때 그녀는 한 가지 통쾌한 조치를 취할 수 있었다. 그것은 예전에 자신의 아이디어를 도용했던 상사를 해고한 일이었다. 복수가 아니라, 그가 여전히 그러한 부도덕한 행위를 계속하고 있음이 드러났기 때문이다.

피델리티가 구조조정을 해야 했을 때, 그녀는 '창구 여직원들이 정리해고의 주된 목표가 되어서는 안 된다' 는 자신의 뜻을 관철시켰다. 과거 그녀를 가르쳤던 한 교사는 그녀에게 이렇게 말한 적이 있었다.

"사람들이 듣기 좋아하는 말을 할 필요는 없다. 다만 행동에서 그들이 배우도록 만들어야 한다. 또한 옳은 일을 할 때는 어떠한 상황에서도 동요하지 않는 강철 같은 의지가 필요하다."

그 후, 피델리티의 새로운 CEO는 그레코를 지점장으로 임명했다. 그녀가 지금까지 대출 업무를 다룬 적이 없다는 사실을 상기시키자 그는 "당신이라면 어렵지 않게 배울 수 있을 것"이라며, "중요한 일은 직원들에게 바뀌는 방법을 가르치는 것"이라고 말했다. 그녀가 부임한 지점은 실적이 최하위였다. 그러나 그녀는 굴하지 않고 목표를 성취할 동기부여 프로그램을 만들어 직원들을 교육했다. 그녀에게 필요한 것은 직원들의 열의였다. 새로운 계획을 받아들이지 않겠다는 직원들은 명예퇴직 패키지를 적용해 떠나보냈다. 3년 뒤 그녀의 지점은 고객들이 선호하는 은행이 되어 있었다.

은행이 위기를 맞게 되었을 때 그레코는 자신의 모든 능력과 지식을 동원해야 했다. 얼마 후 그녀에게 충격적인 소식이 전해졌다. 부동산 대출 문제와 본사의 권력 투쟁으로 인해, 뛰어난 CEO가 해고되고 은행이 인수합병 대상이 되었다는 소식이었다.

"나는 직원들이 용기를 잃지 않고 앞으로 자신들이 나아갈 방향을 알 수 있도록 도와야 했다. 나는 그들에게 '우리가 어려운 시간을 함께 보낼 것'이라고 말했다. 그리고 우리 은행이 안전하고 견실하다는 것을 보증하고, 그들에게 중요한 과업을 맡겼다. 고객이 우리를 선택한 것이 옳았음을 확신하게 만드는 목표였다."

그로부터 몇 개월 동안 그녀는 이른 아침부터 밤늦게까지 직원들과 면담하며 고객에 대한 서비스와 서로에 대한 존중을 강조했다. 직원들은 그녀의 요청에 완전히 수긍했고, 그녀는 새롭게 변신한 은행의 CEO로 승진했다.

그녀는 피델리티에서 보낸 인생의 절반을 통해 직원들 대부분을 알았다. 또한 그녀는 그곳에서 자신이 가르칠 수 있는 모든 것들을 가르쳤음을 깨달았다. 6개월 뒤 그녀는 피델리티를 떠나 한 은행의 회장 겸 CEO로 부임했다.

"내 최초의 업무는 노트북 구입이었다. 그리고 나는 다시 시작했다."

학습 조직의 필연성

리더십을 배우는 것은 기술을 익히는 것이 아니라 지속적인 배움의 과정이다. 그레코와 다른 리더들이 그랬듯, 리더는 가르쳐야 한다. 신뢰 관계를 형성하기 위해, 비즈니스를 성장시키기 위해 그들은 직원들을 가르친다. 그들은 또한 위험을 감수하고 배우면서 조직의 발전을 독려한다.

학습과 성과 사이의 연결은 분명하다. 지금까지 이론과 실천은 반대 지점에 있었다. 전문 교육은 회사 밖에서 수행되었고, 아이디어의 실행은 늘 제안서를 넘어서지 못했다. 그러나 오늘날 빠르게 변화하는 기술과 시장에 대응하기 위해서는 양자가 하나가 되어야 한다. 그렇기 때문에 많은 리더들과 직원들은 학습 조직을 원하고 있다.

학습 조직은 단지 아이디어를 제시하는 게 아니라, 실제 성과를 높이기 위해 그러한 아이디어들을 실천한다. 문제를 인식하고, 자료를 수집하며, 해결책을 강구한 뒤, 결정된 방안을 수행한다. 아울러 실행한 방안의 효과에 대해 논의하고, 수정한 다음, 재실행한다. 또한 그들은 성공적인 조직이 어떻게 목적을 달성하는지 벤치마킹하고, 자신들이 더 효과적인 절차를 어떻게 발달시킬 수 있는지 확인하기 위해 부서 간의 경계를 넘는다.

학습 조직은 그들의 실수로부터 배운다. 예컨대 보잉 사는 보잉 737과 747이라는 다소 문제가 많은 기체와 성공적이라 평가 받는 707과 727를 비교·분석하기 위해 학습 조직을 구축했다. 바로 그 결과가 보잉의 역사에서 가장 완벽한 여객기로 불리는 보잉 757과 767의 개발이다.

린 학습 조직

조직이 경쟁력을 가지려면 하나의 기업 또는 부서가 아니라, 전체 기업이 날렵하고 효율적인 린 조직이 되어야 한다. 비용을 줄이면서 핵심적인 고객 가치를 개선하는 것이 팀워크이며, 이는 조직 내부뿐 아니라 외부의 제조업자와 공급자와 유통업자들과의 관계도 포함한다. 이 효과적인 협력의 핵심이 바로 학습이다.

린 조직 내에서 법적으로는 분리되지만 업무상 상호 의존하는 회사들은 협력적으로 가치 흐름과 작업을 분석하며, 고객에 대한 최대한의 가치 전달을 약속한다. 그러나 많은 관리자들이 그들 자신의 영역에만 집중함으로써, 가치 흐름과 협력의 중요성을 망각하고는 한다. 프리미엄 자동차 제작의 경우 도요타에서 1시간에 해당하는 작업량이 메르세데스 벤츠에서는 3시간이 소요되는데, 그 이유는 엔지니어링 부서들이 서로 소통하지 않기 때문이다.

또한 시장 상황이 악화될 때, 많은 자회사들이 전체 기업의 발전보다 그들 자신의 보호에 치중하기 때문에, 린 조직으로의 진행이 가로막힌다. 닛산은 새로운 차종인 '프리메라'를 발표할 때 부품 공급자가 부품을 제때 인도하지 않아서 많은 어려움을 겪었다. 하지만 닛

경영진이 되기 위해 배워야 할 것들

성공적인 리더가 되기 위해서는 알아야 할 것들이 많다. 몇몇 대기업들을 포함해 191명의 성공한 경영진이 관리방식을 바꾼 주요한 사건들에 관한 인터뷰를 하였다. 자신감과 같은 심리학적인 능력 그리고 직원들과의 협력이 그들의 발전에 공헌했다. 그들은 이 같은 능력을 풍부한 경험과 수년 동안의 반성을 통해 얻었다.

성공적인 경영진이 되기까지 그들은 각자의 힘만으로는 모든 것을 관리할 수 없다는 사실을 깨달았다고 말했다. 스스로 모든 영역을 마스터하고 전문가가 될 수 없다는 사실과, 직원들끼리 서로 돕는 것에 의해 개인이 보다 큰 영향력을 가질 수 있음을 깨달았다.

그들은 직원들의 관점을 이해하고, 그들에게 동기와 방향을 제공할 능력을 갖춰야 했다. 그들은 갈등을 논의하고 직원들과 직면했다. 그리고 지속적인 도전에 맞서기 위해 직원들에게 권한을 위임하고 그들 스스로 능력을 개발하도록 했다.

이때부터 그들은 비즈니스를 이해하고 전략적으로 사고하는 경영진의 지혜를 배워갔다. 그들은 조직이 성공하기 위해서는 고객과 경쟁 기업, 정부 규제와 주주의 요구에 대응해야만 함을 이해하게 되었다. 경험을 통해 그들은 전문적인 기술을 익히고, 구조와 통제 시스템을 구축해 그것을 이용하며, 혁신적인 문제 해결책을 강구했다.

서로에 대한 신뢰는 매우 중요한 교훈이었다. 그들은 단순히 일을 하는 게 아니라, 자신들이 하는 일을 믿었다. 살아남을 수 있고, 필요하면 강하고 거칠 수 있다고 믿었다. 그들은 역경을 이겨내고 자신의 일과 가치에 대한 책임감을 가졌다.

하지만 그들은 거만해지지 않았다. 왜냐하면 스스로의 한계를 기억해야 한다는 사실을 이미 알고 있었기 때문이다. 개인이 잘나서 성공한 게 아니라는 것도 알고 있었다. 또한 그들은, 비록 힘든 일이기는 하지만, 다른 사람들을 자신의 의지를 실현하기 위한 도구로 이용해서는 안 된다는 자각도 갖게 되었다.

산은 공급자를 징계하지 않고, 하도급업체의 공정을 개선하기 위해 회사 내 최고의 엔지니어들 일부를 파견했다. 2년 뒤 '미크라' 발표 때 이 공급자는 가장 효율적인 파트너가 되어 있었다.

로버로부터 1987에 분사한 영국의 유니파트 그룹은 부서 간 업무 협력 교육을 위해 유니파트 U(university)를 설립했다. 자동차 부품 제조 부문은 다른 부문들에게 중요한 원리를 가르쳤다. 정보 시스템 부문은 이곳을 통해 IT 기술을 개선했다. 유니파트의 CEO인 존 네일은 다음과 같이 말했다.

"우리의 비전은 세계 최고의 린 조직을 창조하는 것이다. 이는 회사의 의사결정 시스템 속으로 계속해서 학습을 통합시키는 것을 의미한다."

팀워크, 학습 조직의 토대

팀으로 일하기 위한 심리학적인 능력과 순발력을 배우는 것은 학습 조직이 되는 토대다. 팀은 실수를 반성하고 서로가 경험으로부터 배우는 것을 돕는다. 또한 팀원들은 그들이 갈등에 대처할 수 있다고 확신할 수 있도록 서로 돕는다. 보잉 사의 학습팀은 복잡한 정보를 수집·분석해서 결정을 내놓기 위해 여러 의견들을 논의하고 통합했다. 그런 다음 자신들의 결정을 실행할 엔지니어들에게 해당 정보를 알리면서 그들을 설득했다.

8장에서 언급한 델타덴탈플랜과 같은 조직들은 벤치마킹을 효과적으로 이용했다. 비록 업종이 다르더라도 성공적인 업무 과정을 개발한 회사가 있으면 기꺼이 그들을 관찰했다. 벤치마킹도 팀워크를 요구한다. 성공적인 조직을 찾아내고, 그들의 업무 과정을 이해하며, 그것들을 자신들의 조직에 적용하기 위해서 여러 팀들의 협력이 필요하다.

문제를 논의하고 함께 해결책을 강구함으로써 마케팅팀 직원들은 생산을 배우고, 생산팀 직원들은 마케팅을 배운다. 젊은 관리자들이 경험이 풍부한 직원들의 전문 지식을 얻으려면, 기꺼이 배움의 자세로 주의 깊게 살펴야 한다. 협력적인 목표, 상호 고무, 양방향 소통, 감정 및 갈등관리, 토론 등을 건설적으로 이용함으로써, 그들의 조직이 변화된 상황에 적응하고 배우도록 그리고 직원들이 협력하도록 할 수 있다.

직원들이 협력하는 방법을 배우도록 지원함으로써 리더는 강력하고 영속적인 영향력을 가진다. 견고한 관계와 더불어 직원들은 서로로부터 아이디어를 빌리고 배울 수 있으며, 새로운 프로그램을 실행하고 전문 지식을 익히게 된다. 그리하여 끊임없는 학습 모드로 들어가게 된다.

학습의 장애물

학습 조직의 강조에도 불구하고 많은 리더들과 직원들은 끊임없는 생산성 향상에 필요한 인간관계를 형성하고 유지해야 한다는 인식 없이 하던 일에만 집중하고 있다. 그들은 기술 정보를 공유하고 문제를 해결하는 것을 매우 합리적이고 유용한 것으로 본다. 그들은 교육

조직에서 리더가 배우는 것들

도전적인 업무 환경 속에서 직원들이 어떻게 자신들의 내적 자원에 의지하고 통찰을 얻는지, 새로운 방법으로 리더십을 실험했다. 제한된 예산과 시간으로 팀을 이끄는 일은, 리더들로 하여금 팀이 비범한 성과를 이루도록 고무하게 만들었다.

평직원에서 간부로 승진하게 되면, 실무를 수행하는 기술자적인 태도에서 벗어나야 한다. 리더는 무에서 유를 창조할 것을 요구받는 존재다. 그들은 직원들을 교육시키고, 자기만의 조직을 건설하는 방법을 배워야 한다. 문제를 겪는 비즈니스를 바로 잡는 일은, 그들의 발전에 있어서 중요한 경험이다.

리더는 조직을 병들게 하고 죽음에 이르게 만드는 문제들을 극복할 수 있는 강인함을 가져야 한다. 조직의 건강을 되찾게 해야 하는 것이다.

그들은 직원들과 더불어 일함으로써 배워나간다. 그리고 기존의 성공적인 팀을 이끌고 있는 다른 리더들을 벤치마킹함으로써 많은 것을 배울 수 있다. 게다가 어렵고 견딜 수 없는 상사에 대처하는 방식을 배우는 과정을 통해 그들은 각자의 직원들을 다룰 때 보다 친절하고 정중해질 수 있다. 심지어 정치적인 투쟁에서의 패배를 통해 일부 리더들은 스스로의 한계를 인식하고, 비현실적인 능력과 승진 기대를 버릴 수 있다.

실수와 재해에 대한 숙고와 반성으로 그들은 근본적인 원인을 이해할 수 있다. 예를 들면 그들은 직원들에게 정보를 제공하지 않는 것, 따라서 실패를 방치하는 것이 조직을 파괴시키는 지름길임을 알고 있다.

과 경험을 통해 과제 수행 능력에 대한 신뢰관계를 형성했다. 그러나 그들은 직원들이 협력하는 방법에 관한 느낌을 공유하는 것이 어렵다고 생각한다.

단기적 성과와 위기관리에 대한 지나친 강조는 인간관계를 소홀히

할 수 있다. 리더들과 직원들은 5시까지 서류 정리를 마치고, 금요일까지 프로젝트를 종료하며, 분기 말까지 이익을 내야 한다는 시한폭탄 위에 있는 듯이 느낀다. 오늘날 시장의 경쟁적인 압력과 주가에 대한 투자자의 압력 등은 이러한 단기적 경향을 훨씬 강력하게 만들고 있다.

이러한 관점에서는 직원들이 서로에 대한 느낌을 말하고 그들의 갈등을 논의하기 위해 시간을 쓰는 것이, 불필요하거나 다소 정신 나간 일로 보일 수 있다. 하지만 장기적 관점에서 볼 때 보다 효율적인 업무 수행을 위해 그들의 소통과 팀워크를 어떻게 강화할 수 있는지 논의하도록 하는 것은 현명한 투자가 된다.

성과 위주의 태도가 다른 직원들의 감정을 상하게 하거나 그 반대의 상황이 되면, 인간관계에 있어서 '고장 나기 전에는 고치지 말라'는 태도로 귀결된다. 이는 잘못이다. 우리가 함께 일하고 어떤 문제라도 결국은 자연스럽게 해결될 것이라고 생각하자. 인간관계가 폭발하고 일이 제대로 진행되고 있지 않다는 사실이 확실해지면, 의심과 분노로 인해 근본적인 문제를 발견하고 해결하지 못하게 된다.

직원들은 때때로 리더의 특별한 도움 없이도 매우 협력적이고 학습적인 관계로 발전시킨다. 즉각적이고 확실히 가치 있는 과제의 요구와 직원들 사이의 화합이 그것을 가능케 한다. 하지만 대개는 직원들이 함께 시너지 효과를 형성하는 방법을 배우도록 리더가 도와야 한다.

협력적 학습 방법

피동적인 업무 수행과 낡은 절차를 고수하는 것은 더 이상 받아들일 수 없다. 리더와 직원들은 그들의 업무 수행 방법을 분석하고 보다 효과적으로 발전시키기 위해 학습한다. 그들은 서로 심리적 이해력을 늘리고 팀워크를 강화하며 학습하는 조직을 향해 나아간다. 그리고 그것들을 스스로의 인간관계에 적용한다. 그럼으로써 그들은 또 배운다.

아리스토텔레스는 이미 기원전에 이렇게 말했다.

"행하기 전에 배워야만 하는 것들을 우리는 실천을 통해 배운다."

반성은 이론과 실천 사이의 불가결한 연결고리다. 리더와 직원들은 그들은 아이디어와 절차를 직접 실행하고 반성하고 다시 배우고 재실행해야 한다. 이 책에서 설명한 제안들도 마찬가지다. 실행하지 않는다면 아무리 좋은 제안이라도 추상적으로만 남아 있을 것이며, 우리의 능력을 개선하는 데 이용되지 못할 것이다.

인간관계를 발달시키기 위해 심리학을 적용하는 것은 상호적인 과정을 요구한다. 한 직원이 혼자서 갈등을 관리할 수는 없다. 갈등을 느끼는 것도, 갈등을 푸는 것도 양쪽이 있어야 가능하다. 리더들은 공동의 토론을 조장해 직원들이 공개적으로 그리고 직접적으로 문제를 다루게 하고, 문제에 대한 이해와 개선을 함께 논의해야 하며, 은밀한 잡담이나 장막 뒤의 야합을 피해야 한다.

리더와 직원들은 한순간의 응급처치보다 인간관계 증진을 위한 계

심리학적인 비효율성과 리더들의 탈선

리더가 동료와 상급자, 직원들과 함께 협력하는 기술을 개발할 때 자신의 경험을 이용하지 못하면 재앙이 될 수 있다. 리더들이 탈선하고 그들의 잠재력을 이용하지 못한 주된 이유들은 아래와 같다.

1. 다른 사람들에 대한 몰이해.
2. 냉정과 거만함.
3. 신뢰의 부재.
4. 정치적 기교에 치중.
5. 문제의 몰인식.
6. 팀워크 형성 실패.
7. 용병술의 부재.
8. 전략적인 사고의 부재.
9. 다른 스타일의 상사들에게 적응하지 못함.
10. 상사에 대한 과도한 의존.

속적이고 점진적인 방법을 얻기 위해 노력해야 한다. 업무의 복잡성과 어려움, 필연적인 실패, 오해와 갈등이 있을 것이라고 인식해야 한다. 이것들은 그 자체로 장애물이 아니다. 사실 갈등은 적절하게 논의될 때 그들이 서로를 보다 잘 이해하도록 돕고, 업무에서도 보다 효과적인 방법을 개발하며, 그들이 비전을 지향하고 있음을 느끼게 한다.

학습에 심리학적인 개념을 적용

리더와 직원들은 업무의 중요한 측면에 집중하기 위해, 공유하고 있는 비전과 협력적인 목표, 상호 간의 신뢰, 양방향 소통, 감정과 갈등관리, 건설적인 토론을 이용할 수 있다. 그들은 심리학적인 개념을 논의함으로써 정확한 방향을 유지하고, 그들의 인간관계를 검토하며, 상호 이익을 촉진한다.

리더와 직원들은 또한 그들의 협력 경험을 반성할 때 다양한 방식을 선택할 수 있다. 설문지를 이용하거나 서로 인터뷰도 하고 또는 관찰할 수도 있다. 그들은 회의 후 또는 갈등이 생긴 뒤에 자료를 논의하고 행동 계획을 확인할 수 있다. 그 구조는 정규적이거나 별도의 시간이 할당되거나 혹은 자발적일 수 있다. 스스로의 자원을 이용하고 회사 내외부의 인적 자원 컨설턴트를 초청할 수도 있다.

구체적인 진행 방법은 여러 실용적인 고려와 그들의 특정한 스타일 및 바람에 따라 결정될 것이다. 중요한 것은 사람들이 유용한 자료를 찾아내 서로가 함께 그들의 성취와 장애를 인식해야 한다는 점이다. 그렇게 해서 그들은 서로의 인간관계를 강화하는 데 장애와 갈등을 다룰 수 있게 된다.

함께하는 학습

실패와 한계를 통해서 배울 수 있기 때문에, 그런 취약한 점에 집중해야 한다고 흔히 주장한다. 그러나 사람들은 그들의 성취와 능력을 인식함으로써 진보한다. 그들은 성공을 위한 자신들의 능력과 의지를 알고 있다. 그들 자신에 대한 보다 향상된 신뢰는 활력과 여유를 제공하고, 취약점에 대한 인식을 가능케 한다. 그들은 바른 길을 가고 있으며 서로를 신뢰한다고 생각한다. 성공은 성공을 낳는다.

팀은 그들의 성취를 함께 축하해야 한다. 베세텍의 CEO인 렌 자피로폴로스는 이와 관련해 다음과 같이 말했다.

"만일 당신이 누군가에게 수표를 건네줄 일이 생기면, 우편으로 보내지 말고 직접 축하하면서 건네줘라."

공동의 성공과 서로 간의 축하는 성취를 보다 의미 있게 만들고 팀 내부의 신뢰와 능력을 향상시킨다. 자신의 성취에 대해 혼자서 경적을 울리는 것보다, 이웃과 기쁨을 공유하는 것이 훨씬 재미있다. 피츠버그 하키팀의 브라이언 트로티어는 이렇게 말했다.

"일련의 사람들과 한 편이 되어 경기를 하는 것은 1대 1 경기와는 그 느낌이 다르다. 당신은 혼자 테니스를 칠 수도 있고, 우승함으로써 뭔가를 달성했다는 느낌을 가질 수 있다. 하지만 팀 동료의 눈을 들여다볼 수 있고 그들과 감정을 공유할 수 있을 때, 당신은 형언할 수 없는 무엇인가를 느끼게 될 것이다."

리더와 직원들은 그들의 약점을 똑바로 인식할 수 있어야 한다. 그들이 간과한 문제점들은 어느 때인가 그들을 덮쳐올 것이다. 제대로 작동하지 않는 것들이 그들을 마비시킨다. 그들은 개인에 대한 비난을 피하고 책임을 공유하며 해결책을 강구해야 한다. 그리고 서로를 책임을 느끼는 상태로 유지해야 한다. 또한 그들은 장애물 제거를 위해 서로 돕고 지원해야 한다.

지속적인 학습을 위한 프로그램

리더와 직원들은 해결책을 곧바로 실행하기보다는 먼저 자신들이 처한 상황과 문제의 본질을 이해해야 한다. 그들은 단순히 잘못된 점을 발견하는 것이 아니라, 그 원인을 분석하고 정황을 이해하기 위한 조사를 원한다. 그들은 문제를 파악하고, 서로의 관계를 이해하며, 해결을 가로막는 장벽을 확인하기 위해 이용 가능한 정보와 추론을 이용한다. 아울러 그들의 업무 관계를 공유하는 비전과 목표, 소통과 갈등관리 기술을 비교한다.

그들은 자신들의 강점과 약점을 함께 이해한다. 그렇게 한 뒤에야 그들은 계획을 세우고 실천할 준비가 된다. 그렇게 여러 가지 중요한 심리학적 기술들을 이용하고 서로 간의 신뢰를 쌓아간다.

자료 수집

정보를 수집하는 데는 여러 가지 방식이 있다. 단, 이때 중요한 것은 리더와 직원들이 그들의 견해를 논의할 수 있고, 동의하는 팀의 계획을 세우며, 상호 간에 그것을 강화할 동기를 제공해야 한다는 점이다.

설문지의 이용은 직원들이 조직의 비전과 협력적인 목표, 갈등관리 기술을 익힐 수 있는 비교적 간단한 방법이다. 그러나 설문지는 일반화를 요구한다. 사람들은 결론을 도출하기 위한 다양한 방식을 원한다. 더욱이 평가 척도에 대한 이해가 다를 수도 있다 등급 평가

중 '매우' 라는 단어가 모든 직원들에게 동일한 것을 의미하지는 않을 것이다. 설문지는 특정한 행동과 사건에 대한 설명을 제공하지는 않는다.

인터뷰는 인간관계에 관한 직원들의 인식과, 그들의 일반화 뒤에 놓인 특정한 행동과 사건을 이해할 수 있게 도와준다. 인터뷰는 양방향 소통과 상호 이해로 이어진다. 하지만 인터뷰는 훈련과 기술, 시간을 필요로 하고, 결과를 요약하거나 피드백을 얻기 어렵다는 단점을 가지고 있다.

관찰은 직원들의 실제 행동을 기술한다. 팀원들과 다른 팀의 직원들, 외부 컨설턴트는 그들이 그 팀에서 보고 들은 것을 보고한다. 그러나 관찰 역시 훈련과 시간을 요구한다. 인터뷰와 달리 관찰은 직원들이 서로 어떻게 생각하는지 그리고 서로에 관해 어떻게 느끼는지 알려주지 못한다.

리더와 직원들은 그들의 팀에 대한 자화상을 그릴 수 있다. 직원들은 함께 또는 각자가 팀의 아이콘(팀을 상징할 수 있는 그림)을 그리거나 또는 어떤 동물로 비유될 수 있는지 결정한다. 이 방법은 팀의 개괄적 모습을 파악하기 위한 재미있는 방식이 될 수 있지만, 행동 또는 평가의 직접적 증거를 제공하지는 않는다.

팀 점수만 공표될 것이고 각자의 대답은 공개되지 않을 것이라는 설명과 더불어 설문지를 작성케 하거나 인터뷰하는 방법도 있다. 이때 비밀은 반드시 지켜져야 한다. 그래야 그들의 솔직한 평가를 얻을 수 있다. 그래도 직원들은 평가와 피드백의 직접적인 교환을 위해 노

성과 평가와 학습

많은 조직들은 직원 개발을 위한 주요한 도구로써 성과 평가에 의존한다. 리더와 직원들은 성과에 관한 자료와 정보를 검토하고, 성과 향상을 방해하는 문제점을 확인하며, 개선 방법을 계획한다. 성과 평가는 리더와 직원들 사이의 협력적이고 학습적인 인간관계를 요구한다.

성과 평가는 협력적인 문제 해결과 학습을 위한 포럼을 제공하지만, 그것이 반드시 바람직한 업무 분위기와 직원들 간의 상호 작용을 창출하지는 않는다. 협력적인 목표를 느끼고 리더와 더불어 반대 의견들을 토론할 수 있었던 직원들은, 성과 평가 과정을 통해 배웠다고 느꼈다. 또한 일을 더 잘해보려는 동기를 부여받았으며, 성과 평가 시스템을 긍정적으로 받아들였다.

반면 경쟁적이고 갈등 회피적인 상호 작용의 경우, 성과 평가 과정은 도덕적 해이를 낳았다. 심지어 좋은 성과 평가 점수와 이어진 급여인상도 직원들 간의 신뢰를 회복해주지는 않았다. 성과 평가를 통한 학습은 다른 경우들과 마찬가지로, 효과적인 인관관계에 의해 좌우되는 경향이 강하다.

력해야 한다. 그래야 서로에 대해 더 잘 알게 되고, 훨씬 효과적으로 문제를 다룰 수 있게 된다.

이러한 방식들은 서로 보완적으로 함께 이용될 수 있다. 예컨대 설문지 결과를 논의하고 난 뒤 직원들 각자의 생각을 이해하기 위해 서로를 인터뷰하고, 그 다음은 일반 토론에서 팀 업무에 대한 그들의 관찰 결과를 이야기하는 식이다.

열린 토론

열린 토론은 반성과 학습의 기본이다. 권한과 지위에 관계없이 모든 직원들은 그들의 의견과 느낌 그리고 그것의 배경이 되는 정보와 논리를 표현한다.

자신의 생각을 소리 높여 주장하는 게 아니라, 소통 기술을 이용해 다른 직원들이 그들의 생각을 말하도록 돕는다. 그들의 이해를 확인하기 위해, 주의 깊게 듣고 난 뒤에는 각자의 해석을 밝힌다. 그들은 강압적 동의와 결탁을 피한다. 팀은 하나의 전체로서 스스로의 역량을 분석하고, 강점과 약점에 관한 동의에 이른다. 그 과정은 다음과 같다.

1. **적당한 시간과 장소를 정하라.** 정식 모임 뒤 10분 동안 분기별 회의와 같은 회의 시간을 갖는다. 리더와 직원들 모두가 문제를 논의할 시간과 심리적 여유가 있을 때를 선택한다.

2. **상대방의 입장에서 이해하라.** 리더와 직원들은 서로의 의견을 이해하려고 노력함으로써 그들이 문제를 충분히 숙지하고, 모든 측면들을 이해하며, 모두에게 이로운 해결책을 강구한다.

3. **특정한 문제를 정의하라.** 직원들은 일반적 원칙이나 거창한 아이디어보다 구체적인 갈등을 더 쉽게 해결한다. 구체적 행동들을 식별하고 주요한 문제에 집중한다. 또한 토론을 너무 개인적으로 이끌거나 산만한 분위기가 되지 않도록 노력한다.

4. **서로의 행동에 관한 이해와 감정을 설명하라.** 서로 정보를 공유하

고 이해하라는 것이지 평가하라는 의미가 아니다. 직원들은 팀
과 팀원들에 대한 그들의 의견과 반응에 대해 말하고, 무엇이 그
들에게 그러한 결론을 내리게 했는지 설명한다. "내가 보기에
는", "내 생각으로는"과 같은 어구를 사용해 '자신의 견해' 에 대
해 말하고 있음을 강조한다.

5. **평가와 분류를 최소화하라.** 분류는 평가하는 것이며, 당사자의 일
을 방해하는 경향이 있다. 평가되고 있다고 느끼는 사람들로 하
여금 방어적이고 완강한 태도를 갖게 한다. 분석이나 단정보다
는 겸손한 표현이 덜 협박적이며 유용하다. 예를 들면 "당신은
강압적이다"라고 말하는 대신 "무슨 일이 있는가"라고 표현하는
것이 낫다. 사람들은 암시와 평가를 이용하기보다 감정을 직접
표현한다.

계획과 실행

함께 판단하는 것은 행동을 계획하고 실행하기 위한 기본이다. 원
래의 입장을 고수하기보다, 실천 가능하고 효과적인 해결책을 강구
하는 과정에서 반대 의견들이 활용될 수 있다. 최고의 아이디어와 정
보, 추론이 결합되어 업무 관계를 개선할 방법을 찾고, 모든 직원들
의 이해관계를 촉진하는 해결책이 선택된다. 그런 다음 해결책을 실
행할 책임이 공유되고, 모든 직원들은 팀의 능력을 강화하기 위한 행
동 대책을 알게 된다. 요약하면 다음과 같다.

1. **어려움을 해결해서 얻는 이익과 그렇지 못할 경우의 손실을 인식하라.** 궁지에 빠지는 것도, 헤쳐 나오는 것도 양측이 있어야 가능하다. 모두가 비용과 이익을 정확히 인식할 때, 토론은 결실을 맺고 해결책은 실행된다.

2. **건설적인 토론을 이용하라.** 리더와 직원들은 여러 가지 가능성을 고려하고, 특정인의 방식에 대한 고집을 피하며, 여러 의견들을 결합한다. 그들은 반대 의견과 개념을 다듬는다. 또한 서로를 이해하려고 노력하고, 다른 대안들의 이익과 비용을 파악한다. 그들은 상호 간에 받아들일 수 있는 유익한 해결책을 위해 서로의

피드백 제공 방식

리더와 직원들은 서로에게 피드백을 제공할 수 있는 다양한 방식을 갖고 있다.

1. 각자 설문지를 받는다. 그런 다음 특정 직원을 대상으로 '해도 될 것', '그만 둘 것', '계속 그렇게 할 것'에 관해 적는다.
2. 팀원들은 모두 동일한 문제에 답하며, 답변 내용을 봉투에 담아 해당 직원에게 보낸다.
3. 각자가 팀 내에서 자신이 이룬 성취에 대한 의견을 진술하면, 다른 직원들이 그 의견을 승인하거나 기각한다.
4. 리더와 직원들은 자신에 대한 평가 내용에 동의하거나 이견을 제시한다.
5. 각자는 자신의 강점과 약점을 확인하기 위해 피드백을 요구한다.
6. 각자는 팀 성과를 개선하기 위해 다른 팀원들이 해야 할 것을 제안한다.

견해를 통합한다.

3. **감정을 관리하라.** 감정의 힘은 오용될 수 있다. 어떤 사람들은 영향력 행사의 수단으로 화를 곧잘 낸다. 이유를 물어보면, '화가 났으며, 어떤 설명도 필요하지 않다'고 말한다. 그리고 상대가 변하지 않는 이상, 그 화가 지속될 거라고 주장한다. 그러나 감정에 대해 말하고, 다른 사람들의 의도를 파악하며, 문제를 재해석하고, 미래에 어떻게 일할지 계획함으로써 감정을 바꿀 수 있다.

4. **지속적인 개선을 위해 노력하라.** 인간관계를 개선하는 데는 시간이 필요하며, 대인관계에 관련된 문제는 보통 쉽게 해결되지 않는다. 따라서 우리의 목표는 모든 문제를 빨리 해결하고, 즉각적으로 완전히 성공적인 팀이 되기보다는 반복되는 토론을 통해 진보하는 데 있다. 열린 토론은 규칙적 업무의 일부로 수용되어야 한다. 그것은 팀이 진보하고 있다는 확실한 증거다. 그들은 주요한 것뿐 아니라 작은 성취도 서로 축하한다. 취약점을 인식하는 한편, 그것에 대처할 수 있고 경험과 더불어 나아질 수 있다고 느낀다.

다양한 사람들과의 복잡한 상호 작용은 조직을 지속적인 학습을 위한 심리학적 실험실로 만들게 된다. 성장하거나 쇠퇴함에 따라 조직은 더 혹은 덜 효율적이 된다. 리더와 직원들은 그들의 관계를 강화하거나 약화시킬 수 있다.

<h2 align="center">지속적인 학습을 위한 프로그램</h2>

1. **반성하라.** 리더와 직원들은 그들의 감정을 논의하고, 관계 강화를 위한 문제들을 다루며, 탈선을 방지해야 한다.
2. **심리학적 개념을 이용하라.** 비전을 공유하고, 협력적인 목표를 개발하며, 공개적으로 소통하고, 서로 간의 평가를 관리하며, 논쟁을 이용하고, 갈등을 생산적으로 관리할 능력을 개선코자 노력한다.
3. **설문지와 인터뷰, 관찰을 통해 자료를 수집하라.** 여러 방식들의 결합은 성과 평가에 대한 풍부하고 폭넓은 이해를 제공한다.
4. **대화하라.** 모든 직원들이 자료를 찾고, 팀에 대한 그들의 의견과 그들의 개인적인 경험을 제공한다.
5. **갈등을 다루어라.** 대인관계상의 곤란함을 밝히는 것은 가장 어려운 일 중 하나다. 그러나 일단 확인되고 나면, 직원들은 두려움을 줄이고 생산성을 개선하는 새로운 방법을 개발할 수 있게 된다.
6. **피드백 기술을 이용하라.** 직원들은 서로 평가하되, 분류하는 식의 평가는 피한다.
7. **판단 방법을 찾아라.** 리더와 직원들은 그들의 강점과 약점을 객관적으로 평가한다.
8. **건설적으로 토론하라.** 상호 간에 받아들일 수 있는 창조적이고 실천 가능한 해결책 결합 방법에 대해 여러 입장들을 공개적으로 논의한다. 단, 승부를 가르는 논의는 피한다.
9. **강점을 축하하라.** 서로의 능력을 인식하고 존중한다. 문제와 취약점을 다루는 것은 가치 있는 자산이며, 그들의 능력에 대한 증거임을 이해한다.

학습 관계를 개발하는 것은 한 번의 노력이 아니라 지속적인 과정으로 이루어진다. 심리학의 적용은 직원들이 함께 생산적으로 그리고 창조적으로 일할 수 있는 능력을 발전시킨다. 열려 있고 협력적이며, 갈등에 대해 긍정적인 인간관계는 적절한 일을 바람직하게 실행하는 학습 조직의 토대이다.

14. 미래에 대한 준비

*새로운 치유책을 적용하지 않는 사람은 새로운 재앙을 기다려야
만 한다. 왜냐하면 시간이야말로 가장 위대한 혁신가이기 때문
이다.*

프랜시스 베이컨, 철학자

리더와 직원들은 힘든 도전을 마주한다. 미래를 예측할 수 없을 때
어떻게 대비할 수 있는가? 경제학자와 미래학자는 질문을 받기 때문
에 어쩔 수 없이 예측을 하지만, 어떤 제품과 서비스가 떠오를 것이
며, 미래의 조직이 어떻게 작동할지는 아무도 모른다. 예측은 신뢰성
을 잃어버린 지 오래다. 심지어 고작 5년 후를 예상할 수 있는 사람과
조직도 없다.

조직에 관한 많은 것이 바뀔 것이다. 조직은 살아남고 번창하기 위
해 여전히 그들의 고객과 이해관계자들에게 중요한 가치를 전달해야

한다. 오늘 만족한 고객이 내일은 마음이 바뀔 수도 있다. 따라서 우리는 계속 혁신해야 하는 것이다.

아이러니컬하게도 불확실성과 급속한 변화는 근본으로의 회귀를 초래했다. 조직에 있어서 직원들은 점점 보다 중요한 자원으로 인식된다. 최신 기술, 새로운 마케팅 전략과 인기 있는 제품은 곧바로 구식이 된다. 직원들은 지금 팔려나갈 상품과 서비스를 생산할 뿐 아니라, 장래의 고객이 요구할 신제품도 개발한다.

조직은 개인의 능력, 에너지, 열의뿐 아니라 협력을 요구한다. 팀은 새로운 기술적인 개발을 통합하고, 고객의 이야기를 들으며, 혁신을 위해 여러 관점을 결합하고, 미래에도 고객에게 서비스할 수 있도록 조직을 준비시킨다. 아무리 비범하고 열심이라도 개인이 혼자서 조직에 대단한 공헌을 하기는 어렵다.

급속한 변화는 리더십의 근본적인 요건을 다시 정의할 것을 요구했다. 분절되고 불확실한 조직은 참된 리더를 요구한다. 팀워크가 리더십의 유일한 대안은 아니다. 리드하는지 아니면 리드되는지의 선택도 아니다. 효과적인 리더십을 통해 개인은 열정을 부여받고, 팀은 자기관리 능력을 갖게 된다.

노동력과 조직의 요구가 변화하기 때문에, 향후에 효과적으로 발휘될 특정한 리더십 종류는 예측될 수 없다. 그러나 비전의 공유, 협력적인 목표와 권한의 가치, 열린 소통, 갈등관리 그리고 문제 해결을 위한 토론의 효용은 여전히 효과적인 나침반이 될 것이다.

리더십 학습

　리더십을 배우는 것은 관리자들과 그들 조직의 미래를 위한 투자다. 하지만 리더가 되는 것은 자신과 팀의 개발을 향한 지속적인 여행이다. 경영학자 존 코터(John Kotter)는 "유능한 리더들을 키우는 데는 10년에서 20년이 걸린다."는 결론을 내렸다.

　리더들은 오늘날의 조직이 요구하는 다양한 사람들과 더불어 일함으로써 심리적으로 성숙해진다. 그들은 완벽한 리더가 되려고 하지는 않지만, 직원들에게 그들 자신과 조직을 개발할 것을 부탁하고 함께 학습한다. 고무적이고 실용적인 업무팀과 공유된 비전을 어떻게 개발할지, 협력적인 단결을 어떻게 촉진할지, 어떻게 효과적으로 소통할지, 감정과 갈등을 어떻게 관리할지와 같은, '유능한 리더가 되기 위한 능력들'을 갖고 태어나는 사람은 존재하지 않는다.

경험과 심리학적인 개념을 결합

　심리학적으로 정통한 리더가 되기 위해서는 정규 교육만으로는 충분하지 않다. 한 관리자는 다음과 같이 표현했다.

　"학교에서 유일한 목표는 좋은 성적을 얻는 것이었다. 그러나 직장은 완전히 달랐다. 대학에서는 만일 내가 86점을 받았다면, 그것은 내가 대부분의 정답을 알고 있음을 의미했다. 그러나 직장에서는 정답을 아는 것이 고작 업무의 10퍼센트에 불과했다. 다른 직원들과 같이 일하는 방법이 나머지 90퍼센트였다. 우리는 그것을 학교에서 배우지 않았다."

그럼에도 불구하고 리더십을 배우는 데는 경험만으로 충분하지 않다. 경험을 확인하고, 교훈을 얻기 위한 유용한 아이디어가 요구된다. 마크 트웨인은 경험에 관해 이렇게 썼다.

"우리는 경험 속에서 오직 지혜만을 얻고 거기서 멈춰야 한다. 그렇지 않으면 뜨거운 스토브 위에 앉은 고양이처럼 될 것이다. 고양이는 뜨거운 스토브 뚜껑 위에 두 번 다시 앉지 않겠지만, 차가운 뚜껑에도 마찬가지다."

따라서 참된 리더가 되기 위해서는 유효한 심리학적인 개념을 적용하고 경험을 반성할 필요가 있다. 리더들은 심리학적인 개념을 이해할 통찰력이 있어야 하고, 그것들을 적용할 때에도 신뢰할 수 있고 탄력적일 필요가 있다. 리더가 되는 데는 많은 심리학적 요소가 필요하다. 리더십은 하나의 기술이 아니며 행동의 예술이다. 리더들은 직원들이 따르기 전에 자신을 알아야 하며, 자신이 남들에게 알려져야만 한다. 그들은 자신들의 능력을 키우고 예민함을 기른다. 또한 가치관과 습관을 바꾸고, 새로운 업무 방법을 개발한다.

리더 개발 팀

리더십은 3년마다 진행되는 훈련 프로그램 등에 맡겨두기에는 너무 중요하다. 리더가 만들어지는 게 아니라 태어난다는 생각은, 리더십을 가르치는 구조적 지원에 실패한 조직의 변명으로 자주 이용된다. 참된 리더가 되기 위해 심리학을 적용하는 것은 혼자서 하기에는 너무 복잡하고 어려운 일이다.

리더 개발팀은 심리학을 적용하고 좋은 리더가 되는데 요긴한 수단이다. 이 팀 속에서 리더들은 지적인 조사와 창조적 문제 해결 그리고 위험 감수를 위해 서로에게 의지한다. 새로운 지도 방법을 실험하고, 그들이 경험으로부터 배우도록 서로 돕는다.

리더 개발팀에서 사람들은 도전과 실패 그리고 리더십의 기회에 대해 구체적으로 논의할 수 있는 전문적인 토론 기회들을 갖게 된다. 그들은 팀워크의 특징과 심리학적인 아이디어가 적용될 수 있는 방법을 더욱 구체적이고 정확한 용어로 기술한다. 논의하고 설명하고 가르치는 것을 통해, 그들은 자신들의 이해력과 리더십, 팀워크의 기술을 심화한다.

리더들은 그들의 직원들과 더불어 각자의 능력을 강화할 프로그램과 활동을 함께 계획한다. 그들은 기쁨과 책임을 공유하고, 다른 직원들의 경험으로부터 배운다. 아이디어를 논의함으로써 이해를 명료하게 할 수 있으며, 상황에 적합한 계획을 실험하는데 필요한 용기를 얻는다. 이전에 시도했던 방법의 효과에 관한 토론을 통해 미래의 행동 계획도 수정할 수 있다.

리더는 관찰하고 서로에게 피드백을 준다. 대부분의 관리자들은 직원들에 대한 그들의 영향력을 확신할 수 없고, 직원들이 지시 받는 것을 싫어하며, 부정직하다고 생각한다. 리더들은 서로의 팀을 방문해서 리더십에 관한 외부 전문가적 견해를 제공할 수 있다. 관찰과 피드백은 서로의 학습을 돕는 도구가 되어야 한다. 리더는 항상 정중해야 하며, 단점과 문제를 지적할 때는 '모두가 강점과 취약점을 갖는다' 는 사실을 인식할 필요가 있다.

리더는 발전적으로 생각하고 성공을 향해 나아가야 하며 작은 승리들을 쌓아가야 한다. 빠른 시간 내에 화려한 리더가 될 것을 기대해서는 안 된다. 그리고 실패를 경험하겠지만, 용기를 잃거나 탈선해서는 안 된다.

리더는 장기적인 관점을 취한다. 직원들은 함께 일하고 갈등을 관리하는 방법을 자동적으로 알게 되는 것이 아니다. 그것들이 숙달되기까지 몇 년이 걸릴 수도 있다. 요점은 리더가 되기 위한 전진을 즐기는 것이지, 자신의 부족함으로 의기소침해 지는 것이 아니다. 육성과 지속적인 개선이 그들의 모토이다.

리더는 헌신적이지만 탄력적이다. 확신을 가지고 그들의 접근법들을 강화하지만, 변화와 새로운 방향에 신속하게 대응한다. 예를 들면 그들은 협력적인 팀워크와 품질 개선에 대한 새로운 강조를 통합한다. 13장에서 살펴본 바와 같이 리더는 리더십을 추구하는 다른 관리자들로부터의 지원뿐만 아니라 심리학 개념을 이해하고 적용함으로써 그들의 직원들을 보다 효과적으로 참여시킨다. 그들은 조직의 모든 직원들이 고객 지향적 조직 건설에 헌신하도록 노력한다.

희망의 리더십

리더는 심리학자다. 그들은 무엇이 직원들에게 동기를 부여하고, 직원들이 무엇을 원하며, 건강하고 효율적인 것을 얻기 위해 그들이 무엇을 계획하고, 감정을 어떻게 표현해야 하는지에 대한 아이디어를 기초로 행동한다. 리더는 직원들을 이해하고, 그들의 아이디어와 목표를 성취할 기술을 개발시켜왔다. 비록 지속적으로 그들의 아이디어를 적용하고 다듬지만, 좀처럼 그들은 이것들을 세부적으로 명료하게 표현하지는 않는다. 사실 직원들에 관한 그들의 암묵적 이론은 형식적이고 명시적인 심리학 이론보다 훨씬 복잡하다.

이 책에서 논의되는 심리학적인 아이디어는 일반적인 믿음을 보강한다. 사회적 지원은 스트레스와 개인적 복지, 직원들의 헌신적 태도를 이끌어내는 데 필수적이다. 또한 개선된 소통은 관계 강화와 생산성 향상에 이바지하며, 협동을 위해서 신뢰가 요구된다. 그러나 심리학적 연구들은 이러한 믿음을 키워왔다. 신뢰는 인간관계 속에 그저 존재하는 것이 아니다. 그들이 더불어 '동일한 목표를 지향한다' 는 믿음은 신뢰 구축을 돕는다. 상호 이익을 위해 갈등을 관리함으로써 동료가 거만하고 신뢰할 수 없다는 생각을 지우고, 그들을 믿을 수 있는 동료로 간주하게 된다.

연구를 통해 협력과 갈등이 상반된다는 그간의 믿음은 잘못된 것으로 드러났다. 협력적인 목표를 가진 직원들은 그들의 목표를 성취하는 최선의 방법, 작업을 나눌 공정하고 효과적인 방식 그리고 공동 작업의 성취 결과에 대한 분배를 두고 갈등을 겪을 수 있다. 그러나 놀랍게도 경쟁적인 목표는 갈등의 증가와 회피를 예고한다.

조직 내의 사람들은 흔히 의견 불일치를 겪는다. 하지만 그들이 흔히 합의하는 사항도 있다. 그것은 다름 아닌 '갈등을 피해야 한다' 는 점이다. 갈등은 옆으로 제쳐놓을 수 없으며 사라지지도 않을 것이다. 갈등 회피의 결과는 직원들이 불평과 좌절감을 다룰 힘의 상실이다. 조직은 잘못된 결정과 미해결된 문제들로 어려움을 겪는다. 갈등관리에 대한 현실적이고 활기 있는 대안은 어디에도 없다. 그러나 갈등에 대한 긍정적 태도는 큰 도움이 된다.

심리학적인 지식을 적용하는 것도 상식을 요구한다. 협력적이고 열린 갈등의 가치가 어떤 갈등도 회피되지 말아야 함을 의미하지는 않는다. 사회적 지원이 필수적이라는 지식도 직원들이 항상 그것을 찾아야 함을 의미하지는 않는다. 신뢰는 저절로 확대되지 않는다. 사람들이 더불어 개발하고 성취해야 하는 것이다.

우리는 이 책에서 논의된 개념들을 기반으로 당신이 직원들과 그들의 관계를 보다 잘 이해할 수 있게 되기를 소망한다. 심리학적 요소들은 개인적이다. 우리들 각각은 자기만의 방식으로 그것들을 이해하고 적용한다. 그렇지만 이러한 아이디어들은 공유될 수 있다. 그것들의 실질적인 잠재력은 리더와 직원들이 더불어 연구하고 적용할 때 실현될 것이다.

미래는 흥미로운 동시에 불안하다. 극도의 경쟁적인 비즈니스 환경은 무한한 잠재력과 불확실성이 공존하고 있다. 조직 및 공동체의 분절화 그리고 리더를 향한 의심은, 우리의 어려움을 더하고 효과적인 대응에 혼란을 야기한다. 그러면서 또한 참된 리더십에 대한 우리의 기본적인 욕구를 자극하기도 한다.

근거 없는 낙관이 정당화될 수는 없지만, 그래도 희망은 항상 본질이 되어야 한다. 우리는 기회와 곤경에 직면하고 공통적인 연대를 강화하기 위해 심리학적인 개념을 이용할 수 있어야 한다. 물론 이를 위해서는 '어떻게 협력해 변화를 이룰지 보여줄 수 있는 결단력 있고 협력적이며 행동하는 리더'가 반드시 필요하다.

참고문헌

Bass, B. M. (1990). *Bass & Stogdill's handbook of leadership: Theory, research & managerial applications.* (3rd ed.) New York: The Free Press.

Brockner, J. (1988). *Self-esteen: Theory, research, and practice.* Lexington, MA: Lexington Books.

Brown, S. W., Gummesson, E., Edvardsson, B., & Gustavsson, B. (1991). *Service quality Multidisciplinary and multinational perspectives.* Lexington MA: Lexington Books.

Buzzell, R. D., & Gale, B. T. (1987). *The PIMS principles: Linking strategy to performance.* New York: The Free Press.

Cohen, M. D., & March, J. B. (1974) *Leadership and ambiguity.* New York: McGraw-Hill.

Deming, W. E. (1993). *The new economics: for industry, government, education.* Cambridge, MA: Massachusetts Institute of Technology Center for Advanced Engineering Study.

Deutsch, M. (1973). *The resolution of conflict.* New Haven, CT: Yale University Press.

Deutsch, M. (1985). *Distributive justice: A social-psychological per-spective.* New Haven: Yale University Press.

Deutsch, M. (1990). Sixty years of conflict. *The International Journal of Conflict Management.*

DeVries, D. L. (1992). Executive selection: Advances but no progress. American Psychologist. *Issues & Observations.*

Drucker, P. (1993). *Post-capitalist society.* New York: Harper-Collins.

Fernandez, J. P. (1991). *Managing a diverse work force: Regaining the competitive edge.* Lexington, MA: Lexington Books.

Hammer, M., & Champy, J. (1993). *Reengineering the corporation.* New York: HarperBusiness.

Helmreich, R. (1982). *Pilot selection and training.* Paper presented at the annual meeting of the American Psychological Association, August, Washington, DC.

Johnson, D. W., & Johnson, R. T. (1987). *Creative conflict.* Edina, MN: Interaction Book Company.

Johnson, D. W., & Johnson, R. T. (1989). *Cooperation and competi-tion: Theory and research.* Edina, MN: Interaction Book Company.

Kanter, R. M. (1977). *Men and women of the corporation.* New York: Basic Books.

Katzenbach, J. R., & Smith, D. K. (1993). *The wisdom of teams: Creating the high-performance organization.* Boston: Harvard Business School Press.

Kotter, J. P. (1982). *The general managers.* New York: Free Press.

Kouzes, J. M., & Posner, B. Z. (1987). *The leadership challenge.* San Francisco: Jossey-Bass.

Lawler, E. E. (1992). *The ultimate advantage: Creating the high-involvement organization*. San Francisco: Jossey-Bass.

Locke, E. A., & Laham, G. P. (1991). *A theory of goal setting and task performance*. Englewood Cliffs, NJ: Prentice-Hall.

Marrow, A. J. (1969). *The practical theorist: The life and work of Kurt Lewin*. New York: Teachers College Press.

McCall, M. W., Jr., Lombardo, M. M., & Morrison, A. M. (1988) *The lessons of experience: How successful executives develop on the job*. Lexington, MA: Lexington Books.

McClelland, D. C. (1975). *Power: The inner experience*. New York: Irvington.

McClelland, D. C. (1987). *Human motivation*. New York: Cambridge University Press.

McCroskey, J., Larson, C., & Knapp, M. (1971). *Introduction to inter-personal communication*. Englewood Cliffs, NJ: Prentice-Hall.

Mead, G. H. (1934). *Mind, self and society*. Chicago: University of Chicago Press.

Mintzberg, H. (1973). *The nature of managerial work*. New York: Harper & Row.

Organ, D. W. (1988). *Organizational citizenship behavior: The good soldier syndrome:* Lexington, MA: Heath.

Peters, T. (1992). *Liberation management: Necessary disorganization for the nanosecond nineties*. New York: Alfred A. Knopf.

Peters, T., & Waterman, R. (1982). *In pursuit of excellence*. New York: Harper & Row.

Semler, R. (1993). *Maverick: The success story behind the world's most unusual workplace*. Warner Books: New York.

Tichy, N. M., & Sherman, S. (1993). *Control your destiny or someone else wil.* New York: Doubleday.

Tjosvold, D. (1991). *The conflict-positive organization: Stimulate diversity and create unity.* Reading, MA: Addison-Wesley.

Tjosvold, D. (1993). *Learning to manage conflict: Getting people to work together productively.* New York: Lexington Books.

Tjosvold, D., Tjosvold, M. M., & Tjosvold, J. (1991). *Love & anger: Managing family conflict.* Minneapolis, MN: Team Media.

Winter, D. G. (1973). *The power motive.* New York: Free Press.

리더십의 심리학

초판 발행   2007년 9월 10일
2 쇄 발행   2009년 6월 10일

지은이 | 딘 토즈볼드 · 메리 토즈볼드
옮긴이 | 조민호
펴낸이 | 이종헌
편 집 | 최윤서
마케팅 | 정현우
펴낸곳 | 가산출판
주 소 | 서울시 마포구 신수동 85-15
           TEL (02) 3272-5530~1
           FAX (02) 3272-5532
등 록 | 1995년 12월 7일 제10-1238호
E-mail   gasanbook@empas.com

ISBN 978-89-88933-70-1 03320
책값은 뒤 표지에 있습니다.